V&R

GISELA KITTEL

Der Name über alle Namen I

Biblische Theologie / AT

VANDENHOECK & RUPRECHT
IN GÖTTINGEN

Biblisch-theologische Schwerpunkte

BAND 2

CIP-Titelaufnahme der Deutschen Bibliothek

Kittel, Gisela:
Der Name über alle Namen: biblische Theologie, AT / Gisela
Kittel. – Göttingen: Vandenhoeck u. Ruprecht 1 (1989)
(Biblisch-theologische Schwerpunkte; Bd. 2)
ISBN 3-525-61283-4
NE: GT

Umschlag: Michael Rechl, Wanfried

Gesetzt aus Sabon auf Linotron 202 System 4
Satz und Druck: Gulde-Druck GmbH, Tübingen
Bindearbeit: Hubert & Co., Göttingen

Vorwort

Dieses Buch ist aus meiner Lehrtätigkeit in Bielefeld erwachsen und soll daher auch den Bielefelder Lehramtsstudentinnen und -studenten gewidmet sein. Daß die Bibel ein aufregendes Buch ist, uns über die Jahrhunderte hinweg auch heute anredet, die Augen öffnet und Mut macht zum Leben, wird jeder, der sich ernsthaft mit ihr beschäftigt, erfahren können. Auch ist sie, obwohl die wissenschaftliche Literatur manchmal den gegenteiligen Anschein erweckt, gar nicht so schwer zu verstehen, wenn man erst einmal den „roten Faden" entdeckt hat. Dazu will diese Biblische Theologie den Leserinnen und Lesern helfen.

Aus verlegerischen Gründen erscheint „Der Name über alle Namen" in zwei Teilbänden. Dennoch handelt es sich um *ein* Werk, das die Biblische Theologie in ihrem Gesamtzusammenhang darstellt. Schon die Gliederung beider Teilbände läßt die Bezogenheit aufeinander erkennen.

Längere Bibeltexte konnten nur in Ausnahmefällen abgedruckt werden. Leser und Leserinnen sollten daher bei der Lektüre eine Bibel zur Hand haben, in der sie nachschlagen können. Biblische Zitate werden in der Regel nach der Lutherübersetzung oder der Zürcher Bibel (Z) wiedergegeben. Wo auf andere Übersetzungen zurückgegriffen wird, ist dies in den Fußnoten vermerkt. Am Ende jedes Kapitels finden sich drei oder vier Literaturvorschläge zur Weiterarbeit, die denjenigen, die sich intensiver mit dem Thema auseinandersetzen wollen, eine erste Anleitung geben. Die Auswahl ist nicht immer leicht gefallen. Das entscheidende Kriterium war in den meisten Fällen die Verständlichkeit der theologischen Fachliteratur. Das Register der Bibelstellen und ein Abkürzungsverzeichnis erscheinen für beide Teilbände zusammen in „Der Name über alle Namen II".

Zum Schuß möchte ich dem Verlag Vandenhoeck & Ruprecht und seinem Lektor Dr. Wolfgang Schulz danken für die Geduld und die vielfältigen Hilfen, mit denen dieses Buch begleitet worden ist. Dank sei auch meinen Tutorinnen Eva Dix, Konstanze

Allwardt und Kerstin Fabry, die das Korrekturlesen übernahmen.

Lage-Hörste, im Juli 1989 Gisela Kittel

Inhalt

Zur Einführung: Gibt es eine „Biblische Theologie"?

Die Bibel begegnet dem christlichen Leser in zwei getrennten Testamenten. Während das „Neue Testament" die Geschichte von Jesus Christus und die Botschaft der Apostel enthält, umfaßt das von der christlichen Kirche so genannte „Alte Testament" die geschichtlichen und prophetischen Überlieferungen des Volkes Israel. Diese Schriftensammlung, die in neutestamentlicher Zeit noch nicht kanonisch abgeschlossen war, sondern auch „apokryphe" Literatur enthielt[1], war noch für Jesus und die urchristliche Gemeinde die einzige „Heilige Schrift". Aus ihr wurde in den urchristlichen Gottesdiensten vorgelesen, auf sie das Christusgeschehen zurückbezogen. Erst allmählich wuchsen den alttestamentlichen Schriftzeugnissen die neutestamentlichen Bücher hinzu als Schriften, aus denen in den Gottesdiensten der Kirche vorgelesen werden durfte[2]. Seit dem vierten nachchristlichen Jahrhundert steht – bis auf einzelne Bücher, die noch lange umstritten blieben[3] – der Kanon jener neutestamentlichen Textzeugnisse fest, die von nun an als das „Neue Testament" dem „Alten Testament" an die Seite traten.

---

[1] Die „apokryphen" (= verborgenen) Schriften sind diejenigen Bücher des Alten und Neuen Testamentes, die nicht in den biblischen Kanon aufgenommen wurden. Sie sind in deutscher Übersetzung herausgegeben von: Emil Kautzsch, Die Apokryphen und Pseudepigraphen des Alten Testaments I/II, 2., unveränderter Neudruck 1962, und Edgar Hennecke/Wilhelm Schneemelcher, Neutestamentliche Apokryphen I/II, 1959/64. Im Neuen Testament wird im Judasbrief (Vers 14f.) aus dem Buch Henoch zitiert, im Jakobusbrief (Jak 4,5) wird ein uns unbekanntes Zitat als „Schrift" angeführt.

[2] Ein solches Verzeichnis ist der „Kanon Muratori", der gegen Ende des 2. Jahrhunderts in Rom entstand. In ihm sind die Schriften genannt, die „öffentlich in der Kirche dem Volke verlesen" werden können. (Hennecke/Schneemelcher I, S. 19f.). Zur Geschichte der Entstehung des neutestamentlichen Kanons vgl. Werner Georg Kümmel, Einleitung in das Neue Testament, 1963, S. 349–375.

[3] So blieb z.B. in den östlichen Kirchen die Offenbarung des Johannes, in der lateinischen Kirche der Hebräerbrief noch lange umstritten.

So lebt also die christliche Kirche nicht nur aus der Botschaft Jesu und seiner Apostel, sie lebt von ihrem Ursprung her auch aus dem Alten Testament. In ihren Advents- und Weihnachtsgottesdiensten werden bis heute die großen Verheißungen der Propheten laut, die von der Ankunft des Herrn, der Geburt des Kindes und dem Einzug des „sanftmütigen“ Königs künden. In den Psalmen, die bis in die private Frömmigkeit hinein Glauben und Leben der Kirche auf das stärkste geprägt haben, stimmen Christen in die Lieder und Gebete Israels ein, die einst im Tempel in Jerusalem formuliert und gesungen wurden. Die zehn Gebote, eine Gebotsreihe unter mehreren anderen Reihen apodiktisch formulierter Rechtssätze im Alten Testament, werden uns in den reformatorischen Katechismen als eins der Hauptstücke unseres Glaubens überliefert. Vor allem auch die Befreiungsgeschichte Israels, seit den ältesten Zeiten Typos und Vorausdarstellung für die Erlösungstat Jesu Christi[4], wird heute zunehmend zu einem Paradigma für das Leiden und Hoffen christlicher Kirchen und Gemeinschaften in Situationen der Verfolgung und Unterdrükkung, so etwa in Südafrika oder in Südamerika.

Doch mit welchem Recht beruft sich die christliche Kirche auf diese Schriften Israels und gebraucht sie, als seien sie für sie selbst geschrieben? Ist es denn wirklich ein und derselbe Glaube, der in den alttestamentlichen und den neutestamentlichen Schriften zur Sprache kommt? Oder noch radikaler gefragt: redet hier und dort tatsächlich derselbe *eine* Gott?

Nicht nur die Abwertung des Alten Testamentes, die im Umkreis des Nationalsozialismus und einer „deutschen Theologie“ geschah und bis heute noch nachwirkt, ruft diese Fragen hervor. Auch die Geschichte der wissenschaftlichen Exegese hat zu einer immer größeren Trennung zwischen den beiden Testamenten geführt[5].

---

[4] Vgl. schon Paulus, der 1. Kor 5,7f. Christus als das für uns geopferte Passalamm bezeichnet. Die Geschichte vom Durchzug durch das Meer ist im Meßkanon Lesung in der Osternacht.

[5] Die Geschichte der Biblischen Theologie ist in neuerer Zeit umfassend dargestellt worden von Hans-Joachim Kraus, Die Biblische Theologie. Ihre Geschichte und Problematik, 1970. Zusammenfassende Rückblicke finden sich bei Gerhard Ebeling, Was heißt ‚Biblische Theologie?‘, in: Ders., Wort und Glaube, 1960, S. 69–89, und Walther Zimmerli, Art.: Biblische Theologie I, in: TRE VI, 1980, S. 426–455.

Bis zur Zeit der Aufklärung war „Biblische Theologie“[6] die Wissenschaft, die sich selbstverständlich auf beide Testamente bezog und aus ihnen die rechte Glaubenslehre ableitete. Ob sie, wie in der orthodoxen Dogmatik, nach aristotelischer Logik zu entwickeln oder, wie von Philipp Jacob Spener gefordert, in apostolischer Einfalt zu beschreiben sei, war zwischen Orthodoxie und beginnendem Pietismus die Streitfrage. Nicht strittig war jedoch, daß die Bibel in ihrer Ganzheit die Summe der geoffenbarten Lehre enthielt. Dies änderte sich erst mit dem Aufkommen der historisch-kritischen Fragehaltung und der Entstehung der historischen Theologie. Die Trennung der historischen Bibelwissenschaft von der dogmatischen Theologie, die am Ende des 18. Jahrhunderts erstmalig programmatisch gefordert wurde und sich sehr bald durchsetzte, zog kurze Zeit später auch die Trennung zwischen der alttestamentlichen und der neutestamentlichen Bibelwissenschaft nach sich. Von nun an ging jede dieser beiden Disziplinen ihren eigenen Weg und begann, die sich ihr stellenden Probleme selbständig zu erforschen. Man fragte nach der Entstehungsgeschichte der einzelnen biblischen Bücher, ihren Quellen, den religionsgeschichtlichen Vorlagen und Parallelen zurück, aus denen die biblischen Verfasser geschöpft haben könnten. Man untersuchte die sprachlichen Formen, fragte nach den mündlichen Traditionen und eruierte die Situationen, in denen die biblischen Überlieferungen geformt wurden. Dabei wurde nicht nur die Kluft zwischen dem Alten und dem Neuen Testament immer tiefer. Auch innerhalb jedes der beiden Testamente begann man die Fülle und Verschiedenheit ihrer Überlieferungen wahrzunehmen. Anstelle einer Jahrhunderte lang vorausgesetzten lehrmäßigen Einheit traten für den Exegeten immer deutlicher die vielen, sehr verschiedenen Textzeugnisse in den Blick, deren unterschiedliche Anschauungen und Theologien sich nicht einfach ausgleichen lassen, sondern in einer spannungsreichen Vielfalt nebeneinander stehen. Wer heute das Studium der wissenschaftlichen Theologie aufnimmt, wird in den exegetischen Fächern vor das aufgetürmte Wissen einer Forschungsgeschichte von fast zweihundert Jahren

[6] Nach einer Vermutung Gerhard Ebelings ist der Begriff „Biblische Theologie“ erst in der ersten Hälfte des 17. Jahrhunderts entstanden. Obwohl die Reformatoren ihre Theologie allein auf die Schrift gründen wollten, haben sie doch diesen Begriff noch nicht gebraucht.

gestellt, das manchen Anfänger zu erschlagen droht. Er wird mit einer Fülle von Einzelergebnissen, unterschiedlichen Fragestellungen, Methoden und Hyothesen konfrontiert, die den „roten Faden“ oder auch das „geistige Band“ nur noch schwer erkennen lassen.

Doch ist wirklich das Auseinanderfallen der Bibel in unterschiedliche Traditionsströme, Bekenntnisse und Theologien das letzte Ergebnis, mit dem sich die Bibelwissenschaften zufrieden geben können[7]? Gibt es nicht doch am Ende eine „Mitte“ des Alten wie auch des Neuen Testamentes, von der aus jedes dieser beiden Bücher – und dann auch beide Testamente miteinander – trotz ihrer disparaten Überlieferungen in einem inneren Zusammenhang verstanden werden können? Und wäre es nicht an der Zeit, neben den unbestritten notwendigen Einzeluntersuchungen den Blick endlich auch wieder auf das Ganze zu richten und nach diesem Zusammenhang zu fragen?

Seit den siebziger Jahren ist in den exegetischen Fächern ein Diskussionsprozeß in Gang gekommen, in dem die Frage nach einer die beiden Testamente umfassenden „Biblischen Theologie“ neu gestellt wird[8]. Doch diese Diskussion hat bisher noch nicht über zaghafte Anfänge hinausgeführt und droht zuneh-

---

[7] Immer wieder wird Ernst Käsemanns kritische Spitzenaussage zitiert, daß der neutestamentliche Kanon als solcher, „d. h. in seiner dem Historiker zugänglichen Vorfindlichkeit“, „nicht die Einheit der Kirche“, sondern „die Vielzahl der Konfessionen“ begründe. E. Käsemann, Begründet der neutestamentliche Kanon die Einheit der Kirche?, in: Ders., Exegetische Versuche und Besinnungen I, 1960, S. 214–223, hier S. 221. Doch muß sich der kritische Historiker auch über die Konsequenzen solcher Sätze im klaren sein. Wer sich heute bei internationalen ökumenischen Konferenzen auf das „sola scriptura“ der Reformation bezieht, dem kann es geschehen, daß ihm seine Gesprächspartner unter Hinweis auf die protestantische Bibelwissenschaft zu verstehen geben, die evangelische Theologie sage es inzwischen ja selber, daß die Bibel nicht genug sei. Man brauche eben das Lehramt der Kirche, das die biblische Wahrheit autoritativ feststelle. – Möchte die kritische Exegese diese Konsequenz ziehen?

[8] Vgl. die bereits vorhandenen Überblicksdarstellungen und Diskussionsbände: Klaus Haacker u. a., Biblische Theologie heute. Einführung-Beispiele-Kontroversen, 1977; Otto Merk, Art.: Biblische Theologie II, in: TRE VI, 1980, S. 455–477; Henning Graf Reventlow, Hauptprobleme der alttestamentlichen Theologie im 20. Jahrhundert, 1982; daraus, Die „Mitte“ des Alten Testaments, S. 138–147; ders., Hauptprobleme der Biblischen Theologie im 20. Jahrhundert, 1983; Manfred Oeming, Gesamtbiblische Theologien der Gegenwart, 1985. Insbesondere sei hier auf die von Ingo Baldermann u. a. seit 1986 herausgegebenen Jahrbücher für Biblische Theologie (JBTh) verwiesen.

mend, im Dickicht der Probleme steckenzubleiben. Wo auch immer bisher ein Hinweis gegeben wurde auf eine die Testamente übergreifende Fragestellung, ein Thema, eine Strukturverwandtschaft oder überlieferungsgeschichtliche Zusammenhänge, war sofort die Gegenargumentation auf dem Plan, die jede dieser Überlegungen infrage stellte oder davor warnte, daß das „Proprium" des Alten bzw. Neuen Testamentes nicht nivelliert werden dürfe. Unter den Fachexegeten überwiegen bis heute die Stimmen, die entweder die Möglichkeit einer Biblischen Theologie überhaupt bestreiten, oder diese Aufgabe als ein so weit entferntes Ziel hinstellen, daß an eine Lösung in naher Zukunft nicht gedacht werden kann. Wer meint, sich vorschnell an die Arbeit machen zu können, wird von Henning Graf Reventlow im Vorwort seiner Darstellung über die „Hauptprobleme der Biblischen Theologie im 20. Jahrhundert" gewarnt: „Eine ‚Biblische Theologie' ist noch nicht geschrieben. Der Weg zu diesem Ziel ist nicht nur von Hoffnung, sondern auch von vielerlei Skepsis begleitet. Sie zu überwinden wird nur möglich sein, wenn auf vorschnelle Lösungen verzichtet wird und alle Perspektiven umfassend und mit der nötigen methodischen Sorgfalt ins Auge gefaßt werden. ‚Biblische Theologie' ist ein in weitestem Sinne exegetisches, hermeneutisches und systematisches Arbeitsgebiet."[9]

Doch kann die Praxis warten bis sich die Fachgelehrten in interdisziplinären Gesprächen geeinigt haben?[10]. Können diejenigen, die in der Praxis der Verkündigung und des Unterrichts täglich mit der *ganzen* Bibel zu tun haben, ihre Arbeit anhalten, bis sie sich die „richtige" Gesamtschau von den Experten vorgeben lassen dürfen?

Jeder Pfarrer, der im Verlauf des Kirchenjahres die biblischen Perikopen seiner Gemeinde auslegt, wird dies, will er sich nicht wie ein schwankendes Rohr im Wind einer jeden neuen Lehre

---

[9] Ganz ähnlich ist das Resümee bei Otto Merk, aaO, S. 472: „Nach dem gegenwärtigen Stand der neutestamentlichen Forschung zeichnet sich noch kein durchschlagender und zum Ziel führender Weg zu einer ‚Gesamtbiblischen Theologie' ab; wohl aber werden die Aporien deutlicher. Das zwingt zur Nüchternheit und zu noch eindeutigerer kritischer Fragestellung."

[10] Über solche Fachgespräche informiert Henning Graf Reventlow in seinem Bericht: Die Arbeit der Projektgruppe ‚Biblische Theologie' in den Jahren 1976–1981, in: Otto Merk (Hg.), Schriftauslegung als theologische Aufklärung, 1984, S. 94–102. – Die Ergebnisse sind nicht ermutigend!

hin und her bewegen, aus einer von ihm begriffenen biblischen „Mitte" heraus tun, auf die er den jeweiligen Einzeltext unbeschadet seiner besonderen Zeugnisgestalt bezieht. Jeder Lehrer, der mit jüngeren oder älteren Schülern alt- und neutestamentliche Texte behandeln will, wird die großen biblischen Zusammenhänge kennen müssen, die sich durch dieses einzigartige Buch hindurchziehen. Ja, noch mehr: Jeder mündige Christ, der heute angesichts der globalen Probleme zur Verantwortung und Rechenschaft über seinen Glauben und sein Bekennen herausgefordert ist, wird dies nur tun können, wenn er die biblische Botschaft als ein Ganzes vernommen hat. Doch wird ihm diese Botschaft noch irgendwo als dieses Ganze elementar vermittelt? Die Rat- und Hilflosigkeit gegenüber der Bibel, die sich bis tief hinein in die Kreise der Religionslehrer und auch Theologen ausgebreitet hat, die Bibelunlust und das allseits zu bemerkende Desinteresse an biblischen Fragen haben m.E. auch mit einer Wissenschaft zu tun, die ihre Inhalte nicht mehr eindeutig und verständlich vermitteln kann. Nicht der Biblizismus, gegen den einige Wissenschaftler mit ihrem kritischen Pathos immer noch anrennen, ist das vordringliche Problem derer, die in der Praxis der Schule, des Konfirmandenunterrichts oder der Erwachsenenarbeit stehen. Das eigentliche Problem ist die schlichte Unkenntnis irgendwelcher biblischer Zusammenhänge und Aussagen und das Vorurteil, daß man von diesem veralteten Buch doch nichts mehr zu erwarten hat. Daher sei Claus Westermann Dank für seine deutlichen Worte, die er in seinen jüngsten Beiträgen zur Biblischen Theologie unerschrocken ausspricht: „Eine in lauter kleine Fächer aufgespaltene Theologie interessiert niemanden und dient niemandem; dem Ganzen nicht nur der Kirche, sondern dem Ganzen der Menschheit und der Schöpfung kann sie nur dienen, wenn sie der uferlosen Spezialisierung aller Fäche absagt und eine Konzentration auf das anstrebt, was ihr aufgetragen ist: Die Bibel in die Gegenwart zu übersetzen, die Bibel in der Gegenwart hörbar zu machen. Nur in solcher Konzentration kann sie überhaupt noch eine Beachtung erwarten."[11] An anderer Stelle sagt Westermann: „Bei Auseinandersetzungen um verschiedene Lehrmeinungen oder Glaubensüber-

---

[11] Claus Westermann, Zur Frage einer Biblischen Theologie, in: JBTh 1, 1986, S. 13–30, hier S. 29.

zeugungen ist davon auszugehen, daß die Bibel ein Ganzes ist. Nur eine solche Argumentation kann weiterführen und aufbauen, in der die Bibel als Ganzheit in ihren großen Zusammenhängen gesehen wird. Die Zeit zwar ist vorbei, in der man herausgerissene einzelne Sätze der Bibel als Kampfmittel benutzte. Aber in den großen Zusammenhängen zu argumentieren, so daß es dabei wirklich um die Bibel als ganze geht, das haben wir noch nicht gelernt."[12]

Wir stehen heute vor Herausforderungen, die die biblische Kompetenz und Mündigkeit eines jeden Christen verlangen. Doch gerade diese Kompetenz und Mündigkeit sind uns weitgehend verloren gegangen. Denn beides setzt voraus, daß „Laien" wie Theologen in den biblischen Gesamtzusammenhängen zu denken gelernt haben und die biblische Botschaft wieder als Einheit begreifen. Aber auch noch etwas anderes ist hier wichtig, worauf Ingo Baldermann mit zunehmendem Nachdruck hinweist, daß nämlich das Lernen der Bibel auch mit Gefühlen, ja, mit Leidenschaft verbunden sein muß[13]. Biblisches Lernen vollzieht sich nicht affektfrei, ohne Anfechtungen, ohne Leiden und Hoffen. Sondern wir werden nur dort dem Reden und Wirken des leidenschaftlichen Gottes auf die Spur kommen, wo wir auch selbst betroffen und leidenschaftlich nach seinem Reich, seiner Gerechtigkeit, seiner Wahrheit suchen. Daher ist es sehr fraglich, ob am Ende Expertengespräche in den Fragen der Biblischen Theologie weiterhelfen können. Zu dem Expertenwissen müßte noch etwas anderes hinzukommen.

Peter Stuhlmacher hat in seiner Hermeneutik[14] den Vorschlag gemacht, daß zu den Verstehensprinzipien des Exegeten, der die Bibel nach den Methoden der historischen Kritik auslegt, das Prinzip des „Vernehmens" hinzutreten müsse. Auch der wissenschaftliche Ausleger müsse sich – so verstehe ich Stuhlmacher – anleiten lassen, nicht nur „besserwisserisch" hinter den Text zurückzufragen, sondern auch wahrnehmend und vernehmend

---

[12] C. Westermann, Aufgaben einer zukünftigen Biblischen Theologie, in: Rainer Albertz (Hg.), Claus Westermann, Erträge der Forschung am Alten Testament. Gesammelte Studien III (TB 73), 1984, S. 203–212, hier S. 209.

[13] Ingo Baldermann, Der leidenschaftliche Gott und die Leidenschaftslosigkeit der Exegese, in: JBTh 2, 1987, S. 137–150.

[14] Peter Stuhlmacher, Vom Verstehen des Neuen Testaments. Eine Hermeneutik (NTD Ergänzungsreihe 6), 1979, S. 205–225, S. 219f.

vor ihn hin zu treten. Stuhlmacher hat für diesen Vorschlag viel Unverständnis und Abweisung von seinen kritischen Kollegen erfahren müssen, die in solcher Zielsetzung „die Ausläufer einer wissenschaftsfeindlichen, pietistischen Tradition" zu erkennen meinten[15] oder die Verwechslung des Lehrstuhls mit dem Predigtstuhl fürchteten[16]. Doch kann derjenige, der biblische Texte mit welchen Methoden auch immer auslegt, dieses ohne die Offenheit gegenüber seinem Gegenstand, ohne „Liebe", tun? Wer in den fünfziger und sechziger Jahren studiert hat und heute neuere exegetische Literatur liest, dem wird eine Veränderung schon in Stil und Sprache auffallen. Während der älteren Forschergeneration, die durch die Zeit des dritten Reiches, durch Kirchenkampf und Kriegserlebnisse geprägt war, bei aller kritischen Arbeit die Liebe und der Respekt gegenüber den biblischen Zeugnissen durchweg abzuspüren war, begegnet dem Leser in der jüngeren Literatur vielfach ein Jonglieren mit „Überlieferungsstücken", „Traditionsströmen", „biblischen Materialien", das manchmal die Frage aufkommen läßt, ob der jeweilige Autor noch im Bewußtsein hat, von welchen Inhalten, welchen Sehnsüchten, Hoffnungen und Zusagen diese „Überlieferungsstücke" und „Materialien" reden. Wer einen biblischen Text zu verkündigen hat, geht in der Tat anders damit um. Das heißt: Er *geht* tatsächlich mit ihm *herum*! Er trägt das Wort in seinem Herzen und in seinem Sinn, wenn er Menschen begegnet, seine Arbeit tut oder die Zeitung liest. Und: Er wartet. Er wartet darauf, daß sich das biblische Zeugnis mit dem Leben verschränke und so neu zur Anrede für den Prediger und seine Gemeinde werde. Und mancher Pfarrer wird dann auch die erstaunliche Erfahrung machen, daß sich ihm erst jetzt das biblische Zeugnis in seinem eigenen Sinn voll erschließt. Sollten derartige Erfahrungen aus einem ganz anderen Umgang mit der Schrift nicht

---

15 Georg Strecker, „Biblische Theologie"? Kritische Bemerkungen zu den Entwürfen von Hartmut Gese und Peter Stuhlmacher, in: Dieter Lührmann/Georg Strecker (Hg.), Kirche. FS Günther Bornkamm, 1980, S. 425–445, hier S. 443. Was er von dem Unternehmen einer Biblischen Theologie hält, hat Strecker auch an anderer Stelle deutlich gesagt. Georg Strecker, Theologie im 20. Jahrhundert. Stand und Aufgaben (UTB 1238), 1983, S. 128–130; Georg Strecker/Udo Schnelle, Einführung in die neutestamentliche Exegese (UTB 1253), 1983, S. 138–140.

16 Erich Grässer, Offene Fragen im Umkreis einer Biblischen Theologie, in: ZThK 77, 1980, S. 200–221, S. 203 f.

auch einmal in der biblischen Exegese zurückschlagen dürfen? Und täte es nicht auch dem wissenschaftlichen Exegeten gut, ein wenig von diesem wahrnehmenden, hinhörenden Umgang mit den Texten wiederzugewinnen, ohne daß er gleich um seine wissenschaftliche Existenz fürchten muß? Georg Picht hat in einem Aufsatz im Jahr 1970 einen Ausspruch getan, der sehr deutlich die Grenze allen wissenschaftlichen Bemühens markiert: „Wenn der Gehalt von Begriffen wie *Liebe*, *Gnade*, *Heil*, *Versöhnung*, *Sünde* und *Erlösung* in seiner Wirklichkeit und seiner Macht sich unserem eigenen Bewußtsein entzogen hat, wird auch die gelehrteste wissenschaftliche Forschung diesen Gehalt in den biblischen Texten nicht entdecken können."[17] Das heißt, daß biblische Sachverhalte auch der gelehrtesten Forschung stumm und belanglos bleiben werden, solange der Forscher nicht aus einem eigenen Lebensverhältnis einen Zugang zu diesen Sachverhalten hat[18]. Kann er eine Sache nicht (existentiell) verstehen, so wird er an ihr vorübergehen, sie für sekundär halten und versucht sein, sie auch historisch und theologisch zu relativieren. Ich denke, daß die Geschichte der historisch-kritischen Erforschung der Bibel eine Reihe von Beispielen für diese Beobachtung bereithält[19]. Doch auch etwas anderes ist in dem Satz Pichts angedeutet, das auszusprechen vielleicht noch weniger opportun ist. Auch wissenschaftliche Forschung kann und wird zu neuen Einsichten, anderen historischen und theologischen Urteilen kommen, wenn die Erfahrungen einer geschichtlichen Epoche, wenn persönliche Lebensschicksale die Möglichkeit zu neuen Wahrnehmungen und Erkenntnissen geben. Daher

[17] Georg Picht, Theologie in der Krise der Wissenschaft, in: EK 3, 1970, S. 199–203, S. 202. Der Satz findet sich zitiert bei Hermann Barth/Tim Schramm, Selbsterfahrung mit der Bibel, 1977, S. 75.

[18] Auf „das vorgängige Lebensverhältnis zur Sache" als Voraussetzung jeder verstehenden Interpretation hat Rudolf Bultmann in seinen hermeneutischen Aufsätzen immer wieder hingewiesen. Vgl. R. Bultmann, Das Problem der Hermeneutik, in: ZThK 47, 1950, S. 47–69, abgedruckt in: Ders., Glauben und Verstehen II, 1952, S. 211–235. Ders., Ist voraussetzungslose Exegese möglich? in: ThZ 13, 1957, S. 409–417; abgedruckt in: Glauben und Verstehen III, 1960, S. 142–150.

[19] Es sei zum Beispiel an die Ausblendung der neutestamentlichen Eschatologie in der liberalen Theologie erinnert. Doch auch der gegenwärtige Streit über die Bedeutung der Sühnopferaussagen im Neuen Testament hat m. E. mit solchem existentiellen Verstehen oder Nicht-Verstehen zu tun. Vgl. dazu: Der Name über alle Namen II, Kp. II.3.

kann die Aufgabe der Biblischen Theologie nicht nur Sache der Fachexegeten sein. Hier sind auch die Erfahrungen und Einsichten gelebten Glaubens gefragt.

Das vorliegende Buch kommt nicht aus der Tradition der Theologischen Fakultäten, sondern aus der Lehrerbildung, in der schon immer, die einzelnen theologischen Disziplinen übergreifend, gearbeitet wurde. Wer, wie die Verfasserin, die Wissenschaft des Alten und Neuen Testaments gleichzeitig vertritt, für den ist „Biblische Theologie" kein akademisches Randthema. Er bzw. sie ist vielmehr ständig herausgefordert, darüber zu reflektieren und Rechenschaft zu geben, wie denn das, was in den alttestamentlichen Lehrveranstaltungen behandelt wird, sich zu dem verhalte, wovon in den neutestamentlichen Seminaren und Vorlesungen die Rede ist – und umgekehrt. Geschieht diese Arbeit zudem mit Studenten, die eben nicht zwölf bis dreizehn Semester Zeit haben, um alle Windungen wissenschaftlicher Theologie mitzumachen, sondern die in einem Kurzstudium von sechs Semestern Evangelische Theologie neben anderen wissenschaftlichen Fächern studieren, so verschärft sich die Problemlage. Die Aufgabe, die biblische Botschaft elementar und verständlich zu vermitteln, ist dann nicht mehr eine unbestimmte theoretische Forderung, sondern Praxis, die ständig zu üben ist. Aber auch das soll nicht verschwiegen werden, daß ich aus den Erfahrungen des Pfarramtes und besonders durch den Dienst der Verkündigung für das Verstehen biblischer Texte bisher am meisten gelehrt habe. Ein wissenschaftlicher Exeget, eine wissenschaftliche Exegetin, sollte auch Prediger oder Predigerin des Evangeliums sein.

Das bedeutet nun aber nicht, daß die wissenschaftliche Theologie mit ihren Fragestellungen und Methoden in diesem Buch übergangen wird. Was in den beiden Teilen von „Der Name über alle Namen" zur Darstellung kommt, berührt sich in vielfältiger Hinsicht mit Impulsen und Anregungen, die Rudolf Smend[20], Walther Zimmerli[21], Peter Stuhlmacher[22], Horst Seebaß[23], Ru-

---

[20] Rudolf Smend, Die Mitte des Alten Testaments (ThSt 101), 1970.

[21] S.o. Anm. 5.

[22] Von den vielen Arbeiten Stuhlmachers zu diesem Thema sei hier vor allem der Aufsatz: Das Bekenntnis zur Auferweckung Jesu von den Toten und die Biblische Theologie, genannt, in: ZThK 70, 1973, S. 365–403; abgedruckt in:

dolf Schnackenburg[24] in der Diskussion um die Möglichkeit und den Ansatz einer Biblischen Theologie gegeben haben. Wieviel Einsichten ich aber auch gerade den überlieferungsgeschichtlichen Einzelstudien Hartmut Geses[25] verdanke, wird der neutestamentliche Teil dieser Arbeit noch zeigen.

„Recht und Nötigung, eine ‚Mitte des Alten Testamentes' vorauszusetzen, gibt das alttestamentliche Schrifttum selber. Durch alle seine Aussagen hin setzt dieses voraus, daß, was es sagt, im Lichtkegel des einen Gottes, der sich Israel in seinem Namen Jahwe offenbar gemacht hat, getan ist... Jede alttestamentliche Theologie hat diese Behauptung der Selbigkeit des Gottes, von dem das Alte Testament zu reden beansprucht, bei aller Erkenntnis des geschichtlichen Wandels Israels, zu Gesicht zu bringen."[26]

„An die Stelle der beiden Namen Jahwe und Israel ist im Neuen Testament der Name Jesus Christus getreten. In ihm ist die Fülle des Bundes, die im Alten Testament durch das Versagen Israels zerbrochen und trotz aller Anstrengungen nur in der Form der Verheißung geblieben war, Wirklichkeit; in ihm sind Gott und Mensch beisammen."[27]

In diesen beiden Äußerungen von Walther Zimmerli und Rudolf Smend sind Ausgangs- und Zielpunkt des Weges genannt, den die hier vorliegende Darstellung nachzuzeichnen versucht. Der alttestamentliche Teil beginnt mit dem Geheimnis des Namens Gottes, wie es in der Erzählung von der Berufung des Mose (2. Mose 3) in einem abgründigen Rätselsatz zur Sprache kommt. „Ich bin, der ich bin"; „Ich werde sein, der ich sein werde" (Vers 14). In diesem Satz wird kein Gottesbild vorgestellt, keine Gottesdefinition gegeben, sondern hier redet eine Person, die mit ihrem Wort auf den Menschen zukommt, die sich in ihrem Namen zugleich offenbart und verhüllt. Ebenso weist

---

Ders., Schriftauslegung auf dem Weg zur biblischen Theologie, 1975, S. 128–166.

[23] Horst Seebaß, Biblische Theologie, in: VF 27, 1982, S. 28–45. Ders., Der Gott der ganzen Bibel, 1982.

[24] Rudolf Schnackenburg, Neutestamentliche Theologie im Rahmen einer gesamtbiblischen Theologie, in: JBTh 1, 1986, S. 31–47.

[25] Hartmut Gese, Vom Sinai zum Zion. Alttestamentliche Beiträge zur biblischen Theologie (BEvTh 64), 1974. Ders., Zur biblischen Theologie. Alttestamentilche Vorträge (BEvTh 78), 1977.

[26] W. Zimmerli, aaO, S. 445.

[27] R. Smend, aaO, S. 58.

dieser Name aber auch nach vorn in eine unabgeschlossene Zukunft. Dieser Gott „ist" nicht in dem Sinne, wie wir abendländisch das Sein als ein ewig sich gleichbleibendes Vorhandensein bestimmen. Gott *erweist* sich in seinen Heils- und Gerichtstaten, die Israel auf seinem Weg durch die Geschichte erfahren wird. Beim Auszug aus Ägypten, bei der Wanderung durch die Wüste, im Geschenk der Heilsgaben des Landes Kanaan, aber auch in den geschichtlichen Katastrophen, die als Antwort auf die Untreue über König und Volk hereinbrechen, erfährt Israel immer wieder neu, daß und wie der „Ich werde sein" für dieses Volk „da ist". Man kann daher den Weg der Biblischen Theologie mit Horst Seebaß als einen „Weg der Erkenntnis Gottes"[28] beschreiben. Auf ihm wird sich Israel immer tiefer der Wirklichkeit seines Gottes bewußt.

Doch dieser Weg ist an der Grenze des Alten Testamentes nicht zu Ende! Daß er sich fortsetzt in der Geschichte Jesu von Nazareth und in seinem Sterben und Auferstehen erst eigentlich zum Ziel kommt, ist die voller Staunen, mit Dank, Freude und Lobpreisung verkündigte Botschaft der neutestamentlichen Zeugen: „*Gott* war in Christus" (2. Kor 5,19). *Er* hat ihm den „Namen gegeben, der über alle Namen ist" (Phil 2,9). *Er* hat sich selbst in dem gekreuzigten und auferweckten Jesus von Nazareth offenbart. Nicht von irgendeinem „höheren Wesen, das wir verehren" (Heinrich Böll), wird hier geredet, sondern von JHWH, dem „Heiligen Israels", der sich Israel erwählt und mit seinem Namen JHWH in seiner Bundesgeschichte erschlossen hat. *Er* war in Christus. Er hat seinen eigenen Gottesnamen mit diesem Mann aus Nazareth verbunden. Darum muß man, wie Horst Seebaß zurecht betont[29], zunächst von dem Gott Israeals erzählen, wenn verstanden werden soll, was solche urchristlichen Bekenntnissätze eigentlich meinen. Aber auch das Umgekehrte ist nun zu bedenken: Indem sich JHWH, der Gott Israels, in der Person und Geschichte Jesu von Nazareth offenbar macht, läßt auch Er selbst sich von Juden und Heiden, von allen Menschen, in ganz neuer Weise erkennen. Der Apostel Paulus spricht daher von der „Erkenntnis der Herrlichkeit Gottes *in dem Angesicht Jesu Christi*" (2. Kor 4,6), und der Evangelist Johannes

[28] H. Seebaß, Der Gott der ganzen Bibel, S. 212–218.
[29] H. Seebaß, Biblische Theologie, aaO, S. 41.

betont, daß niemand Gott je gesehen habe; allein „der eingeborene Sohn, der in des Vaters Schoß ist", der habe ihn uns – *„exegesiert"* (Joh 1,18). Im Sühnesterben Jesu für „die Vielen" und in seiner Auferstehung von den Toten hat Gott seine bis in die Tiefe des Kreuzestodes reichende erbarmende und den Sünder rettende Liebe an den Tag gebracht. In diesem Geschehen hat er sich als der Gott offenbar gemacht, der die unter den Zorn dahingegebene, verlorene Welt mit sich versöhnt. Mag auch der herrschenden Exegese eine solche Zusammenschau als eine unerlaubte Vereinfachung und Harmonisierung erscheinen, so bin ich doch mit den Tübinger Exegeten der Überzeugung, daß alle neutestamentlichen Zeugen von diesem Grundbekenntnis herkommen, welches sie dann allerdings in verschiedenen Situationen und gegenüber unterschiedlichen Adressaten je anders akzentuieren und entfallen. Paulus verkündigt diese Botschaft anders als Markus oder Matthäus, und diese tun es wiederum in anderer Weise als der vierte Evangelist Johannes. Und doch kann man in ihrer aller Zeugnis dasselbe Evangelium *vernehmen*.

Noch ein Letztes sei in dieser Einführung im voraus angedeutet: Wenn wir auf die Botschaft des Alten und des Neuen Testamentes zusammen hören, so wird auch klarer, daß sich Gottes Erlösungswerk nicht nur auf die Rettung des Einzelnen, nicht nur auf die der Kirche, sondern auf die Erlösung der ganzen Schöpfung richtet, die er unter seine gnädige Herrschaft zurückholen will. Wie die Urgeschichte am Anfang des Alten Testamentes und die prophetischen Ausblicke am Ende die Geschicke aller Völker in den Blick nehmen, so verkündigen die Apostel die in Christus geschehene Versöhnung als ein die ganze Welt betreffendes Geschehen. Alle Kreaturen warten darauf und sehnen sich danach, daß auch sie frei werden von der „Knechtschaft der Vergänglichkeit" und teilhaben an „der herrlichen Freiheit der Kinder Gottes" (Röm 8,21). Denn auch sie sind „in Christus" und „zu ihm hin" erschaffen worden (Kol 2,15–20). Die ganze Schöpfung soll neu, soll verwandelt werden in Gottes neue Welt. Der Erste dieses neuen Äons, der erste Mensch der neuen Schöpfung, aber ist Jesus Christus selbst, dessen Botschaft von der anbrechenden Königsherrschaft Gottes, dessen Worte und Weisungen, nun als Worte des Auferstandenen gehört, mit neuer Autorität auf seine Gemeinde zukommen. Unter der Herrschaft dieses kommenden Herrn schon jetzt zu leben und nach seiner

Weisung zu wandeln, sind diejenigen berufen, die im Tode Jesu Christi das neue Leben aus der Auferstehungsmacht Gottes empfangen haben. Für sie ist die Nacht schon vorgedrungen (Röm 13,12) und der Anbruch des neuen Schöpfungstages nicht mehr fern.

Dieses Buch ist nicht geschrieben, um die akademische Diskussion über die Möglichkeit oder Unmöglichkeit einer Biblischen Theologie um eine weitere Facette zu bereichern. Es will ein Lehr- und Unterrichtsbuch sein, das Studenten der Religionspädagogik und anderer Ausbildungsgänge in die großen Zusammenhänge der Bibel einführt. Ihnen will es eine theologische Orientierung bieten, die sie u. U. anregt, selber weiterzufragen und sich an dieser oder jener Stelle in ein einzelnes Buch, ein Thema, eine Fragestellung zu vertiefen. Vielleicht dient das Buch aber auch jenen Christen, die an den Auslegungsfragen der Bibel und ihrer Botschaft brennendes Interesse haben, denen jedoch die theologische Literatur in ihrer wissenschaftlichen Fachsprache nur schwer zugänglich ist.

Biblische Auslegung geschieht immer in einer bestimmten geschichtlichen Stunde und angesichts der Fragen, die eine bestimmte Zeit bewegen[30]. So sind auch hinter diesem Buch die aktuellen Auseinandersetzungen unserer Zeit zu spüren. Es wird hier nicht *die* Biblische Theologie dargestellt, als gäbe es eine solche für alle Zeiten, sondern es handelt sich um *einen* Entwurf, geschrieben in den achtziger Jahren dieses mit so viel Schmerzen, Blut und Tränen gefüllten 20. Jahrhunderts. So sei – wenn auch nicht weiter ausgeführt – jedenfalls angemerkt, daß die Erinnerung an die ungeheuerlichen deutschen Verbrechen, die an der Wiege meiner Generation geschahen und aus denen wir als Kinder zufällig „arischer“ Eltern unbeschadet hervorgegangen sind, sowie die Frage nach *unserer* Bewährung angesichts der globalen Gefährdungen dieser Welt, gegenwärtig waren bei diesem Versuch, die Bibel in ihrer Ganzheit zu verstehen.

---

[30] Friedrich Milderberger sei voll zugestimmt, wenn er sagt: „Das heißt dann auch, daß die Mitte der Schrift nicht ein für allemal festliegt. Sie ist vielmehr als die in eine bestimmte Situation hinein ergehende aktuelle Anrede zu bestimmen. Sicher wird sich in solcher Anrede zugleich auch die Breite und Tiefe der Schriftwahrheit erschließen. Aber das geschieht von der aktuellen Spitze aus, in der die Schrift gegenwärtiges Leben betrifft.“ F. Mildenberger, Biblische Theologie als kirchliche Schriftauslegung, in: JBTh 1, 1986, S. 151–162, hier S. 159.

I. Der Ruf in die Freiheit

„Ich bin der HERR, dein Gott, der ich dich aus Ägyptenland, aus der Knechtschaft, geführt habe.
Du sollst keine anderen Götter haben neben mir." (2. Mose 20,2 f.)

„Und der HERR sprach zu Abram: Geh aus deinem Vaterland und von deiner Verwandtschaft und aus deines Vaters Haus in ein Land, das ich dir zeigen will." (1. Mose 12,1)

„Und Mose sprach: Laß mich deine Herrlichkeit sehen! Und er sprach: Ich will vor deinem Angesicht all meine Güte vorübergehen lassen und will vor dir kundtun den Namen des HERRN: Wem ich gnädig bin, dem bin ich gnädig, und wessen ich mich erbarme, dessen erbarme ich mich." (2. Mose 33,19)

Wer ist jener Gott, von dem die Bibel an diesen und anderen Stellen so geheimnisvoll redet?

Ist er eine jener altorientalischen Gottheiten, die für die damaligen Menschen die Urkräfte des Lebens repräsentierten, doch inzwischen von der aufgeklärten Vernunft längst entthront sind?

Ist er die Projektion eines Volkes, das in ihm seinen Zusammenhalt, seine Einheit und seine Identität suchte, solange es diese noch nicht in sich selbst gefunden hatte?

Oder ist er der Lebendige, der sich in kein von Menschen entworfenes Gottesbild fassen läßt, der vielmehr alle Projektionen immer wieder zerbricht und auch heute noch mit seinem Wort Menschen anredet und auf seinen Weg ruft?

Die ganze Bibel ist Zeugnis von jenem Gott, der sich nicht in menschliche Bilder fassen und nicht als Antwort auf menschliche Fragen und Wünsche begreifen läßt, sondern der in seiner unergründlichen Barmherzigkeit aus seiner Verborgenheit heraustrat und sich dieser Welt zuwandte. Diesen Gott hat das Volk Israel in einer wunderbaren Befreiungsgeschichte erfahren. Sein Name, seine Wirklichkeit und Wahrheit, hat sich ihm Schritt für Schritt auf einem langen Weg durch die Geschichte enthüllt.

1. Das Geheimnis des Namens Gottes

Am Anfang der großen Auszugsgeschichte im 2. Buch Mose steht eine Erzählung, die in einer tiefsinnigen theologischen Reflexion etwas von dem Geheimnis des Gottes Israels erkennen läßt. Es ist die Geschichte von der Berufung des Mose (2. Mose 3f.). Mose, so erzählt die legendarische Kindheitsgeschichte (2. Mose 1+2), ist auf wunderbare Weise dem vom ägyptischen König angeordneten Mord der hebräischen Knaben entgangen. Er wächst am Hof des Pharao als Plegesohn der ägyptischen Prinzessin auf und wird mit dem Leben und der Kultur Ägyptens vertraut. Doch es kommt der Augenblick, in dem Mose seine wurzelhafte Verbundenheit mit seinem Volk erkennt. Empört über die Schmach, die einem Hebräer durch einen ihn prügelnden königlichen Beamten angetan wird, erschlägt er den Ägypter. Aber die Tat wird ruchbar. Der Pharao, der von der Gewalttat erfährt, trachtet danach, Mose zu töten. Auch die eigenen Stammesgenossen, denen sein solidarisches Eintreten galt, wollen mit Mose nichts zu tun haben. So flieht er aus dem Grenzbereich Ägyptens in die Steppen der Sinaihalbinsel zu den Midianitern und heiratet dort die Tochter des Priesters Jethro. Mose hütet von nun an die Schafe seines Schwiegervaters in der Steppe. Doch genau zu dem Zeitpunkt, da er alle eigenen Pläne aufgegeben hat, erreicht ihn der Anruf Gottes. Mose soll in das Land zurückgehen, aus dem er geflohen ist, und den Auftrag erfüllen, an dem er zuvor, als er ihn eigenmächtig übernommen hatte, gescheitert war. Er soll die Israeliten aus Ägypten führen.

In der alttestamentlichen Überlieferung ist mit dem Namen „Mose" nicht nur der Auszug aus Ägypten verknüpft, sondern auch der Durchzug durch das Schilfmeer, der Bundesschluß, die Offenbarung der Gebote Gottes am Sinai und die Wanderung durch die Wüste. Doch war Mose wirklich die überragende Gestalt, die in all diesen Ereignissen die Hauptrolle spielte? Die historisch-kritische Bibelwissenschaft hat dies lange Zeit bestritten bis hin zu der kritischen These Martin Noths[1], daß die einzig historisch sichere Nachricht über Mose nur die Tradition seines Grabes im Ostjordanland sei. Doch warum soll sich eine Grabtradition von einem Mann erhalten, aus dessen Leben man nichts mehr weiß? Heutige Forscher sind gegenüber den allzu „kritischen" Destruktionen wieder vorsichtiger geworden. Der ägyptische Name „Moses"

[1] Martin Noth, Überlieferungsgeschichte des Pentateuch, 1948, S. 172–191.

(vgl. die Pharaonennamen „Thutmosis“ und „Ramses“) und die Heirat mit der midianitischen Priestertochter weisen darauf hin, daß Mose mit Ägypten, aber auch mit den Nomadenstämmen der Sinaihalbinsel zu tun gehabt haben muß und möglicher Weise doch die führende Gestalt beim Auszug und bei der Wüstenwanderung war[2]. Und sollte nicht vielleicht doch er es gewesen sein, der die Kunde von JHWH, dem Gott, dem Israel dann am Sinai begegnete, seinen Stammesgenossen gebracht hat[3]? Die Geschichte von der Berufung des Mose, die uns in 2. Mose 3f. in einer durch mehrere Erzähler und Redaktoren bearbeiteten Textfassung vorliegt, will zeigen, wie mit der Gottesbegegnung am Dornbusch der Weg und die Sendung Moses begannen.

Wie alle Texte in den fünf Büchern Mose (im Pentateuch), so hat auch die Erzählung in 2. Mose 3+4 einen längeren Entstehungsprozeß hinter sich. In dieser Entstehungsgeschichte sind – davon geht noch immer die Mehrheit der Exegeten aus[4] – zwei selbständige alte Erzählwerke, das jahwistische Geschichtswerk (J) und die Erzählung des Elohisten (E), von späteren Redaktoren verbunden und nachträglich überarbeitet und ergänzt worden. Doch damit war der Überlieferungsprozeß noch nicht abgeschlossen. Die so zusammengefügte Erzählung (JE) wurde zu einem noch späteren Zeitpunkt in eine priesterschriftliche Grundschrift (P) hineingeflochten, die nun ihrerseits den Aufriß und den theologischen Leitfaden der ganzen Pentateuchüberlieferung abgibt. Der Leser hat also in nahezu jedem Abschnitt der fünf Bücher Mose ein vielschichtiges, in einem langen Prozeß gewachsenes Textzeugnis vor sich, aus dem ihm ein ganzer Chor von Stimmen entgegenklingt. Um jede einzelne Stimme deutlicher vernehmen zu können, hat die alttestamentliche Wissenschaft in einer sich über Jahrhunderte hinziehenden Textarbeit versucht, die Schichten der Überlieferung auseinanderzulegen und jede Quellenschrift für sich zu erfassen. Doch sollte bei dieser Analyse der Zusammenklang aller Stimmen nicht vergessen werden. Jede einzelne Stimme hören wir nur als Stimme in einem Gesamtchor, der uns aus der kanonisch gewordenen Endgestalt des biblischen Textes entgegenklingt. Nur im

---

2 Vgl. Herbert Schmid, Mose. Überlieferung und Geschichte, 1968. Siegfried Herrmann, Israels Aufenthalt in Ägypten (SBS 40), 1970, S. 60–75. Ders., Geschichte Israels in alttestamentlicher Zeit, 1973, S. 91 ff.

3 So Werner H. Schmidt, Exodus (BK II), 2. Lieferung 1977, S. 144–147.

4 Vgl. die differenzierte Darstellung von Rudolf Smend, Die Entstehung des Alten Testaments (ThW 1), ³1984. Dem Leser, der die einzelnen Quellenschriften in ihrem ursprünglichen Zusammenhang kennenlernen möchte, dient das Taschenbuch desselben Verfassers: Alttestamentliches Lesebuch, Literatur des alten Israel in ihrer ursprünglichen Gestalt (Siebenstern-T. 182), 1974.

Zusammenklang mit all den anderen Stimmen verkündigt uns jeder einzelne Textzeuge, daß JHWH der Gott Israels ist, der sich eines kleinen Volkes angenommen hat und durch den Samen Abrahams zugleich der Gott aller Völker werden will.

In diesem und in dem folgenden Kapitel sind Texte aus dem 2. Buch Mose so wiedergegeben, daß durch das Druckbild die ursprünglichen Erzählungen, die vermuteten redaktionellen Zusätze und, wo sie vorkommt, die priesterschriftliche Grundschrift deutlich sichtbar werden, doch zugleich die Einheit des Textes erhalten bleibt. In Normalschrift findet der Leser die jahwistische Erzählung (J) abgedruckt, in Kursiveschrift die elohistischen Einschübe (E), während die redaktionellen Zusätze (R) in Groteskschrift erscheinen. Die Übersetzung des Textes folgt der Zürcher Bibel[5].

2. Mose 3

1 Mose aber hütete die Schafe seines Schwiegervaters Jethro,
des Priesters der Midianiter. Einst trieb er die Schafe über die
Steppe hinaus *und kam an den Gottesberg,* den Horeb. 2 Und
der Engel des Herrn erschien ihm in einer Feuerflamme, die aus
dem Dornbusch hervorschlug. Und als er hinsah, siehe, da
brannte der Busch im Feuer, aber der Busch ward nicht verzehrt.
3 Da dachte Mose: Ich will doch hinübergehen und diese wun-
derbare Erscheinung ansehen, warum der Dornbusch nicht ver-
brennt. 4 Und der Herr sah, daß er herüberkam, um nachzuse-
hen. *Und Gott rief ihm aus dem Dornbusch zu: Mose! Mose! Er
antwortete: Hier bin ich.* 5 Da sprach er: Tritt nicht heran!
Ziehe die Schuhe von den Füssen; denn die Stätte, darauf du
stehst, ist heiliges Land. 6 *Dann sprach er: Ich bin der Gott
deines Vaters, der Gott Abrahams, der Gott Isaaks und der Gott
Jakobs. Da verhüllte Mose sein Antlitz; denn er fürchtete sich,
Gott anzuschauen.* 7 Und der Herr sprach: Ich habe das Elend
meines Volkes in Ägypten wohl gesehen, und ihr Schreien über
ihre Treiber habe ich gehört; ja ich kenne ihre Leiden. 8 Darum
bin ich herniedergestiegen, sie aus der Gewalt der Ägypter zu
erretten und sie aus jenem Lande hinauszuführen in ein schönes,
weites Land, in ein Land, wo Milch und Honig fließt, in das

5 Die hier und in den folgenden Kapiteln vorgeführte Quellenscheidung folgt den Ergebnissen Martin Noths, von denen auch Smend in seinem Alttestamentlichen Lesebuch noch immer ausgeht. M. Noth, Überlieferungsgeschichte, S. 17–19. 29–35. Ders., Das Zweite Buch Mose. Exodus (ATD 5), ^{3}1965.

Gebiet der Kanaaniter, Hethiter, Amoriter, Pheresiter, Hewiter
und Jebusiter. 9 *Nun ist das Schreien der Israeliten zu mir*
gedrungen, ich habe auch gesehen, wie hart die Ägypter sie
bedrücken. 10 *Wohlan, so will ich dich denn zum Pharao sen-*
den, daß du mein Volk, die Israeliten, aus Ägypten führest.
11 *Mose aber sprach zu Gott: Wer bin ich, daß ich zum Pharao*
gehen und die Israeliten aus Ägypten führen sollte? 12 *Er*
sprach: Ich werde mit dir sein; und dies sei dir das Zeichen, daß
ich es bin, der dich gesandt hat: wenn du das Volk aus Ägypten
führst, werdet ihr an diesem Berge Gott verehren. 13 *Da sprach*
Mose zu Gott: Siehe, wenn ich nun zu den Israeliten komme und
ihnen sage: „Der Gott eurer Väter hat mich zu euch gesandt“,
und wenn sie mich fragen: „Welches ist sein Name?“ – was soll
ich ihnen dann antworten? 14 *Gott sprach zu Mose: „Ich bin,*
der ich bin.“ Und er fuhr fort: So sollst du zu den Israeliten
sagen: Der „Ich bin“ hat mich zu euch gesandt. 15 *Und Gott*
sprach weiter zu Mose: So sollst du zu den Israeliten sagen:
„Jahwe, der Gott eurer Väter, der Gott Abrahams, der Gott
Isaaks und der Gott Jakobs, hat mich zu euch gesandt.“ Das ist
mein Name ewiglich, und so will ich angerufen sein von Ge-
schlecht zu Geschlecht. 16 Gehe hin und versammle die Ältesten
Israels und sprich zu ihnen: Jahwe, der Gott eurer Väter, der
Gott Abrahams, Isaaks und Jakobs, ist mir erschienen und hat
gesagt: „Ich habe achtgehabt auf euch und auf das, was euch in
Ägypten widerfahren ist. 17 Da beschloß ich, euch aus dem
Elend in Ägypten herauszuführen...“

Diese Erzählung ähnelt den Berufungsgeschichten, die auch von anderen herausragenden Männern im Alten Testament berichtet werden. Plötzlich greift Gott in das Leben eines Menschen ein. Er beschlagnahmt ihn für seinen Dienst und gibt ihm den Auftrag, von nun an das zu sagen und zu tun, wozu der Herr ihn sendet. Doch – und auch dies ist ein charakteristischer Zug fast aller Berufungen – der so angerufene Mensch erschrickt. Er weigert sich. Er traut es sich nicht zu, des Herrn Bote zu sein und mit seiner schwachen Kraft Gottes Auftrag auszuführen. „Ach, mein Herr, womit soll ich Israel erretten? Sieh, mein Geschlecht ist ja das geringste in Manasse, und ich bin der Jüngste in meines Vaters Hause“ (Ri 6,15 Z), antwortet Gideon erschrocken, als ihm der Engel des Herrn Gottes Auftrag verkündet. Ganz ähnlich ist die Reaktion Sauls, als Samuel auf ihn zukommt: „Ich bin ja nur ein Benjaminit, aus dem kleinsten der Stämme Israels, und mein Geschlecht ist das geringste unter allen Geschlechtern des Stammes Benjamin!“ (1. Sam 9,21 Z). Der junge Jeremia wehrt sich gegen seine Berufung zum Propheten mit den Worten: „Ach, Herr, mein Gott, ich verstehe ja nicht zu reden; ich bin noch zu jung“ (Jer 1,6 Z). Und selbst noch der unbekannte Prophet im babylonischen Exil, der Zweite Jesaja, antwortet der himmlischen, ihn zum Trostpropheten erwählenden Stimme: „Was soll ich rufen? Alles Fleisch ist ja Gras und all seine Pracht wie die Blume des Feldes...“ (Jes 40,6 Z). Die Boten Gottes sind nicht aus eigenem Antrieb zu charismatischen Führern und Propheten in Israel geworden. Sie wurden vielmehr gegen ihren Willen und Widerstand von Gott berufen, damit ganz deutlich wird, daß der Gott Israels sie gesandt hat. Sie treten nicht in ihrem eigenen Namen und mit ihrer eigenen Botschaft auf, sondern es ist ein anderer, der durch sie wirkt und redet. So ist es bei Gideon, bei Saul, bei Jeremia, und so ist es in besonderer Weise auch bei Mose. In beiden Erzählfassungen, der jahwistischen Erzählung und in der elohistischen Variante, zuckt Mose vor dem übermächtigen Auftrag erschrocken zurück. Die Frage: „Wer bin ich, daß ich zum Pharao gehen und die Israeliten aus Ägypten führen sollte?“ (3,11 E), ist seine erste Reaktion in der elohistischen Erzählung. Der Satz: „Wenn sie mir aber nicht glauben und nicht auf mich hören wollen, sondern sagen: ‚Der Herr ist dir nicht erschienen‘ –?“ (4,1), ist der erste Einwand beim Jahwisten, dem dann gleich noch weitere Einreden folgen. „Ach Herr, ich bin kein beredter Mann; ich war es von jeher nicht und bin es auch jetzt nicht, seitdem du mit deinem Knechte redest, sondern schwerfällig ist mein Mund und meine Zunge“ (4,10), antwortet Mose, obwohl er gerade die ihn beglaubigenden Zeichen empfangen hat. Und als Gott auch dieses Bedenken zerstreut und verspricht, daß er mit seinem Munde sein und ihn seine Worte lehren werde, verweigert sich Mose trotzdem und versucht, dem göttlichen Auftrag zu entkommen. „Ach Herr, sende doch, wen du senden willst“ (4,13) – bloß nicht mich! Der Mann, der einst in eigener Initiative seine Brüder in Ägypten hatte befreien wollen – nun will er nicht mehr, nun leistet er Widerstand, weil er die übermenschliche Schwere dieses Auftrages ahnt. Doch gerade jetzt wird er von Gott für diesen Dienst gebraucht. Durch das

Zusammenwachsen der Überlieferungen ist dieser ohnehin schon vorhandene Grundzug beider Erzählungen immer weiter verstärkt worden. Jetzt ist es eine Kette von Einwänden, die Mose dem Auftrag Gottes entgegensetzt. Die Einreden zeigen, wie hartnäckig der Widerstand Moses ist. Sie lassen aber auch die Größe des Auftrags ahnen, den Mose nun trotz aller eigenen Mutlosigkeit allein in Gottes Geist und ausgerüstet mit Gottes Kraft übernimmt.
In der Berufungsgeschichte des Mose geht es aber auch noch um ein anderes Thema. Dieses findet sich in dem elohistischen Einschub (2. Mose 3,9–15), in dem *eine* Frage und *eine* Antwort besonders auffallen. Mose möchte den Namen dessen erfahren, der ihn aus dem brennenden Dornbusch anredet, und begründet seinen Wunsch damit, daß seine Stammesgenossen in Ägypten nach dem Namen des ihm in der Wüste erschienenen Gottes fragen werden. Diese elohistische Überlieferung gibt einen Einblick in den auch von der historisch-kritischen Forschung bestätigten Tatbestand, daß die in Ägypten weilenden Nomadenstämme JHWH, den späteren Gott Israels, noch nicht kannten[6]. Sie haben diesen Gott in seinen rettenden und bewahrenden Taten erst unter der Führung des Mose kennengelernt. Die einzige Gottheit, an die sich die nomadischen Stämme in Ägypten von fern erinnerten, war der Gott ihrer Väter, der „Gott Abrahams, der Gott Isaaks und der Gott Jakobs". Zu ihm hatten die Vorfahren einst in einem besonderen Schutzverhältnis gestanden. Doch wer dieser Gott war, und ob er zu ihnen auch noch in einer besonderen Beziehung stünde, das wußten sie nicht. „Welches ist sein Name?", fragt deshalb Mose, der plötzlich von dem Gott der Väter angeredet wird, zurück.

Die Frage des Mose nach dem Namen Gottes beinhaltet aber noch mehr. Es geht hier nicht nur um die Auskunft über eine richtige Benennung. „Nach antiker Vorstellung war der Name nicht Schall und Rauch, sondern es bestand zwischen ihm und seinem Träger eine enge wesensmäßige Bezogenheit. Im Namen existiert sein Träger, und deshalb enthält der Name eine Aussage

---

[6] W.H. Schmidt, Alttestamentlicher Glaube in seiner Geschichte, [4]1982, S. 17–30. Ders., Exodus, S. 147–152. Auch die Priesterschrift, deren Berufungsgeschichte sich in 2. Mose 6,2–8 findet, betont nachdrücklich, daß sich Gott mit seinem Namen JHWH den Vätern noch nicht zu erkennen gegeben habe. Diese Offenbarung empfängt erst Mose.

über das Wesen seines Trägers oder doch etwas von der ihm eigenen Mächtigkeit."[7] Martin Buber hat es noch schärfer ausgedrückt: „Der ‚wahre' Name einer Person wie der eines sonstigen Gegenstands ist für den magisch denkenden Menschen nicht eine bloße Bezeichnung; er ist die Essenz der Person, aus ihrer Realität gleichsam destilliert, so daß sie darin gleichsam noch einmal vorhanden ist. Und zwar ist sie darin in einer solchen Gestalt vorhanden, daß sich jeder ihrer bemächtigen kann, der den wahren Namen kennt und in der rechten Weise auszusprechen weiß. Die Person selber ist unzugänglich, sie leistet Widerstand; im Namen wird sie zugänglich, der Sprecher verfügt über sie."[8]

Darum also geht es in der Frage des Mose! Er möchte mit der Gottheit, deren Stimme er hört, in Kontakt treten! Den, der ihn anruft, will er fassen und greifen können! „Wenn die Ägypter ihre Götter brauchen, beschwören sie sie, indem sie ihre ‚wahren' Namen in der rechten Weise aussprechen, und die Götter kommen und tun das Benötigte." Die Frage des Mose aber verrät die Enttäuschung. „Wir haben ihn nicht beschwören können, wir können ihn nicht beschwören. Wie können wir seiner gewiß werden, wie können wir ihn in unsere Macht bekommen? Wie können wir uns seines Namens bedienen? Was ist's um seinen Namen?"[9]

Versteht man Moses Frage in diesem Sinn, so wird deutlich, welche Dramatik in dem geschilderten Zwiegespräch steckt. Wird Gott auf Moses Wunsch eingehen und seinen Namen kundtun? Die Antwort in 3,14f. zeigt beides, wie Gott seinen Namen preisgibt und zugleich verhüllt, wie er Mose sein innerstes Wesen offenbart und doch zugleich der freie und unverfügbare Gott bleibt. Allerdings hängt das Verständnis der Antwort Gottes wesentlich von der richtigen Übersetzung von Vers 14 ab, der in den verschiedenen Bibelausgaben ganz unterschiedlich übertragen wird.

Die Zürcher Bibel, deren Text oben abgedruckt wurde, übersetzt 2. Mose 3,14: „Gott sprach zu Mose: ‚Ich bin, der ich bin'. Und er fuhr fort: ... Der ‚Ich bin' hat mich zu euch gesandt." Hier klingt die

[7] Gerhard v. Rad, Theologie des Alten Testaments I, ^{9}1987, S. 195.
[8] Martin Buber, Moses, ^{3}1966, S. 62.
[9] Ebd.

Antwort Gottes abweisend. Gott scheint zu sagen: „Ich bin für euch unbegreiflich. Ihr könnt mich nicht fassen. Mit wem auch immer ihr mich vergleichen wollt, ich bin, der *Ich* bin und bleiben werde!"

Auch die griechische Übersetzung der hebräischen Bibel, die Septuaginta (LXX), hat 2. Mose 3,14 in ähnlichem Sinn verstanden. Ihre Übersetzung lautet: „‚Ich bin der Seiende'... So sollst du zu den Söhnen Israels sagen: ‚Der Seiende hat mich zu euch gesandt'." Ist also der Gott Abrahams, Isaaks und Jakobs der „(immer) Seiende", der Unwandelbare, der Ewige? Der große jüdische Philosoph Moses Mendelssohn hat unsere Textstelle so verstanden und daher den Gottesnamen mit „der Ewige" für das deutschsprachige Judentum übersetzt[10]. Er hat damit eine Übersetzung aufgenommen, die schon vor ihm Calvin gebrauchte und die seit 1588 in der Genfer Bibel verwendet wird[11]. Gott ist der Ewige, sich gleich Bleibende, Unwandelbare. Auf ihn sind die Attribute übertragen, die die Griechen dem „immer Seienden", dem Sein selbst, zuschrieben. Doch ist die Antwort Gottes in 2. Mose 3,14 in diesem philosophischen Sinn gemeint?

Martin Luther übersetzte 2. Mose 3,14 anders, und die Lutherbibeln haben seine Übersetzung (zum Teil) bis heute bewahrt: „Gott sprach zu Mose/ Ich werde sein der ich sein werde. Und sprach/ Also soltu zu den kindern Israel sagen/ Ich werds sein/ der hat mich zu euch gesand."[12] Auch der Satz: „Ich werde sein, der ich sein werde", gibt dem Fragenden keine befriedigende Auskunft. Und doch ist der Inhalt der Antwort ein anderer als in den eben genannten Übersetzungen. Denn in dem „Ich werde sein" kommt etwas Dynamisches, ein Werden und Wirken Gottes zum Ausdruck. Diese Antwort besagt: Ich werde mich erweisen. Ihr werdet es erfahren. Die Zukunft, der ihr entgegengeht, wird euch zeigen, daß ich es bin. Eine Randglosse, die Luther in der Biblia Germanica zu 3,14b drucken ließ, zeigt, daß er seine Übersetzung tatsächlich in diesem Sinn verstanden wissen wollte: „(Ich werds sein) Wenn jr dahin kompt/ so wil ich bey euch sein/ und mich so erzeigen/ Das jr erkennen solt/ das ichs sey."

Den geschichtlich dynamischen Sinn des Verbes „hjh = sein"[13] versu-

---

[10] Franz Rosenzweig, ‚Der Ewige'. Mendelssohn und der Gottesname (1929), in: Ders., Die Schrift. Aufsätze, Übertragungen und Briefe, hg. von Karl Thieme, o.J., S. 34–50.

[11] F. Rosenzweig, aaO, S. 35 f. In der Genfer Bibel wird seit der Ausgabe von 1588 die Gottesbezeichnung „l'Eternel" gebraucht.

[12] Biblia Germanica 1545. Die Bibel in der deutschen Übersetzung Martin Luthers. Ausgabe letzter Hand. Nachdruck der Württembergischen Bibelanstalt, z. St.

[13] S. Amsler, Art.: „hjh sein", in: THAT I, Sp. 477–486, Sp. 478: „Druch den Gebrauch von hjh entsteht im allgemeinen eine stärker gefüllte und dynamischere Aussage über das Wesen einer Person oder Sache, das sich in deren

chen auch die neueren Ausleger in ihren Übertragungen zum Ausdruck zu bringen. So übersetzt z.B. Walther Eichrodt in seiner Theologie des Alten Testamentes Gottes Antwort an Mose: „‚Ich bin, der Ich bin', d.h. Ich bin wirklich und wahrhaftig da, bin bereit zu helfen und zu wirken, wie Ich es von jeher war."[14] Theodorus C. Vriezen gibt den Sinn der göttlichen Erklärung so wieder: „Ich bin da, wie es denn auch sei."[15] Hans Walter Wolff übersetzt: „Ich erweise mich als der, der ans Werk geht"[16], oder leicht abgewandelt: „Ich erweise mich als der, der sich erweist"; „Ich bin (wirksam als) der, der ans Werk geht"[17].

Die Übertragung, die dem Sinn des hebräischen Textes am nächsten kommt, ist die von Franz Rosenzweig und Martin Buber. In ihrer „Verdeutschung" der „fünf Bücher der Weisung" ist zu lesen: „Gott sprach zu Mosche: Ich werde dasein, als der ich dasein werde. Und er sprach: So sollst du zu den Söhnen Jisraels sprechen: Ich bin da schickt mich zu euch."[18] In dieser Übersetzung ist nicht nur das geschichtliche Wirksam-Sein Gottes zum Ausdruck gebracht, in ihr wird zugleich unterstrichen, daß Gottes Sein immer ein „Dasein für" die Angeredeten ist. „Welchen Sinn hätte wohl für die verzagenden Unglücklichen eine Vorlesung über Gottes notwendige Existenz? Sie brauchen, genau wie der zaghafte Führer selbst, eine Versicherung des Bei-ihnen-seins Gottes"[19], und diese Versicherung wird ihnen in der göttlichen Antwort zuteil. Gott spricht sich selbst, seine Nähe und Gegenwart, Mose zu. Er wird für die Israeliten dasein, wenn sie sich nun auf den Weg machen, er wird sie begleiten und ihr Gott sein. Und doch gibt sich Gott mit dieser Zusage Mose und den Israeliten nicht in die Hand! Er bleibt ihnen gegenüber frei und unverfügbar. Darauf verweist der zweite Halbsatz der Namensoffenbarung: „Ich werde dasein, *als*

Wirkungen und Handlungen, Schicksal und Verhaltensweise gegenüber andern äußert."

[14] Walther Eichrodt, Theologie des Alten Testaments 1, ^{8}1968, S. 118.

[15] Theodorus C. Vriezen, Ehje aser ehje, in: Walter Baumgartner u.a. (Hg.), FS f. Alfred Bertholet, 1950, S. 508.

[16] Hans Walter Wolff, Jahwe und die Götter, in: EvTh 29, 1969, S. 397–416, S. 399f.

[17] Ders., Bibel. Das Alte Testament. Eine Einführung in seine Schriften und in die Methoden ihrer Erforschung (TTh7), ^{2}1975, S. 26.

[18] Die fünf Bücher der Weisung. Verdeutscht von Martin Buber gemeinsam mit Franz Rosenzweig, ^{9}1976.

[19] F. Rosenzweig, Der Ewige, aaO, S. 40.

 Schelling, Offenbarung I, 269f!

der ich dasein werde", der es ganz offenhält, *in welcher Weise* dieser Gott seinem Volk nahe sein wird. „Er, der seine stete Gegenwart, seinen steten Beistand verspricht, weigert sich, sich auf bestimmte Erscheinungsformen festzulegen."[20] Mose und das Volk müssen sich auf den Weg machen, sie müssen sich der rufenden und weisenden Stimme Gottes anvertrauen. Nur so im Unterwegs-sein werden sie Schritt für Schritt erfahren, wer der Gott ist, der für Israel „da" sein will. Sie werden auch da mit ihm zu tun haben, wo sie sich seine Gegenwart ganz anders vorstellten. Sie werden auch dort mit ihm zu tun haben, wo sie sich seine Gegenwart ganz anders dachten. „Gott macht mit jenem ehje (ich werde dasein)... keine theologische Aussage über sein Ansichsein, sein Sichgleichbleiben oder seine Ewigkeit, sondern er spricht seiner Kreatur das zu, was ihr zu wissen nottut, – daß er bei ihr da, ihr gegenwärtig ist, aber in stets neuen, nie vorwegzunehmenden Gestalten, in den Gestalten ihrer, dieser Kreatur, eigenen Lebenssituationen, und daß es also auf nichts andres ankommt, als ihn darin je und je wiederzuerkennen."[21]

„Und Gott sprach weiter zu Mose:..." Dieser Nachsatz 2.Mose 3,15 gehört zum vorangegangenen Zwiegespräch unbedingt hinzu[22]. Denn hier wird nun die Mose gegebene Antwort zum Inhalt des Gottesnamens selbst erklärt. Dieser Name, der, wenn man ihn ausspricht, „Jachwä" lautet, hat zu tun mit jenem „ächjä" (ich werde dasein), das Mose aus dem brennenden Dornbusch vernahm. Er sagt es nur in der 3. Person: „Jachwä = Er wird dasein", was Gott Mose in der 1. Person zugesagt hatte: „Ächjä ascher ächjä", „Ich werde dasein, als der ich dasein werde". Wo immer der Gottesnahme JHWH erklingt, wo immer Israel diesen Namen anruft, da soll es aus ihm die grundlegende Verheißung hören, die Mose einst von Gott gegeben worden ist: „Ich bin da!"; „Ich gehe mit euch!"; „Ich, JHWH, euer Gott!"

Mag es auch strittig sein, ob die in 2. Mose 3,14f vom Elohisten gegebene etymologische Ableitung dem ursprünglichen

---

[20] M. Buber, Moses, S. 64.

[21] M. Buber, Die Schrift und ihre Verdeutschung. Über die Wortwahl in einer Verdeutschung der Schrift. Werke II, 1964, S. 1128.

[22] Das gilt auch dann, wenn man wie W.H. Schmidt u.a. in Vers 15 einen späteren Zusatz sieht. W.H. Schmidt, Exodus, S. 132f.

Sinn des JHWH-Namens entspricht[23], unzweifelhaft ist doch, daß in dieser Erklärung etwas von dem Geheimnis des Gottes Israels zur Sprache kommt. Er, mit dem Israel im Bunde steht, hat sich seinem Volk nie anders zu erkennen gegeben als so, wie es diese Namenserläuterung sagt:

1. Der Gott Israels, JHWH, ist ein *persönlicher* Gott, der sich Menschen in persönlicher Anrede offenbart. „Ich habe dich bei deinem Namen gerufen; du bist mein!" (Jes 43,1). Darum können die so angeredeten Menschen auch nicht außerhalb dieser personalen Beziehung *über* Gott reden. Sie können nicht *über* ihn wie über einen beliebigen Gegenstand dieser Welt diskutieren, ihn nicht zum Objekt ihres Vorstellens machen, ihn nicht begrifflich definieren. Vielmehr werden sie selbst im Geschehen der Offenbarung JHWHs vor *Gottes* Angesicht gestellt und als sein Gegenüber, seine Geschöpfe, seine Bundespartner, „definiert".

2. In seiner Offenbarung spricht der verborgene Gott seine *Nähe und Gegenwart* den von ihm angeredeten Menschen verheißend zu. „Ich werde dasein – für euch." „Ich will mit euch sein." Diese Nähe Gottes ist nicht an bestimmte Orte und Zeiten gebunden. Anders als die Naturgötter Kanaans braucht der Gott Israels nicht durch kultische Gegenstände und Handlungen, die seine Nähe herausbeschwören, vergegenwärtigt zu werden. Er ist ein mitgehender Gott, der den von ihm Erwählten nahebleibt, an welchen Orten und unter welchen Bedingungen sie auch immer leben werden.

3. Und doch bleibt dieser Gott, der sich ganz an Israel gebunden hat, zugleich auch ganz *frei und unverfügbar*. „Ich werde für euch dasein, *als der* ich für euch dasein werde." Die von JHWH Erwählten können es ihm nicht vorschreiben, *wie* er ihnen nahe bleiben soll. Seine Nähe und Gegenwart können sich auch ganz anders ereignen, als sie es in ihrer Heilssicherheit erwarten.

---

[23] Dies wird in der Regel bezweifelt. Vgl. S. Herrmann, Der alttestamentliche Gottesname, in: EvTh 26, 1966, S. 281–293. Ders., Israels Aufenthalt in Ägypten, S. 77 f. Herrmann spricht von einer „volksetymologischen" Ableitung. Anders dagegen W. H. Schmidt, Der Jahwename und Ex 3,14, in: Antonius H. J. Gunneweg/Otto Kaiser (Hg.), Textgemäß. FS f. Ernst Würthwein, S. 123–138. Ders., Exkurs: Zum Namen ‚Jahwe', Exodus, 3. Lieferung 1983, S. 173 f. Schmidt stellt dar, daß sich nicht erst in der nachgetragenen Deutung in Ex 3,14, sondern schon im Jahwenamen selbst „der Dank für Gottes Gegenwart und das Vertrauen auf seine Macht aus(spricht): ‚Er ist/erweist sich/wirkt.'" (S. 174).

4. Um Gottes Nähe und Gegenwart so erfahren zu können, müssen die von ihm Erwählten allerdings zum *Aufbruch* bereit sein. Die Zusage: „Ich werde mit euch sein“, kann nur dort erfahren werden, wo sich Menschen aus ihren Sicherungen und Bindungen lösen und bereit sind, der Stimme Gottes allein zu folgen. Diese Stimme ruft sie auf einen Weg, der in eine offene, ihnen noch unbekannte Zukunft führt, über dem aber doch Gottes Verheißung leuchtet: „Ich bin mit dir und will dich behüten, wo du hinziehst“ (1.Mose 28,15).

Marc Chagall hat die Erzählung von der „Offenbarung Gottes im brennenden Dornstrauch“ in einer seiner Radierungen gestaltet[24]. In diesem Bild ist das Licht, das aus dem Dornbusch hervorleuchtet, nicht ein natürliches Feuer, sondern der Glanz des Namens Gottes, der hier aufstrahlt. Dieser Name „JHWH“ ist in hebräischen Buchstaben in die Mitte des über dem Dornstrauch leuchtenden Lichtballs geschrieben, und von seinem Licht wird auch das Angesicht Moses erleuchtet. Anders als in der biblischen Erzählung, in der Mose sein Angesicht verhüllt, ist in diesem Bild sein Kopf erhoben und wendet sich, das Licht des Namens widerspiegelnd, halb dem Licht und halb dem Betrachter zu. Dabei legt Mose die rechte Hand auf sein Herz; ihm geht eine Wahrheit auf, die ihn im Innersten berührt. Sein Kopf und Herz, seine Augen, Mund und Hände werden von nun an erfüllt sein von dem hier offenbar gewordenen Namen. Ihn werden sie verkündigen.

Da der Name Gottes im Alten Testament „der Inbegriff allen Trostes und aller Ermutigung“ ist[25], weil in ihm und aus ihm der lebendige Gott selber spricht, darum können Menschen diesen Namen nicht beliebig in den Mund nehmen. „Du sollst den Namen JHWHs, deines Gottes, nicht mißbrauchen; denn JHWH wird den nicht ungestraft lassen, der seinen Namen mißbraucht“ (2.Mose 20,7). Mag dies Verbot ursprünglich vor Zauberei, Beschwörung und Magie mit dem Gottesnamen gewarnt haben, so lernte es Israel doch immer umfassender zu

---

24 Bible 27/WVZ Nizza 283. Gott offenbart sich vor Mose im brennenden Dornstrauch (2. Mose/Exodus 3,1–5). Vgl. dazu Christoph Goldmann, Kinder entdecken Gott mit Marc Chagall, 1978. In diesem Buch werden die Zeichnungen Chagalls in Gesprächen mit Kindern interpretiert.

25 I. Baldermann, Einführung in die Bibel, 3., neubearb. Aufl. von „Die Bibel – Buch des Lernens“, 1988, S. 36.

Marc Chagall:
Mose vor dem brennenden Dornbusch
© 1989, Copyright by COSMOPRESS, Genf

verstehen. Seit dem babylonischen Exil wurde der Gottesname überhaupt nicht mehr in den Mund genommen, sondern stattdessen eine Deckaussprache gebraucht. Wo immer im hebräischen Text die Konsonantenzeichen JHWH stehen, da unterbricht der Jude die Lesung durch einen Lobpreis, in dem er den HERRN – er sei gepriesen – verehrt. Diese Umschreibung „mein HERR", in den Vokalzeichen unter den hebräischen Konsonanten des Gottesnamens in der Schrift bereits angedeutet, ist dann in der griechischen und lateinischen Übersetzung auch in den Bibeltext selbst eingegangen. An allen Textstellen, wo in der hebräischen Bibel der Name JHWH steht, übersetzt die Septuaginta diesen Namen mit „Kyrios". Die lateinische Bibel sagt „Dominus", und in unseren deutschen Bibeln steht das Wort „Herr". Allerdings ist dieses Wort in der Lutherbibel mit großen Buchstaben gedruckt, um anzudeuten, daß sich im Urtext an diesen Stellen der geheimnisvolle Gottesname findet. „Und der HERR sprach: Ich habe das Elend meines Volks in Ägypten gesehen..." (2.Mose 3,7); „Ich bin der HERR, dein Gott..." (2.Mose 20,2). „HERR, auf dich traue ich, laß mich nimmermehr zuschanden werden..." (Ps 31,2). Welch ein anderer Ton kommt in unsere Bibel hinein, wenn man bedenkt, daß an all diesen Stellen nicht ein autoritärer Titel, sondern der „Name über alle Namen", der Name JHWH, „Ich werde dasein", steht?!

Franz Rosenzweig und Martin Buber haben lange darüber nachgedacht, wie sie den Gottesnamen so ins Deutsche übersetzen könnten, daß dieser Name nicht begrifflich festgelegt wird, sondern als persönliche Anrede erfahrbar wird[26]. Sie sind nach vielen vergeblichen Versuchen auf das persönliche Fürwort gekommen, das in großen Buchstaben geschrieben auf den Gottesnamen verweist. „Gott nennt sich nicht den Seienden, sondern den Daseienden, den dir Daseienden, dir zur Stelle Seienden, dir Gegenwärtigen, bei dir Anwesenden oder vielmehr zu dir Kommenden, dir Helfenden... Wie ist das nun zu übersetzen?"[27] Es galt also, in der abendländischen Sprache eine Entsprechung zu

[26] Dieses Ringen schildert F. Rosenzweig in einem Brief an Martin Goldner: „Anfangs schrieben wir Herr. Das wurde uns immer unerträglicher, weil es ja einfach falsch ist... Da fiel uns plötzlich, als die Übersetzung Herr uns bis zur Verzweiflung unerträglich geworden war, die jetzige Übersetzung ein. Sie wurde anfangs von uns selbst nur zögernd begrüßt, dann durchprobiert, immer richtiger gefunden..." F. Rosenzweig, Briefe, hg. v. Edith Rosenzweig, 1935, S. 599.

[27] F. Rosenzweig, aaO, S. 601 f.

finden, die in dem hörenden Leser ein jener aus dem Namen zuströmenden Gewißheit verwandtes Gefühl erzeugt, also das Beimir-, Beidir-, Beiunssein Gottes nicht begrifflich aussagt, sondern gegenwärtiglich verleibt; und das tut in unserer Übertragung die pronominale Wiedergabe: das ICH und MEIN, wo Gott redet, das DU und DEIN, wo er angeredet ist, das ER und SEIN, wo von ihm geredet wird."[28]

In der alttestamentlichen Wissenschaft ist es üblich geworden, den Gottesnamen „Jahwe" in seinem Lautbestand in deutsche Texte zu übernehmen. Doch bei dieser „Eindeutschung" verliert der geheimnisvolle Name den Charakter der Anrede und seinen Sinn. Er wird zum Namen einer altorientalischen Gottheit und den vielen anderen Götternamen „Marduk", „Amon-Re", „Baal-Zaphon" usw. gleichgestellt. Daher hat der jüdische Theologe Franz Rosenzweig schon zu Beginn dieses Jahrhunderts gegen diese Gedankenlosigkeit mit Vehemenz protestiert. „Daß die protestantische Wissenschaft vom Alten Testament an dem Gebrauch von ‚Jahwe' im Deutschen, wo es doch ohne alle Beziehung als ein nackter, sinnloser Name dasteht, so starr festhält, obwohl sie sich über die eben angedeutete ‚Beinamenhaftigkeit' klar ist..., diese Degradierung des Gottesnamens zu einem Götzennamen ist aus rein wissenschaftlichen Gründen nicht zu begreifen; sie ist eine mit modernen Kriegsmitteln unternommene Fortführung des alten theologischen Kampfs gegen das ‚Alte Testament' oder wenigstens seinen Autarkieanspruch, seine Biblizität, die es für den Juden hat. Die jüdische Bibel ruft: Eli Eli! mein Gott, mein Gott! und die Alttestamentler schütteln den Kopf und erklären: Er rufet dem Elias."[29]

In dieser Arbeit soll bewußt auf das Ausschreiben des Gottesnamens verzichtet werden. Es wird das schweigende Tetragramm „JHWH" oder das Deckwort „der HERR" gebraucht. Nur in den aus der wissenschaftlichen Literatur übernommenen Zitaten muß – leider – das Wort „Jahwe" stehenbleiben.

Zur Weiterarbeit

Martin Buber, Moses, Heidelberg [3]1966.

Gerhard von Rad, Theologie des Alten Testaments I, München 1987, daraus: Die Offenbarung des Jahwenamens, S. 193–200.

Hans Walter Wolff, Bibel (AT) (ThTh 7), Stuttgart/Berlin [2]1975, daraus: Der Gott Israels (Jahwe und die Götter), S. 13–28.

---

[28] M. Buber, Die Schrift und ihre Verdeutschung, aaO, S. 1129.

[29] F. Rosenzweig, Der Ewige, aaO, S. 47f.

2. Erfahrungen mit dem Namen Gottes. Die Auszugsgeschichte

Die Erzählung von der Offenbarung des Gottesnamens steht am Anfang der großen Befreiungsgeschichte Israels. Sie weist nach vorn, über sich selbst hinaus, auf die Ereignisse hin, in denen sich JHWH in seiner rettenden Macht offenbart. Der Gott, der den Namen trägt: „Ich werde dasein, als der ich dasein werde", fängt nun an, seinen Namen zu enthüllen. Von hierher bekommen alle folgenden Geschichten ihren besonderen Sinn. Sie sind Erzählungen, die von den Erfahrungen handeln, die Israel mit seinem Gott gemacht hat, Geschichten, in denen JHWH seinen Namen auslegt. Sie wollen also nicht nur Ereignisse aus einer fernen Vergangenheit berichten. Es geht um die „Zeichen JHWHs"[30], in denen aufleuchtet, wer der Gott ist, der den Namen „Ich werde dasein" trägt.

Es war für Ägypten nichts Ungewöhnliches, daß besonders in Dürrezeiten Nomaden der Sinaihalbinsel an seine Grenzen kamen und um Aufnahme für sich und ihr Vieh im fruchtbaren Nildelta baten. Bekannt ist der Brief eines ägyptischen Grenzbeamten an seinen Vorgesetzten, der um 1192 v. Chr. geschrieben ist und den Durchzug einiger Stämme von Edom meldet: „... Eine andere Mitteilung für meinen (Herrn): Wir sind damit fertig geworden, die S'sw-Stämme von Edom durch die Festung des Merneptah in Tkw passieren zu lassen bis zu den Teichen von Pitom des Merneptah in Tkw, um sie und ihr Vieh durch den guten Willen des Pharao, der guten Sonne eines jeden Landes, am Leben zu erhalten, im Jahre 8, (am Tage) (der Geburt) des Seth ..."[31] Auch jene Gruppen, die dann unter Mose den Auszug wagten, müssen einst auf eine ähnliche Weise ins Land gekommen sein. Man nimmt heute an, daß im Zusammenhang der aramäischen Wanderbewegung, in der Nomadenstämme aus der arabischen Wüste ringsum in die Kulturländer des „fruchtbaren Halbmondes" eindrangen, einige Stämme auch die Landnahme in Ägypten versuchten[32]. Und die Ägypter nahmen sie tatsächlich vorübergehend auf. Sie ließen die Stämme, die – nach der biblischen

---

30 Vgl. Peter Weimar/Erich Zenger, Exodus. Geschichten und Geschichte der Befreiung Israels (SBS 75), 1975, S. 95.

31 Kurt Galling, Textbuch zur Geschichte Israels, ^{2}1968, S. 40. Dieser Text ist auch zitiert bei S. Herrmann, Israels Aufenthalt in Ägypten, S. 43. Ders., Geschichte Israels, S. 86.

32 S. Herrmann, Israels Aufenthalt, S. 34–36. 48–52. Ders., Geschichte Israels, S. 83 f. 90.

Überlieferung – infolge einer großen Hungersnot in Ägypten Schutz suchten, ihre Grenze passieren und wiesen ihnen Weidegebiete im Ostdelta im „Lande Gosen“, dem heutigen wadi et-tumelat, zu. Doch als ägyptische „Untertanen“, die unter der „guten Sonne“ des Pharao lebten, wurden sie nun auch für die pharaonischen Bautätigkeiten mit eingesetzt, zu denen die ägyptischen Fellachen – zumindest in den Zeiten der Nilüberschwemmungen – schon immer herangezogen wurden. Nach 2. Mose 1,11 mußten sie die „Vorratsstädte“ Pithom und Ramses bauen, Verwaltungs- und Magazinquartiere, die vermutlich unter Pharao Ramses II. (1290–1224), der sich im Ostdeltagebiet eine neue großräumige Residenz anlegen ließ, errichtet worden sind[33]. So kann also dieser Pharao als der „Pharao der Unterdrückung“ angesehen werden, und das 13. Jahrhundert vor Chr. als die Zeit, in der sich die Väter Israels in Ägypten aufhielten. Doch den die Freiheit und Ungebundenheit des Nomadenlebens liebenden Stämmegruppen war die Behandlung im „pharaonischen Arbeitsdienst“[34] auf die Dauer unerträglich. Es gelang ihnen unter der Führung des Mose, aus dem Machtbereich des Pharao wieder zu entkommen und in die Steppen der Sinaihalbinsel zurückzukehren. Davon erzählt die in der alttestamentlichen Überlieferung von verschiedenen Erzählern ausgestaltete Geschichte des Auszugs.

Wer ist mächtiger? (2. Mose 5–10)

Wenn man die ersten Sätze im 5. Kapitel des zweiten Mosebuches liest, muß man sich jene monumentalen Statuen vorstellen, in denen sich die Pharaonen abbilden und in ihrer ganzen Hoheit und Macht den gewöhnlichen Sterblichen vor Augen stellen ließen[35]. Oder man muß sich an jene Hymnen erinnern, in denen sie als Ebenbilder des höchsten Himmelsgottes gepriesen wurden.

Aus dem Siegeslied auf Thutmosis III.
(Der Sonnengott Amon-Ré spricht:)

---

[33] S. Herrmann, Israels Aufenthalt, S. 44–47. Ders., Geschichte Israels, S. 87f.

[34] Die Lebensbedingungen im „pharaonischen Arbeitsdienst“ beschreibt Erich Zenger, Der Gott der Bibel. Sachbuch zu den Anfängen des alttestamentlichen Gottesglaubens, ²1981, S. 93–97.

[35] Die entsprechenden Bilder sind jetzt leicht zugänglich bei Jörg Zink, Bildwerk zur Bibel. Geschichte und Umwelt 2, 1980. Vor allem Ramses II. hat sich in überdimensional großen Statuen abbilden lassen, die er im ganzen Reich aufstellen ließ.

„Ich bin gekommen, um dich die Großen von Palästina zertreten zu lassen; ich breite sie aus unter deinen Füßen, durch ihre Länder hin. Ich lasse sie deine Majestät als Herrn der Strahlen sehen; du leuchtest vor ihnen als mein Ebenbild.“[36]

Aus einem Hymnus auf Ramses II.

(Die Höflinge preisen den Pharao:)

„Herr des Geschicks, der die Nährschlange (eine Erntegottheit) entstehen ließ, du Chnum (Schöpfergott), der die Untertanen gebildet, du, der den Windhauch in jedermanns Nase gibt... Herr vielfacher Speisung, an dessen Fußtapfen sich der Segen der Nährschlange heftet... dessen Rede alle heilige Speise erstehen ließ, der wacht, wenn alles schläft, dessen Kraft Ägypten errettet... du unser König, groß an Gewalt, unsere Sonne, von dessen Aussprüchen alles lebt! Siehe wir sind hier vor deiner Majestät, daß du uns Leben, das du geben kannst, gewährest, Pharao... Atem unserer Nase, du, bei dessen Erscheinen alle Welt auflebt!“[37]

Der Pharao ist nicht nur ein mit göttlichen Kräften begaber Mensch, sondern der Sohn Amon-Ré's, Abglanz und Abbild des höchsten Himmelsgottes selbst. Von ihm gehen Heil und Leben aus. Er ernährt seine Untertanen durch die Kräfte seines Segens. Ihm gehören die Länder, Völker und Lebewesen, und ihm allein müssen sie alle dienen. Wie kann sich da ein Mensch anmaßen, vor den Pharao hinzutreten mit den Worten: „So spricht JHWH, der Gott Israels: ‚Laß mein Volk ziehen...!‘“ (5,1)? Welche andere Macht könnte ihm, dem Großkönig, etwas zu sagen haben? Entsprechend reagiert der Pharao: „Wer ist JHWH, daß ich auf seine Stimme hören sollte und Israel ziehen ließe? Ich kenne JHWH nicht, und ich werde Israel auch nicht ziehen lassen“ (5.2). Der Pharao will JHWH nicht „kennen“[38], d.h., er will ihn nicht anerkennen und ihm nicht gehorchen, denn er weiß sich selbst als die Verkörperung des höchsten Gottes, dem alle Völker dienen müssen. Daher beginnt nun ein dramatisches Ringen, das alle Geschichten von den ägyptischen Plagen durchzieht, und in dem es um die *eine* Frage geht, wer der Stärkere ist. Wer ist in Wahrheit Gott, so daß ihm das Volk zu *dienen* hat (vgl.

---

[36] Hugo Greßmann (Hg.), Altorientalische Texte zum Alten Testament, 1926, S. 18f.

[37] Zitiert bei Josef Scharbert, Heilsmittler im Alten Testament und im Alten Orient (QD 23/24), 1964, S. 25.

[38] Zum biblischen Begriff vgl. E.D. Schmitz, Art.: „Erkenntnis, Erfahrung“, in: TBLNT 1, S. 242–253.

5,18 und 7,16)[39]? Ist es der irdisch-menschliche Gottkönig, der mit Druck und Schikane reagiert, um Menschen unter seiner Macht zu halten, oder ist es JHWH, der das Elend seines Volkes gesehen hat und herniederstieg, um es aus der Gewalt der Ägypter zu erretten?

Siebenmal tritt Mose nach der jahwistischen Erzählfassung[40] vor den Pharao hin und jedesmal spricht er im Auftrag JHWHs dieselben Worte: „Laß mein Volk ziehen, daß es mir in der Wüste diene!“[41] Doch jedesmal heißt es vom Pharao genauso stereotyp: „Aber der Pharao verstockte sein Herz.“[42] Er „machte sein Herz schwer“ wie einen Stein, er verharrte in seiner Sünde (9,34) und ließ Israel nicht ziehen. Erst als die Schläge JHWHs immer näher an ihn selbst herankommen, wird seine Haltung zunehmend schwankender. Bei der sechsten Plage ist er bereit, wohl die Männer zu entlassen, aber nicht die Frauen und Kinder. Bei der siebenten Plage will er das ganze Volk ziehen lassen, aber ohne Schafe und Rinder. Erst in der Passanacht wird er Pharao, nun selbst getroffen durch den Tod seines erstgeborenen Sohnes, die Israeliten ziehen lassen, ja, er wird sie geradezu hinausjagen. So erfüllt sich, was der Herr gleich zu Anfang Mose versprochen hat, daß „durch eine starke Hand bezwungen“ der Pharao das Volk schließlich aus seinem Land vertreiben werde (6.1).

Auch die Priesterschrift[43] erzählt von sieben Plagen, die Gott über den Pharao und Ägypten kommen läßt. Aber in ihr ist es nicht der Pharao, der in seiner Sünde sein Herz verstockt, JHWH selbst ist es, der das Herz des Großkönigs „verhärtet“[44], weil er

---

[39] Auf diesen Akzent haben besonders P. Weimar und E. Zenger aufmerksam gemacht, die hier das eigentliche Thema der von ihnen angenommenen vorjahwistischen Exodusgeschichte sehen. Exodus, S. 27–46.

[40] Die jahwistische Version der ägyptischen Plagen liegt nach der Analyse Noths vor in: 2. Mose 7,14–18.20b–21a.23–29; 8,4–11a.16–28; 9,1–7. 13–21.23b–34; 10,1–11.13b–19.23–26.28+29. Vgl. M. Noth, Das Zweite Buch Mose, S. 45–50.

[41] 2. Mose 7,16.26; 8,16; 9,1.13; 10,3.

[42] 2. Mose 8,11a.28; 9,7b.34; auch 7,23.

[43] Zur priesterschriftlichen Erzählung gehören nach Noth: 2. Mose 7,1–13.19–20a.21b–22; 8,1–3.11b–15; 9,8–12.22–23a.35; 10, 12–13a.20–22.27.

[44] Die Priesterschrift gebraucht für den Vorgang der Verstockung ein anderes Verb als die jahwistische Quellenschrift. Steht in der jahwistischen Erzählung durchgehend kbd hi = „schwer machen“, so in der Priesterschrift eine Form von hzq, die „hart machen, festmachen, verhärten“ bedeutet.

sein Volk durch gewaltige Gerichte aus dem Lande Ägypten führen will. Die Ägypter sollen erkennen, daß Er JHWH ist (7,5). Daher heißt es im Anschluß an jede Plagenerzählung: „Doch das Herz des Pharao wurde verhärtet"[45], oder noch deutlicher: „Aber der Herr verhärtete das Herz des Pharao, und er hörte nicht auf sie, wie es der Herr dem Mose vorausgesagt hatte."[46] JHWH ist der souveräne Herr, der alles Geschehen in verborgener Weise lenkt. Nichts geschieht, was er nicht geplant und Mose und Aaron schon vorausgesagt hat. Auch das Herz des Pharao ist in seiner Hand und kann sich ohne seinen Willen weder „regen noch bewegen"[47].

Das Forum, vor dem nach der Priesterschrift die Wunderzeichen geschehen, ist der Pharao mit seinen Weisen und den ägyptischen Zauberern. Sie können zunächst noch schritthalten und dasselbe tun, was Gott Aaron mit seinem Stab ausführen läßt. Doch schon nach der dritten Plage müssen sich die Zauberer geschlagen geben und bekennen, daß dies „eines Gottes Finger" sei (8,15). Von der vierten Plage an, in der alle Menschen und alles Vieh mit Beulen geschlagen werden, können sie Mose nicht einmal mehr entgegentreten, da auch sie von den Beulen befallen sind (9,11). JHWHs Sieg über den Pharao ist auch der Sieg über die Zauberer Ägyptens und ihre geheimen Künste. Hinter Mose steht dagegen der Gott, der Macht hat nicht nur über den Pharao und das ganze Land, sondern auch über die Magier und Zauberer und alle Götter der Ägypter (vgl. 12,12).

Durch die Zusammenfügung der zwei Quellenschriften sind die Akzente beider Erzählungen vereinigt worden. Die Dramatik wurde noch einmal gesteigert. In der jetzigen kanonischen Textfassung haben wir eine Abfolge von 9 Plagen vor uns, durch die gleichwohl das Herz des Pharao nicht gewandelt wird. Dies geschieht erst beim letzten Schlag, der den Ägyptern in der Passanacht widerfährt.

---

45 2. Mose 7,13.22b; 8,15; 9,35.
46 2. Mose 7,3f.; 9,12; 10,20.27; 11,10.
47 Heidelberger Katechismus, Frage 28.

Die Verschonung (2. Mose 11+12)

So großen Raum auch die Erzählungen von den ägyptischen Plagen in der alttestamentlichen Überlieferung einnehmen, so haben sie doch nicht ihren Sinn in sich selbst. Sie sind ausgerichtet auf die Geschichte von der Passanacht, in der sie erst ihren Ziel- und Höhepunkt finden[48].

Dieser letzte Unheilsschlag bewirkt, was alle anderen Plagen zuvor nicht haben herbeiführen können. Der Pharao kann der Macht JHWHs nicht länger widerstehen. Noch in der Nacht läßt er Mose rufen und beschwört ihn, so schnell wie möglich aus seinem Volk wegzuziehen. Die Israeliten sollen gehen und ihrem Gott dienen, wie sie vorhatten; sie sollen auch ihre Schafe und Rinder mitnehmen und am Ende sogar um Segen bitten auch für ihn (12,31 f. J). JHWH hat den Pharao durch seine starke Hand bezwungen, wie er es Mose von Anfang an (6,1) versprochen hatte.

Doch neben diesem Höhepunkt der Plagenerzählungen findet sich noch ein anderes Motiv, das der Erzählung ihre besondere Bedeutung gibt, die Verschonung Israels. Eigentlich vollzieht sich in der Passanacht ein Gottesgericht, das das ganze Land betrifft. „Und ich werde in derselben Nacht durch das Land Ägypten schreiten und alle Erstgeburt im Lande Ägypten erschlagen, von den Menschen sowohl als vom Vieh, und an allen Göttern der Ägypter werde ich ein Strafgericht vollstrekken, Ich, der Herr“ (12,12 P). JHWH wird durch das Land schreiten, um die Ägypter zu schlagen, und läßt den „Würgeengel“ in alle Häuser treten (12,23 J). Doch an den Häusern der Israeliten will er schonend vorübergehen (passah)[49]. Die Söhne Israels sollen ein Lamm schlachten und sein Blut an die Oberschwelle und die beiden Türpfosten ihrer Häuser streichen. Wenn dann der Herr das Blut an der Schwelle und den

---

[48] Die jahwistische Erzählung von der Passanacht liegt vor in 2. Mose 11,1–6; 12,21–23.27b.29–39. Die Priesterschrift, die weniger an den Ereignissen in der Passanacht als an den Anweisungen für das Passafest interessiert ist, findet sich in 11,9–12,20; 12,28.40+41. Spätere Zusätze sind 12,42–50; 13,1–16. M. Noth, aaO, S. 65–68.

[49] Die genaue Bedeutung des Verbes psh (2. Mose 12,13.23.27) ist nicht sicher zu ermitteln. Sie muß aufgrund des Kontextes erschlossen werden. Von ihm her erscheint noch immer die Übersetzung „vorübergehen“ und „verschonen“ am sachgemäßesten. M. Noth, aaO, S. 69 f.

Türpfosten sieht, so wird er den Würgeengel nicht in die Häuser kommen lassen.

2. Mose 12 enthält die Ursprungsgeschichte (Ätiologie) des Passafestes, das in Israel bis heute zum Gedenken an den Auszug aus Ägypten gefeiert wird[50]. Seine grundlegenden Elemente werden in der priesterschriftlichen Version der Geschichte genannt. In jeder Familie soll ein fehlerloses Lamm geschlachtet werden. „Und sie sollen von dem Blut nehmen und die beiden Türpfosten und die Oberschwelle an den Häusern... damit bestreichen" (12,7). Das Fleisch aber soll in der Nacht gegessen werden „und ungesäuertes Brot mit bittern Kräutern dazu" (12,8). Und „so sollt ihr es essen: die Lenden gegürtet, die Schuhe an den Füßen und den Stab in der Hand... Ein Passa für den Herrn ist es" (12,11)[51].

Fragt man, woher die seltsamen Motive der Passaüberlieferung stammen, stößt man auf einen alten Hirtenbrauch, der in der Nomadenvergangenheit Israels gepflegt worden sein muß. „Das Opfer von den Erstlingen des Kleinviehs gehörte höchstwahrscheinlich zu den uralten Bräuchen unter wandernden Kleinviehhirten. Beim Übergang von der Winterweide zur Sommerweide und vor den Gefahren der sommerlich-heißen Jahreszeit empfahl sich das Opfer zur Abwehr böser Mächte."[52] Doch nun ist dieses Opfer in den Zusammenhang der Auszugsgeschichte gerückt. In diesem Zusammenhang geht es nicht mehr um das regelmäßige Aufbrechen zu den Sommerweiden und die Abwehr der immer wieder auftretenden Gefährdungen. Jetzt handelt es sich um den einmaligen Aufbruch aus der Knechtschaft in Ägypten.

Israel, das in der Nacht des Auszugs in „angstvoller Eile" das Passa hält und das ungesäuerte Brot als Wegzehrung mitnimmt, wird aus dem über das ganze Land hereinbrechende Verderben gerettet. Sein Auszug vollzieht sich im Zeichen des Gerichtes und

50 Hans-Joachim Kraus, Gottesdienst in Israel. Grundriß einer Geschichte des alttestamentlichen Gottesdienstes, ^{2}1962, S. 61–72.

51 Seit der Zerstörung des Tempels und dem Aufhören des Opferkultes werden keine Passalämmer mehr geschlachtet. Doch erinnert ein gebratener Lammknochen beim Passamahl auch heute noch an diesen Brauch. Der Passa-Ritus hat sich im Land Kanaan mit dem Massot-Fest, einem altisraelitischen Erntefest, verbunden und wurde außer durch das Essen des Passa-Lammes auch durch den Verzehr der ungesäuerten Mazzen-Brote begangen. Auch davon ist in den Anweisungen der Priesterschrift 12,15–20 bereits die Rede.

52 S. Herrmann, Israels Aufenthalt, S. 82.

der Gnade. Beinahe wäre Israel in dem großen Strafgericht mit untergegangen. Aber durch JHWHs gnädiges Vorübergehen wurde es verschont und gerettet. So steht also über dem Weg des Volkes in die Freiheit nicht nur die überlegene Macht JHWHs, die stärker ist als die des Pharao und aller Götter der Ägypter. Dieser Weg ist auch von Anfang an durch Gottes gnädiges Verschonen gekennzeichnet. Daran erinnert das jährlich gefeierte Passafest und daran soll Israel gedenken „von Geschlecht zu Geschlecht“ (12,14 P).

Der Weg durch das Meer (2. Mose 13,17–14,31)

Die Geschichte von der Errettung am Meer ist der Höhepunkt des ganzen Auszugsgeschehens. In ihr wird von jenem Ereignis erzählt, das Israel vor Augen hatte, wenn es von der wunderbaren Herausführung aus Ägypten berichtete. „Im Rahmen des jetzigen Erzählungszusammenhangs wirkt dieser Vorgang wie ein Nachspiel, das infolge der wunderbaren göttlichen Hilfe für die Israeliten glücklich vorübergeht. Überlieferungsgeschichtlich und sachlich freilich handelt es sich um alles andere als nur um ein Nachspiel, sondern vielmehr um dasjenige Geschehen, das zuerst und in erster Linie gemeint war, wenn Israel sich bekannte zu Jahwe als ‚dem Gott, der aus Ägypten herausgeführt hatte‘.“[53] Die israelitischen Gruppen, die die Knechtschaft in Ägypten erlebt hatten und dann unter der Anführung des Mose die Flucht ergriffen (14,5 E), sind offenbar von einer nachsetzenden ägyptischen Streitmacht verfolgt worden. Doch an einem Meeresarm geschah ihnen eine wunderbare Errettung, in der sie die Macht JHWHs, ihres Gottes, erkannten.

„Singet JHWH,
denn hoch erhaben ist er;
Roß und Reiter warf er ins Meer.“ (15,21)

Dieses alte Danklied, das die Frauen unter der Anführung Mirjams nach der glücklichen Errettung anstimmen, ist vermutlich der älteste Reflex auf das erfahrene Wunder[54]. In ihm

[53] M. Noth, aaO, S. 82.

[54] R. Smend, Jahwekrieg und Stämmebund. Erwägungen zur ältesten Geschichte Israels, 1963, S. 79 f. M. Noth, aaO, S. 96 f.

erklingt die Antwort der Geretteten, denen die Macht und Größe JHWHs in diesem Geschehen aufging.

Darüber, wie die Errettung am Meer im Einzelnen geschah, gab es in Israel offenbar verschiedene Versionen. Das beweisen auch die drei Pentateuchquellen, in denen dieses Geschehen in charakteristisch verschiedenen Bildern und Motiven dargestellt wird.

Schon die Vorstellungen darüber, wo denn der eigentliche Ort des Meerwunders zu suchen sei, gehen auseinander. Nach einem elohistischen Fragment (13,17–19), aber auch nach der späteren Überlieferung (vgl. 15,4.22), geschah das entscheidende Ereignis am „Schilfmeer", womit offenbar der Golf von Akaba gemeint ist (vgl. 1. Kön 9,26; Jer 49,21). Doch sollte sich dieses Ereignis wirklich so weit von der ägyptischen Grenze entfernt abgespielt haben?

Eine ganz andere Ortsangabe bietet die Priesterschrift (vgl. 14,2). Sie denkt an die Küste des Mittelmeeres, an der auch die alte Heeresstraße nach Syrien-Palästina entlangführte. Und dort in der Gegend des Sirbonischen Sees, der schon in der Antike für seine gefährlichen Seebeben bekannt war, wäre dieses Geschehen auch durchaus vorzustellen. Jedenfalls hatten die priesterlichen Kreise, die Jahrhunderte später die priesterschriftliche Erzählung formten, diesen Schauplatz der Handlung vor Augen. Sie leitete indes auch noch ein theologisches Motiv: „wie in den Plagen geht es auch im Meerwunder um den Machterweis Jahwes gegenüber den Göttern. Das Meerwunder ‚angesichts Baal-Zaphon' erweist vor Pharao und seinen Leuten, daß Herr über Jam = Meer nicht Baal, sondern Jahwe ist."[55]

Die älteste und doch wohl für am wahrscheinlichsten zu haltende Lokalisierung des Meerwunders findet sich im jahwistischen Geschichtswerk. Allerdings sind die Angaben hier auch am allgemeinsten. Nach 2. Mose 12,37 brechen die Israeliten von Ramses nach Sukkoth auf, und nach 13,20 geht es dann weiter von Sukkoth an den Rand der Wüste nach Etham. Auch wenn wir nicht genau wissen, wo Etham gelegen haben soll, so ist doch erkennbar, daß sich der Jahwist das Geschehen irgendwo an der Grenze zwischen dem Kulturland des östlichen Deltagebietes und den Wüsten der Sinaihalbinsel vorstellt. Wahrscheinlich ist ein Ort in der Gegend des heutigen Suezkanals, an den Bitterseen, gemeint.

Es sind verschiedene, doch jeweils für sich genommen eindrucksvolle Bilder, in denen die jahwistische Quellenschrift und die Priesterschrift die Errettung am Meer beschreiben. (Die elo-

[55] P. Weimar/E. Zenger, Exodus, S. 132.

histische Erzählung ist schon vor der Verbindung mit der Priesterschrift so in die jahwistische Geschichte verwoben worden, daß sich nur noch einzelne Fragmente feststellen lassen.) In diesen Bildern wird nicht nur ein vergangenes einmaliges Geschehen mehr oder weniger phantasievoll ausgeschmückt dargestellt, sondern in ihnen sind Erfahrungen verdichtet, die Israel mit der Hilfe seines Gottes je und je gemacht hat. Dabei war es das Interesse der späteren Redaktion, beide Darstellungen möglichst vollständig zu bewahren. Keine sollte auf Kosten der anderen verkürzt werden. Deshalb wurden die verschiedenen Erzählmotive so ineinander geschoben, daß eine relativ einheitliche Geschichte entstand. Doch haben sich dabei auch – und das merkt besonders der heutige Leser – die verschiedenen Motive überlagert und gegenseitig abgeschwächt. Erst wenn man die Quellenschriften auseinanderlegt und so die ursprünglichen Bilder wieder wahrnimmt, wird man auch jede der beiden Geschichten in ihrer besonderen Aussageabsicht verstehen.

Im folgenden Textabdruck ist wie im vorigen Kapitel die jahwistische Erzählung (J) in Normalschrift wiedergegeben, die elohistischen Fragmente (E) erscheinen in Kursivschrift. Dagegen wird die Erzählungfassung der Priesterschrift (P), die in diesem Text hinzukommt, in Fettdruck wiedergegeben. Die Übersetzung folgt wieder der Zürcher Bibel.

2. Mose 13 und 14

21 Der Herr aber zog vor ihnen her, am Tage in einer Wolken-
säule, um ihnen den Weg zu zeigen, und des Nachts in einer
Feuersäule, um ihnen zu leuchten, damit sie bei Tag und bei
Nacht wandern könnten. 22 Nie wich die Wolkensäule am
Tage und nie die Feuersäule bei Nacht von der Spitze des Zuges.
14,1 **Da sprach der Herr zu Mose:** 2 **Befiehl den Israeliten, umzu-
kehren und sich bei Pihahiroth zu lagern, zwischen Migdol und
dem Meere; angesichts von Baal-Zephon, diesem gegenüber,
sollt ihr euch am Meere lagern.** 3 **Der Pharao aber wird von den
Israeliten denken: Sie haben sich im Lande verirrt, die Wüste hält
sie umschlossen.** 4 **Dann will ich das Herz des Pharao verstok-
ken, daß er ihnen nachjagt, damit ich mich am Pharao und seiner
ganzen Macht verherrliche; die Ägypter sollen erkennen, daß ich
der Herr bin. Und sie taten also.** 5 *Als nun dem König von
Ägypten gemeldet wurde, daß das Volk geflohen sei,* da änderte

sich der Sinn des Pharao und seiner Leute gegenüber dem Volke,
und sie sprachen: Was haben wir da getan, daß wir Israel haben
ziehen lassen, so daß sie uns nicht mehr dienen! 6 *Und er ließ
seinen Streitwagen anspannen und nahm seine Leute mit
sich.* 7 Er nahm sechshundert auserlesene Streitwagen und alle
Streitwagen Ägyptens und Wagenkämpfer auf einem je-
den. 8 **Und der Herr verstockte das Herz des Pharao, des Kö-
nigs von Ägypten, so daß er den Israeliten nachjagte, obwohl sie
unter dem Schutze einer hocherhobenen Hand auszogen.** 9 So
jagten ihnen die Ägypter nach **und erreichten sie, als sie am
Meere lagerten – alle Rosse der Streitwagen, die Reiter und die
Kriegsmacht des Pharao –, bei Pihahiroth gegenüber Baal-Ze-
phon.** 10 **Als nun der Pharao schon nahe herangekommen war,**
erhoben die Israeliten ihre Augen, und siehe, die Ägypter zogen
hinter ihnen her; da fürchteten sie sich sehr. **Da schrien die
Israeliten zum Herrn** 11 *und sprachen zu Mose: Gab es denn
keine Gräber in Ägypten, daß du uns wegführen mußtest, damit
wir in der Wüste sterben? Was hast du uns da angetan, daß du
uns aus Ägypten weggeführt hast!* 12 *Haben wir dir's nicht
schon in Ägypten gesagt: „Laß uns in Ruhe! Wir wollen den
Ägyptern dienen"? Denn es wäre uns ja besser, den Ägyptern zu
dienen, als in der Wüste zu sterben.* 13 Mose aber sprach zum
Volke: Fürchtet euch nicht! Haltet stand, so werdet ihr sehen,
wie der Herr euch heute helfen wird; denn so, wie ihr die
Ägypter heute seht, werdet ihr sie niemals wieder sehen. 14 Der
Herr wird für euch streiten, seid ihr nur stille.

15 **Darnach sprach der Herr zu Mose: Was schreist du zu mir?
Sage den Israeliten, sie sollen aufbrechen.** 16 **Du aber hebe dei-
nen Stab empor und recke deine Hand aus über das Meer und
spalte es, daß die Israeliten mitten im Meere auf dem Trockenen
gehen können.** 17 **Und ich will dann das Herz der Ägypter ver-
stocken, daß sie ihnen nacheilen, damit ich mich verherrliche am
Pharao und seiner ganzen Kriegsmacht, an seinen Streitwagen
und seinen Reitern.** 18 **Die Ägypter sollen erkennen, daß ich der
Herr bin, wenn ich am Pharao, an seinen Streitwagen und seinen
Reitern mich verherrliche.** 19 *Da machte sich der Engel Gottes
auf, der vor dem Heere Israels einherzog, und trat hinter sie;* und
die Wolkensäule vor ihnen ging weg und stellte sich hinter
sie. 20 Und jener kam zwischen das Heer der Ägypter und das
Heer Israels zu stehen. Es geschah aber, daß die Wolke sich

verfinsterte; da zogen sie während der Nacht hindurch, so daß
während der ganzen Nacht keiner dem andern nahekam.
21 **Und Mose reckte seine Hand aus über das Meer,** und der Herr
trieb das Meer die ganze Nacht durch einen starken Ostwind
zurück und legte das Meer trocken; **und die Wasser spalteten**
sich. 22 **So gingen die Israeliten mitten im Meere auf dem Trok-**
kenen, während die Wasser ihnen zur Rechten und zur Linken
wie eine Mauer standen. 23 **Die Ägypter aber jagten nach und**
zogen hinter ihnen her, alle Rosse des Pharao, seine Streitwagen
und Reiter, mitten ins Meer hinein. 24 Und um die Zeit der
Morgenwache schaute der Herr in der Feuer- und Wolkensäule
auf das Heer der Ägypter und verwirrte das Heer der Ägypter;
25 *er hemmte die Räder ihrer Wagen und ließ sie nur mühsam*
vorwärtskommen. Da sprachen die Ägypter: Laßt uns vor Israel
fliehen; denn der Herr streitet für sie wider Ägypten. 26 **Und**
der Herr sprach zu Mose: Recke deine Hand aus über das Meer,
daß die Wasser zurückfluten auf die Ägypter, auf ihre Wagen
und ihre Reiter. 27 **Und Mose reckte die Hand aus über das**
Meer, und beim Anbruch des Morgens strömte das Meer in sein
Bette zurück, während die Ägypter ihm entgegenflohen, und der
Herr trieb die Ägypter mitten ins Meer hinein. 28 **Die Wasser**
strömten zurück und bedeckten die Wagen und Reiter, die ganze
Streitmacht des Pharao, die ihnen ins Meer nachgefolgt war, so
daß nicht einer von ihnen am Leben blieb. 29 **Die Israeliten aber**
waren mitten im Meere auf dem Trockenen gegangen, während
die Wasser ihnen zur Rechten und zur Linken wie eine Mauer
standen. 30 So errettete der Herr an jenem Tage Israel aus der
Hand der Ägypter, und Israel sah die Ägypter tot am Gestade des
Meeres liegen. 31 Als Israel sah, wie gewaltig sich die Hand des
Herrn an den Ägyptern erwiesen hatte, da fürchtete das Volk
den Herrn, und sie glaubten an den Herrn und an seinen Knecht
Mose.

Nach der jahwistischen Darstellung sind die Israeliten in eiliger Hast aufgebrochen und haben gerade den Rand der Wüste erreicht. JHWH ist bei ihnen „am Tag in einer Wolkensäule" und „des Nachts in einer Feuersäule", so daß sie bei Tag und bei Nacht wandern können. Doch da ändert sich der Sinn des Pharao, wie er sich schon so oft geändert hat. Der Pharao, der immer wieder sein Herz verstockte, bleibt nicht lange unter dem Schock der letzten Plage. Er bereut seinen Entschluß, Israel ziehen zu lassen, nimmt seine modernsten Kriegswaffen, 600 Streitwagen und die dazu gehörenden Wagenkämpfer, und jagt hinter den Israeliten her. Und er holt sie ein am Ufer eines großen Sees oder Meeres. Wohin sollen sich die Israliten nun wenden? Vor ihnen liegt das Meer, hinter ihnen kommen die Ägypter – eine ausweglose Situation! Doch mitten in alle Angst hinein spricht Mose zum Volk: „Fürchtet euch nicht! Haltet stand... Der Herr wird für euch streiten, seid ihr nur stille" (14,13 f.). Und in der Tat: Die nun folgenden Ereignisse zeigen, daß JHWH allein für sein Volk streiten kann, und daß Israel von allen Seiten umgeben ist von seinem Schutz. Zunächst verläßt die Wolkensäule die Spitze des Zuges und stellt sich hinter die Flüchtlinge, genau zwischen die beiden Heere. Die Wolkensäule verfinstert sich, so daß sich die Ägypter Israel nicht nähern können während der ganzen Nacht. Dann treibt JHWH vor den Israeliten durch einen starken Ostwind das Meer zurück und legt es trocken, so daß diese sicher hindurchziehen können. Als aber der Morgen anbricht, blickt JHWH aus der Feuer- und Wolkensäule die Ägypter an, die dadurch in panische Angst und Verwirrung geraten. Sie erkennen plötzlich, daß JHWH für Israel gegen Ägypten streitet, kehren um und fliehen in ihrer Panik dem Meer entgegen. Dies aber strömt beim Anbruch des Morgens in sein Bett zurück, während die Ägypter ihm entgegeneilen. So treibt JHWH die Ägypter mitten ins Meer hinein und erfüllt, was Mose im Augenblick der größten Gefahr vorausgesagt hat: „JHWH wird für euch streiten, seid ihr nur stille!"

Die Priesterschrift erzählt das Geschehen anders, doch in nicht weniger eindrucksvollen Bildern. Wie zuvor bei den Plagen, so vollzieht sich auch jetzt alles nach JHWHs festgelegtem Plan. Er bestimmt den Wanderweg Israels, er gebietet auch den Lagerplatz, an dem das folgende Geschehen stattfinden soll. Und wie Gott zuvor immer wieder das Herz des Pharao verhärtete, so tut er es auch jetzt. Der Pharao jagt, vermeintlich aus eigenem Antrieb, in Wahrheit aber nach dem verborgenen Ratschluß und Willen Gottes, hinter den Israeliten her und erreicht sie, als sie sich gerade an dem Ort lagern, den Gott vorausbestimmt hat, „gegenüber Baal-Zaphon". Vor Israel liegt das Meer, hinter ihm kommen die Ägypter. Gibt es da noch einen Ausweg? Es gibt ihn! Aber die Priesterschrift schildert diesen

Ausweg anders als die jahwistische Erzählung. In ihr ist es nicht mehr JHWH selbst, der dazwischentritt, um sein Volk zu retten; Mose steht im Zentrum als der große Mittler, der im Auftrag Gottes handelt. Gott gebietet ihm, seinen Stab – es ist derselbe, mit dem Aaron die Plagen herbeigeführt hatte! – emporzuheben und seine Hand über das Meer auszurecken. Er soll das Wasser spalten, damit die Israeliten mitten im Meer auf dem Trockenen gehen können. Und so geschieht es auch. Mose reckt seine Hand aus über das Meer, und die Wasser spalten sich. Die Israeliten gehen mitten im Meer auf dem Trockenen, während die Wasser ihnen zur Rechten und zur Linken wie eine Mauer stehen. Als aber die Ägypter denselben wunderbaren Weg benutzen wollen, um Israel zu verfolgen und auch durch diese trockene Straße ziehen, da gebietet Gott Mose aufs neue, seine Hand über das Meer auszurecken, damit die Wasser zurückfluten. Mose tut es, und die Wasser strömen tatsächlich zurück und bedecken die Wagen und Reiter, die ganze Streitmacht des Pharao, die den Flüchtenden ins Meer nachgefolgt sind. Die Israeliten aber waren, so betont es die Geschichte am Ende noch einmal, „mitten im Meer auf dem Trockenen gegangen, während die Wasser ihnen zur Rechten und zur Linken wie eine Mauer standen" (14,29).

Auf den ersten Blick scheint es, als hätten die Priester das, was die frühen Erzähler noch verstehbar durch natürliche Ursachen erklärten, nun ins Phantastische ausgeweitet. Doch man muß die hier gezeichneten Bilder *sehen* und wird dann erkennen, welch fundamentale theologische Sachverhalte in ihnen zur Sprache kommen. Der Leser wird Zug um Zug an die Schöpfungsgeschichte (1. Mose 1,3 ff.) erinnert, die erzählt, wie sich ganz am Anfang bei der Erschaffung der Welt ganz Ähnliches ereignete. Gott sprach über der „tehom", der Urflut: „Es werde Licht." „Und es ward Licht." Dann ließ Gott durch sein befehlendes Wort eine Feste inmitten der Wasser werden, die die Wasser unter der Feste von den Wassern über der Feste scheiden sollte. „Und es geschah so." Gott gebot, daß sich das Wasser unter der Feste an einem Ort sammeln sollte, damit das Trockene sichtbar werde. Es geschah auch dies. Es entstanden der Himmel, die Erde und das Meer durch die Spaltung der Urflut. Eine solche Spaltung des Meeres geschieht nach der Sicht der Priesterschrift beim Auszug Israels aus Ägypten noch einmal. Gott teilt vor seinem Volk das Meer, so wie er ganz am Anfang die Wasser über der Feste von denen unter der Feste getrennt hatte. Er tut vor Israel mitten im Meer einen Weg auf, so wie er bei der Weltschöpfung mitten in den Wassern Lebensraum für all seine Geschöpfe erschuf. Die Schöpfung im Großen wiederholt sich beim Durchzug durch das Meer an Israel im Kleinen. Und wie Gott am Anfang alles durch seinen schöpferischen Befehl ins Dasein gerufen hatte, so wirkt JHWH auch jetzt alles durch sein geschichtsmächtiges Wort. Gott redet und läßt es dann auch so geschehen. Er spricht, und es geschieht!

Deutlich zeigt sich, aus welch verschiedenen Perspektiven der Jahwist und die Priesterschrift das wunderbare Geschehen am Meer erzählerisch gestaltet haben. Beide wollten über der erzählten Geschichte JHWH, den Gott Israels, verherrlichen. Und beide taten es in je anderer Weise. In der alten jahwistischen Geschichte ist JHWH der nahe Gott, der selber vor seinem Volk einherzieht. Er führt es, zeigt ihm den Weg, umgibt es schützend von allen Seiten und stellt sich in der Stunde der größten Gefahr selbst dazwischen. Wie in den Kriegen der Richterzeit[56], so greift JHWH selber in den Kampf ein, indem er durch das Anblicken und Erschrecken die Feinde in Verwirrung bringt. Er allein streitet für Israel. Sein Volk soll stillhalten und vertrauen. In der Priesterschrift ist JHWH der ferne, der transzendente Gott. Er handelt in der Welt durch seinen Mittler, durch Mose, und lenkt alle Dinge durch sein schöpferisches Wort. In dieser Interpretation ist deutlich die Stimme eines Erzählers aus der Zeit des babylonischen Exils zu hören, der mit Elementen der Theologie und Weltsicht seiner Epoche arbeitet[57]. Dennoch stimmen beide Erzählungen in dem Bekenntnis überein, daß JHWH gerettet hat. Er hat dort, wo die Wasser des Verderbens das Volk umschlungen hielten, die Todesflut geteilt und einen Weg gebahnt mitten durch das Meer. Während die Verfolger in der Todesflut untergehen mußten, hat JHWH seinem Volk einen Weg aufgetan in das Leben.

---

56 Vgl. die Midianiterschlacht Gideons Ri 7,9 ff. und die Vorbereitung darauf. Aber auch im Kampf Jonathans gegen die Philister 1. Sam 14,15.20 greift JHWH durch einen Gottesschreck ein.

57 Vgl. Chr. Goldmann, Ursprungssituationen biblischen Glaubens, ^{2}1976, S. 55–61.

Brot in der Wüste
(2. Mose 16 und 4. Mose 11)

Während von der jahwistischen Erzählung nur Fragmente erhalten sind, ist die priesterschriftliche Fassung in 2. Mose 16 ausführlich überliefert[58]. Hier ist die Geschichte allerdings mit einer zweiten Erzählung, der Wachtelspeisung, verbunden worden, die, wie die jahwistische Variante in 4. Mose 11,4–35 zeigt[59], ursprünglich eine selbständige Geschichte war und einen anderen Sinn hatte als in der priesterschriftlichen Version.

Nach dem Durchzug durch das Meer ist Israel in die Wüste gelangt, an einen Ort, wo es kein Wasser und keine Lebensmöglichkeiten gibt, an dem Menschen und Tiere verschmachten müssen. Der Prophet Jeremia beschreibt in einem seiner ersten Aussprüche das Land, durch das Gott sein Volk geführt hat, als ein Land „der Öde und der Schluchten", „der Dürre und des Dunkels", „da keiner wandert und keiner Wohnung macht" (Jer 2,6). Aufgrund der natürlichen Gegebenheiten könnte hier kein Mensch am Leben bleiben. Und so ist es nicht erstaunlich, daß das Volk zu murren anfängt. Plötzlich im Rückblick erscheint Ägypten, das Land der Knechtschaft, in den schönsten Farben. Dort hatte man an den Fleischtöpfen gesessen und Brot die Fülle zu essen gehabt. Aber nun ist das Volk dem Verhungern und Verdursten nahe. „Wären wir doch durch die Hand des Herrn im Lande Ägypten gestorben!... Denn ihr habt uns in diese Wüste hinausgeführt, um diese ganze Gemeinde Hungers sterben zu lassen!" (16.3). In diesem Murren, das von nun an als Leitmotiv aller Erzählungen von der Wüstenwanderung durchzieht, kommt zum Ausdruck, wie Israel immer wieder seine Berufung infragestellt, wie es seine Erwählung rückgängig machen möchte. Führt nicht der Ruf Gottes statt in das Leben, in den Tod? Leitet JHWH sein Volk wirklich in das verheißene Land oder ist nicht viel mehr das Verhungern und Verdursten Israels Teil? Das sind die ständigen Fragen, von denen die Wüstengeneration angefochten wird. Aber JHWH läßt sein Volk nicht in der Wüste umkommen! Er erhält es am Leben auch dort, wo Menschen eigentlich verhungern und verdursten müssen.

---

[58] Fragmente der jahwistischen Manna-Erzählung sind nach Noth, aaO, S. 103 f. die Verse 2. Mose 16,4+5.28–31.35 b.

[59] 4. Mose 11,4–13.18–24 a.31–35.

Jeden Morgen findet Israel das „man hu", das Manna, auf dem Boden der Wüste (16,15). Es liegt da als „etwas Feines, Körniges, fein wie der Reif auf der Erde" (16,14)[60]. Gewiß, das ist kein Fleisch! Das sind keine Melonen, Gurken oder Fische, wie sie Israel in Ägypten hatte. Aber es ist „das Bort, das JHWH zu essen gibt" (16,15), die Nahrung, die Israel zum Leben braucht. Und so empfängt auch jeder, ganz gleich wie viel er einsammeln konnte, das, was er zum Leben nötig hat, und es reicht immer gerade für *einen* Tag. Wer dagegen für den kommenden Tag etwas aufheben will, wer sich einen Vorrat anschaffen möchte, weil er nicht sicher weiß, ob JHWH auch am nächsten Tag für ihn sorgen wird, der muß erleben, daß das aufgehobene Manna verdirbt. Das Brot, das Gott schenkt, läßt sich nicht auf Vorrat anschaffen. Israel muß jeden Tag neu darauf vertrauen, daß Gott das Nötige zum Leben gibt. Nur am 6. Tag ist die gesammelte Menge plötzlich doppelt so groß wie sonst, und das, was aufgehoben wird, verdirbt nicht. Denn der 7. Tag ist ein JHWH geweihter Ruhetag, für ihn soll es am 6. Tag vorsorgen. So lebt Israel während seiner Wanderung durch die Wüste von dem Brot, das JHWH „vom Himmel regnen läßt" (16,4 J). Es lebt von seiner sich täglich offenbarenden Gnade.

Doch es kommt die Zeit, da Israel des Mannas überdrüssig wird und sich nach Fleisch und all den Genüssen sehnt, die es in Ägypten in solcher Fülle gab. „Hätten wir doch Fleisch zu essen! Wir gedenken der Fische, die wir in Ägypten umsonst aßen, der Gurken, der Melonen, des Lauchs, der Zwiebeln und des Knoblauchs. Und nun verschmachten wir; es ist nichts da, nichts als das Manna bekommen wir zu sehen" (4. Mose 11,4–6). Ägypten, einst das Land der Unterdrückung, wird nun für die Zurückblickenden ein Land des Überflusses, gegenüber dessen Reichtum sich das Manna, diese wunderbare Speise Gottes, wie eine kärgliche und armselige Nahrung ausnimmt. Da läßt JHWH

[60] Die Erzählung von der Manna-Speisung knüpft an eine Erscheinung an, die es auch heute noch im Innern der Sinaihalbinsel gibt. Es handelt sich um die „Manna-Tamariske", auf deren Blättern sich durch ein Insekt verursacht Tropfen bilden, die süßlich schmecken und von den Nomaden gern gegessen werden. Natürlich ist dies kein Nahrungsersatz. Aber der Erzähler nimmt diese eigenartige Erscheinung zum Anlaß, um das Wunder der Lebenserhaltung in der Wüste anschaulich zu erzählen. Den Namen „Manna" erklärt er durch die erstaunte Frage des Volkes bei der ersten Entdeckung: „man hu?" – „was ist das?"

einen Schwarm von Wachteln kommen, die der Wind vom Meer her herüberweht. Auch er kann also Fleisch beschaffen im Überfluß und erweisen, daß der Arm des Herrn nicht zu kurz ist, um auch solche Dinge möglich zu machen (11,23). Doch dieses Fleisch, das nun gegeben wird, nachdem das Volk das Manna Gottes verworfen hat (vgl. 11,20), ist keine Speise, an der sich Israel sättigen könnte. Das Fleisch der Wachteln gereicht denen, die es in sich hineinschlingen, nicht zum Leben, sondern zum Tod. Eine Seuche, vom Herrn geschickt, rafft den Teil des Volkes dahin, der dieses Fleisch gegessen hat (11,33). Die Speise, die am Leben erhält, ist allein das Manna. Wo Israel dieses Brot verwirft und nach anderer und vermeintlich besserer Nahrung verlangt, holt es sich den Tod. JHWH ist nicht nur der, der Israel in der Wüste das Leben bewahrt. Er kann auch Tod wirken und er wirkt ihn dann, wenn das Volk seine wunderbare Gabe, wenn es ihn selbst, verschmäht.

Die Aussicht auf das verheißene Land (5. Mose 34,1–6)

Wer die fünf Bücher Mose bis zu Ende liest, muß feststellen, daß sie eigentlich keinen richtigen Abschluß haben. Das Letzte, was uns die alten Quellen erzählen, sind die Gesichte und Segensworte Bileams (4. Mose 22–24), der Abfall Israels zum Baal Peor (4. Mose 25) und die Verteilung des Ostjordanlandes (4. Mose 32). Der Zug über den Jordan und die Eroberung Kanaans werden dagegen in diesen von den Erzvätern an auf die Landverheißung ausgerichteten Quellenschriften nicht mehr geschildert. Ganz ähnlich ist das Bild in der Priesterschrift. Was sie an ihrem Ende berichtet, sind die Einsetzung Josuas zum Heerführer Israels (4. Mose 27,12–23) und der Tod des Mose (5. Mose 34), nicht dagegen die Landnahme in Kanaan. Man hat überlegt, ob dies eine absichtliche Komposition sei, oder ob der Schluß der Quellen im Lauf der Überlieferungsgeschichte weggebrochen wurde[61]. Oder ist die Fortsetzung der Erzählungen im Richterbuch zu finden? Während das Letztere für die alten Quel-

[61] Dies nimmt Noth, Überlieferungsgeschichte des Pentateuch, S. 16, für die beiden alten Erzählerquellen an.

len häufig angenommenn wird[62], steht doch für die Priesterschrift fest, daß sie tatsächlich mit dem Bericht vom Tod des Mose geschlossen hat[63]. Mose, der Israel aus Ägypten geführt und ihm als Gottes Mittler das Gesetz verkündigt hat, stirbt an der Grenze des Landes, das Gott Israel zu eigen geben will. Er darf nur noch den Berg besteigen, von dem aus er das ganze Land überblicken kann. Doch er selber wird dieses Land nicht mehr betreten, so wie auch die ganze Generation, die er aus Ägypten führte, in das verheißene Land nicht hineinkommt.

Man wird dieses eigenartige Ende der Pentateuchüberlieferung aus der Situation der Erzähler verstehen müssen. Das Israel, das den Priestern vor Augen stand, hatte wie einst die Wüstengeneration die Heilsgabe des Landes durch eigene Schuld verspielt. Es war zurück in das Land der Knechtschaft geführt worden, das nun den Namen „Babylon" trug. Das Land der Verheißung, in dem Israel als ein freies Volk im Frieden leben konnte, rückte für die Exilsgeneration und alle folgenden Geschlechter aufs neue in die Ferne. Es wurde zum erwarteten Hoffnungsgut, auf das die Verbannten und alle Späteren mit Sehnsucht ausschauten. So steht also Mose, der an der Grenze des Landes Kanaan stirbt, exemplarisch für das Israel, das das Ziel seines Weges noch nicht erreicht hat. Es wandert noch immer durch die Wüste, durch das „Land der Dürre und des Dunkels". Und doch darf es wie Mose schon hinüberblicken. Es darf leben und sterben mit der durch alle Generationen getragenen Hoffnung: „Dieses Jahr hier, nächstes Jahr im Land Israel; dieses Jahr Knechte, nächstes Jahr frei."[64] Die Verheißung Gottes ist noch nicht eingelöst. Er, der den Namen trägt: „Ich werde dasein, als der ich dasein werde", bleibt auch weiter seinem Volk voraus.

Wer ist JHWH? Wie wird sein geheimnisvoller Name konkret? In der feierlichen Selbstvorstellung Gottes im ersten Gebot heißt es: „Ich bin JHWH, dein Gott, der ich dich aus dem Land Ägypten herausgeführt habe..." (2.Mose 20,2), oder noch

[62] Rudolf Smend verfolgt in seinem Alttestamentlichen Lesebuch die jahwistische Erzählung bis in das Richterbuch (Ri 2,1 a.5 b).

[63] M. Noth, Überlieferungsgeschichte, S. 9. R. Smend, Die Entstehung des Alten Testaments, S. 58.

[64] Mit diesen Worten der jüdischen Passa-Liturgie leitet der Hausvater auch heute noch den Seder-Abend ein.

knapper: „Ich bin JHWH, dein Gott vom Lande Ägypten her…“ (Hosea 13,4). Es ist die Geschichte von der Herausführung aus Ägypten, mit der JHWH seinen Namen für Israel verbunden hat. In ihr hat er seinen Namen ausgelegt. Darum sollen auch alle späteren Geschlechter ihn so erkennen, wie er den Vätern in dieser Geschichte des Anfangs begegnet ist.

1. Er, der den Namen JHWH trägt, ist ein Gott, dessen Macht *gegen* die Macht des Pharao und aller weltlichen Gewaltherrscher steht. JHWHs Macht wendet sich rettend und erbarmend seinem unterdrückten Volk Israel zu.

2. JHWH ist ein *verschonender* Gott. Er geht verschonend an Israel vorüber, während sein Strafgericht über ganz Ägypten kommt.

3. JHWH gibt einen Weg *mitten durch das Meer*. Er zerteilt vor Israel die Chaosfluten und eröffnet ihm eine Bahn, auf der es durch das Verderben hindurch gehen kann.

4. JHWH schenkt *Brot in der Wüste*. Er erhält am Leben und bewahrt auch dort, wo es nach menschlichen Maßstäben keine Lebensmöglichkeiten gibt.

5. Aber JHWH ist auch ein Gott, der es nicht erträgt, wenn seine Gaben verworfen werden. Weil er allein sein Volk retten und am Leben erhalten will, bringt alles andere, worin Israel Rettung und Bewahrung sucht, ihm nicht das Leben, *sondern den Tod*.

6. Der Name JHWH ist *noch nicht eingelöst*. JHWH bleibt mit seiner Verheißung Israel voraus. Die Hoffnung, die sein Name umfaßt, reicht weiter. Wer auf JHWH vertraut, wird seine rettende Macht in noch größeren Heilstaten erfahren.

Zur Weiterarbeit

Martin Noth, Das zweite Buch Mose. Exodus (ATD 5), Göttingen ³1965.

Ina Willi-Plein, Das Buch vom Auszug, 2.Mose (Kleine Biblische Bibliothek), Neukirchen-Vluyn 1988.

Erich Zenger, Der Gott der Bibel. Sachbuch zu den Anfängen des alttestamentlichen Gottesglaubens, Stuttgart ²1981.

3. „Wohl dem Volk, das den Jubelruf kennt!“ Die Psalmen

Es gibt wohl kaum ein anderes Buch der Bibel, das immer wieder auch über die Jahrhunderte hinweg Menschen so unmittelbar anredet wie die Psalmen. Ihre Verwendung im kirchlichen Leben wie im privaten Gebet des Einzelnen, die vielen Umdichtungen bis in unsere Zeit, die Neudichtungen, die doch diese alten Lieder voraussetzen, beweisen noch heute die besondere Kraft der Psalmengebete. In ihnen kommt alles zur Sprache, was das Leben eines Menschen bewegt: die überschäumende Freude am Leben und allen Gaben der guten Schöpfung Gottes (z. B. Ps 96; 98; 100; 104), die bewegte Klage aus den Abgründen der Angst und Verzweiflung (z. B. Ps 22; 69; 88; 102), der unbeschönigte Schrei nach Gerechtigkeit und Vergeltung, der ganz elementar nach dem Eingreifen Gottes ruft angesichts der Unterdrückung der Unschuldigen und des Wohlergehens der Gewalttäter, schließlich das unbedingte Vertrauen und die tiefe Geborgenheit, in der die Seele des Beters „stille“ wird zu Gott (z. B. Ps 4,9; 23; 62; 139,5 f.). Über die Jahrhunderte hinweg können sich Menschen auch heute noch durch Worte der Psalmen unmittelbar angesprochen fühlen und sich mit ihren eigenen Lebenserfahrungen hier wiederfinden.

Fragt man, woher die Psalmen diese eigentümliche Kraft haben, so legen sich zwei Antworten nahe. Zum einen ist es die Sprache der Bilder, die die Psalmen auch dem heutigen Leser und Hörer so öffnet, daß er meinen kann, einzelne Psalmworte seien gerade für ihn geschrieben und paßten genau in seine Situation[65]. Zum anderen darf nicht übersehen werden, daß alles, was in den Psalmen ausgesprochen wird, vor einem Gegenüber gesagt ist. Hier reden nicht Menschen in endlosen Monologen zu sich selbst, sondern sie sprechen ihr Leben mit all seinen Höhen und Tiefen vor dem Gott aus, der den Namen JHWH trägt, „Ich werde dasein für euch“[66].

---

[65] So sagte es schon Martin Luther in seiner großen Vorrede auf den Psalter, 1528: „…, daß der Psalter aller Heiligen Büchlein ist, und ein jeglicher, in welcherlei Sache er ist, Psalmen und Worte drinnen findet, die sich auf seine Sache reimen…“ Heinrich Bornkamm, Luthers Vorreden zur Bibel, 1967; neu durchgesehen von Karin Bornkamm, 1983, S. 68.

[66] Vgl. die beiden Kapitel von I. Baldermann: „Die Sprache der Angst: Klage

Die eigentümliche Sprache der Psalmen, die sie für Menschen ganz unterschiedlicher Zeiten, Kulturen und Lebenserfahrungen immer wieder neu zu öffnen vermag, hat mit dem langen Überlieferungsprozeß zu tun, in dem sie einst entstanden sind. Seit den Forschungen Hermann Gunkels[67] hat sich die Einsicht durchgesetzt, daß die Psalmen im Gottesdienst Israels gewachsen sind, daß sie hier als Gebetstexte gebraucht wurden, und daß sie in diesem gottesdienstlichen Gebrauch die Gestalt bekamen, in der wir sie heute im Psalterbuch lesen. „Die Psalmen sind – so seltsam uns das zunächst klingt – nicht zuerst geschrieben und dann gesungen worden, sondern umgekehrt. Die allermeisten Psalmen sind sehr lange gesungen und gebetet worden, bevor sie aufgeschrieben wurden. Die sie aufschrieben waren nicht ihre Dichter, sondern ihre Sammler."[68] So sind die Psalmen also nicht, wie man noch im vergangenen Jahrhundert meinte, individuelle Schöpfungen großer Dichterpersönlichkeiten, sondern sie sind entstanden in Generationen. Viele Menschen ganz verschiedener Zeiten haben an ihnen mitgeformt und sich selbst mit ihren unterschiedlichen Lebensschicksalen in sie hineingeschrieben. „Von vielen, sehr verschiedenen und sehr verschiedenartigen Menschen wurde er (jeder einzelne Psalm) gebetet, gesungen, gesprochen und nahm erst im Sammelpunkt dieser vielen Stimmen, im Gottesdienst, seine für alle gültige und allen zugängliche Form an. Dieser Prozeß der gottesdienstlichen Formung des Psalms aber umfaßt viele Generationen, in denen er wiederum in der sammelnden Mitte, im Gottesdienst, weitergegeben wurde von den Vätern zu den Söhnen durch die Jahrhunderte."[69] Von hieraus ist die eigentümliche Sprache der Psalmen

und Bitte", und: „Die Sprache der Freude: Lob und Dank", in: Einführung in die Bibel, S. 42–55.

[67] Hermann Gunkel, Einleitung in die Psalmen. Die Gattungen der religiösen Lyrik Israels, 1933, ^{2}1966. Ders., Art.: Psalmen, in: RGG IV, 2. Aufl., Sp. 1609–1627.

[68] Claus Westermann, Der Psalter, 1967, S. 14f. Ders., Ausgewählte Psalmen, 1984, S. 13. Von diesen Sammlern stammen auch die Psalmenüberschriften, die lange nach der Entstehung der Psalmen für den gottesdienstlichen Gebrauch hinzugefügt sind. Zum Teil werden Namen von großen Männern aus der Geschichte Israels genannt, denen einzelne Lieder jetzt zugeschrieben werden, zum Teil sind aber auch Gruppen von Tempelsängern gemeint, von denen diese Psalmen überliefert oder vorgetragen wurden. Westermann, Ausgewählte Psalmen, S. 24. Klaus Seybold, Die Psalmen. Eine Einführung. 1986, S. 36–39.

[69] C. Westermann, Der Psalter, S. 17; Ausgewählte Psalmen, S. 16.

zu erklären. Sie reden in Bildern, die ungemein konkret und doch allgemein zugleich sind. Wer versuchte, in ihnen ein bestimmtes äußerliches Schicksal wiederzuerkennen, würde enttäuscht werden. Wer sich dagegen mit seinen eigenen ursprünglichsten Erfahrungen in sie hineinbegibt, wird sich wiederfinden. Denn es sind innere Bilder, die die Psalmen zeichnen, Bilder der Seele[70], in denen die Tiefen der Angst und die Ausweglosigkeit der Not, in denen aber auch die Höhen des Glückes und das Überströmen dankbarer Freude anschaulich und konkret Ausdruck finden.

Doch alles, was in den Psalmen zur Sprache kommt, die höchste Freude und die tiefste Verzweiflung, ist nicht in einen leeren Raum gesagt. Es ist ausgesprochen vor Gott, hingesprochen zu dem Gott der Verheißung, der schon mit seinem Namen in das Leben der zu ihm Betenden hineinredet. Der als der HERR, als JHWH, Angerufene sagt es den Seinen mit seinem Namen zu, daß er bei ihnen bleibt und sie nicht verläßt, daß sie seine Zuwendung erfahren sollen. Von hieraus läßt sich beobachten, wie eine Bewegung in alles Reden hineinkommt, die die Beter verändert. Die Beter der Psalmen sind am Ende nicht mehr dieselben, die sie vorher waren. Das Leben des Einzelnen und das Geschick des Volkes, das vor JHWH ausgebreitet und ausgesprochen wird, bekommt eine neue Dimension. Erschien es vorher eingefügt in eine Welt, in der Gottes Hilfe fern, die gegen Gott und den Beter gerichteten Mächte aber nah und gewaltig waren, so wird es nun durch die Anrufung JHWHs in dem Licht gesehen, das von seinem Namen her auf die Geschichte der Welt und des Einzelnen fällt. An drei Beispielen dreier verschiedener Gattungen des Psalters sei dies im Folgenden dargestellt.

Hermann Gunkel, der nach einer inneren Ordnung des Psalmenstoffes suchte, ist als erster auf die verschiedenen Gattungen der Psalmen gestoßen[71]. Er erkannte, daß eine Reihe von Liedern in ihrem „Grundklang", ihrem Aufbau und ihrer Formensprache übereinstimmen, ja, daß sie vermutlich auch in der gleichen Situation des Gottesdienstes angestimmt wurden. Da sind die Hymnen, die Loblieder Israels, die „am heiligen Tage beim festlichen Opfer aufgeführt wurde(n)". Ihre Grundstimmung ist „die Begeisterung und die ehrerbietige Verehrung für den herrlichen und furchtbaren Gott". „... ein ganzes Volk stimmt sie brausend an, im Vorhof umherziehend, tanzend, jubelnd, in die

70 I. Baldermann, Einführung, S. 43 f.

71 Vgl. Anm. 5.

Hände klatschend, zum lauten Schall der Instrumente."[72] In eine ganz andere gottesdienstliche Situation weisen dagegen die „Klagelieder des Volkes" (vgl. z.B. Ps 44; 74; 79; 80). Es sind die Fasten und Trauerfeiern der Gemeinde. „Da kommt alles Volk an der heiligen Stätte zusammen, zerreißt sich die Kleider, fastet, weint, jammert und stößt in die Posaune: so bestürmt ein leidenschaftliches Volk seinen Gott, daß er sich ihrer erbarme."[73] Die im Psalter am besten bezeugte gottesdienstliche Situation ist das Dankopfermahl, in dessen Verlauf der Einzelne sein Danklied anstimmt. Der das Dankopfer Darbringende erhebt den Becher des Heils und preist den Namen des Herrn, um dann bei der anschließenden feierlichen Mahlzeit der Runde der Zuhörer seine Errettung aus der Not zu verkünden (vgl. z.B. Ps 66,13–20; 22,23–27; 116). Für die Klagelieder des Einzelnen ist ihr „Sitz im Leben" nicht so deutlich zu erkennen. Sie, die „den eigentlichen Grundstock des Psalters" bilden[74], haben sich am stärksten vom kultischen Hintergrund gelöst und sind zum Bestandteil der persönlichen Frömmigkeit geworden. Dennoch nimmt Gunkel an, daß auch sie von „kultischen Formularen" abzuleiten seien. Ihr Aufbau, ihre Form, vor allem der auf ein zugesprochenes Gotteswort hindeutende „Stimmungsumschwung" lassen auch für diese Lieder einen gottesdienstlichen Ursprung vermuten[75]. Neben diesen vier Hauptgattungen im Psalter unterscheidet Gunkel auch noch mehrere kleinere Gattungen, die ebenfalls eine bestimmte gottesdienstliche Situation voraussetzen, doch in ihrem zahlenmäßigen Vorkommen zurücktreten. Es sind z.B. die Wallfahrtslieder, die von den Festpilgerern beim Einzug in Jerusalem gesungen wurden (Ps 122); die Königspsalmen, in denen der König und seine von Gott verliehene Herrschaft im Mittelpunkt stehen (z.B. Ps 2; 18; 45; 110); die in der Folgezeit sehr umstrittenen „Lieder von Jahves Thronbesteigung" (Ps 47; 93; 97; 99)[76] und andere Gattungen.

Die Ergebnisse Gunkels haben die Psalmenforschung in unserem Jahrhundert maßgeblich beeinflußt. Sie sind vielfach diskutiert, ergänzt und, was die Bestimmung und Beschreibung einzelner Gattungen betrifft, modifiziert worden[77], haben sich aber im Grundsätzlichen durchgesetzt. Daß die Psalmen im Gottesdienst Israels ihren „Sitz im Leben"

---

[72] H. Gunkel, Art.: Psalmen, Sp. 1613 f.

[73] AaO, Sp. 1614.

[74] Einleitung in die Psalmen, S. 173.

[75] AaO, S. 175 ff.

[76] S. u. Anm. 44.

[77] Vgl. C. Westermann, Das Loben Gottes in den Psalmen, 1954, der statt von „Hymnen" und „Dankliedern" lieber vom „beschreibenden" und „berichtenden" Lob sprechen wollte. Vgl. auch Frank Crüsemann, Studien zur Formgeschichte von Hymnus und Danklied in Israel, 1969, der sich wiederum mit Westermann kritisch auseinandersetzte.

haben, daß sie einem vorgegebenen Aufbau und einer geprägten Formensprache folgen, daß man sie in Gattungen zusammenordnen kann, sind Einsichten, hinter die heute niemand mehr zurück kann. Doch reichen sie aus? Hat man schon eins dieser Gebete verstanden, wenn man es in seine Gattung einordnen, seine Formensprache wiedererkennen, seinen „Sitz im Leben" bestimmen kann? Anstöße, bei diesen Ergebnissen nicht stehenzubleiben, sondern theologisch weiterzufragen, wie denn in den Psalmengebeten menschliches Leben vor Gott ausgesprochen wird, kommen heute eher aus der Praktischen Theologie[78], speziell der Religionspädagogik. Hier sind vor allem die Arbeiten Ingo Baldermanns zu nennen, der bei seiner Frage danach, wie wir elementar mit Kindern von Gott reden können, auf die Psalmen gestoßen ist[79]. Aber auch an Claus Westermann ist zu denken, der gerade in seinen für Laien geschriebenen Psalmenauslegungen einen über den formgeschichtlichen Ansatz hinausgehenden Weg zeigt[80]. Letztlich ist nach Westermann alles Reden zu Gott in den Psalmen von den beiden Polen Lob und Klage bestimmt. „Lob und Klage, wie sie auf diesem (Israels) ganzen weiten Weg Gottes Tun wie ein Echo begleiten, sind die Grundklänge, die in gewaltigen Fugen und Variationen in den Psalmen des Psalters entfaltet werden[81]." „Lob ist zu Gott hin gesprochene Freude, Klage ist zu Gott hin sich aussprechendes Leid."[82] Von diesen beiden Sprachformen sind alle Gattungen geprägt, vornehmlich aber die Hauptgattungen des Psalters.

Psalm 13: Das Klagelied eines Einzelnen

Das Klagelied beginnt mit einer Reihe anklagender Fragen, in denen sich der Beter zunächst gegen Gott wendet, gegen JHWH, von dem er sich verlassen fühlt. Im Wissen darum, daß alles Geschehen letztlich von Ihm herkommt, daß es damit zu tun hat, daß JHWH sein Angesicht verbirgt, dringt der Beter mit seinen

---

78 Vgl. Helmut Tacke, Zur Interpretation der Klage in den alttestamentlichen Psalmen, in: Jan M. Broekman/Gunter Hofer (Hg.), Die Wirklichkeit des Unverständlichen. FS f. Hemmo Müller-Suur, 1974, S. 140–155.

79 I. Baldermann, Elementare Psalmentexte im Unterricht, in: Erziehen heute. Mitteilungen der Gemeinschaft Ev. Erzieher, 1978, S. 19–24. Ders., Wer hört mein Weinen? Kinder entdecken sich selbst in den Psalmen (WdL 4), 1986.

80 Vgl. die in Anm. 4 genannten Arbeiten Westermanns. Auch die folgenden Interpretationen von Ps 13; 30 und 113 nehmen dankbar auf die Auslegungen Westermanns Bezug, der in beiden Büchern gerade diese Psalmen ausgewählt hat, um in die Gattungen des Klageliedes des Einzelnen, des Dankliedes und des Hymnus einzuführen.

81 C. Westermann, Der Psalter, S. 13.

82 AaO, S. 25.

Fragen in Gott selbst: „Herr, wie lange willst du mich so ganz vergessen?" (13,2). In dieser klagenden bzw. anklagenden Frage wird wie auch in anderen Liedern die Klage laut, daß JHWH so fern ist, daß der Beter Gottes gnädiges Angesicht, das sonst über seinem Leben erstrahlte, nicht mehr erkennen kann.

> „Mein Gott, mein Gott, warum hast du mich verlassen?
> Ich schreie, aber meine Hilfe ist ferne." (Ps 22,2)
>
> „Wie der Hirsch lechzt nach frischem Wasser,
> so schreit meine Seele, Gott, zu dir...
> Wann werde ich dahin kommen,
> daß ich Gottes Angesicht schaue?" (Ps 42,2.3 b)
>
> „Gott, du bist mein Gott, den ich suche.
> Es dürstet meine Seele nach dir,
> mein ganzer Mensch verlangt nach dir
> aus trockenem, dürrem Land, wo kein Wasser ist." (Ps 63,2)

Und doch weiß der Psalmist, daß dieser Zustand nicht für immer andauern kann, daß Gott sein Angesicht nicht ewig verbirgt. „Herr, *wie lange* willst du mich so ganz vergessen?" „... wollte gerne sehen deine Macht und Herrlichkeit" (Ps 63,3). Doch vorerst ist von der Macht und Hilfe Gottes nichts zu spüren, und so geht der Blick des Beters weiter und richtet sich auf das eigene Leben. „Wie lange soll ich sorgen in meiner Seele und mich ängsten in meinem Herzen täglich?" (13,3). Auf die *Gott-Klage* folgt in einem zweiten Schritt die *Ich-Klage*, in der der Beter sich selbst, seine Angst und Not, ausspricht. Gerade in dieser Ich-Klage finden sich in den Psalmen die vielen eindrucksvollen Bilder, die uns auch heute noch unmittelbar ansprechen[83].

„Ich versinke im tiefem Schlamm
wo kein Grund ist..." (Ps 69,3)

„... alle deine Wasserwogen und Wellen gehen über mich." (Ps 42,8)

„Ich bin ausgeschüttet wie Wasser..."
mein Herz ist in meinem Leibe wie zerschmolzenes Wachs." (Ps 22,15)

„Ich bin vergessen in ihrem Herzen wie ein Toter;
ich bin geworden wie ein zerbrochenes Gefäß." (Ps 31,13)

---

[83] I. Baldermann vergleicht sie mit den Bildern unserer Angstträume. Es sind Bilder, die „die Angst von innen her zur Sprache bringen wollen". Einführung, S. 43.

„... meine Tage sind vergangen wie ein Rauch...
Mein Herz ist geschlagen und verdorrt wie Gras.“ (Ps 102,4f.)

Der Grund aber, warum sich der Beter so verlassen vorkommen muß, warum seine Seele in Angst und Kummer vergeht, ist der, daß andere an Gottes Stelle über sein Leben Macht gewonnen haben, Menschen, die ihn bedrängen, die nach Gott und Gottes Geboten nicht fragen – seine Feinde. Und so folgt nun in einer dritten Ausrichtung die *Klage* auch *gegen die Feinde*, die dem Beter die Luft zum Atmen nehmen, die ihm den Blick auf JHWH, seinen Gott, verstellen. „Wie lange soll sich mein Feind über mich erheben?“ (13,3b). Was hier in diesem kurzen Satz gesagt ist, wird in anderen Psalmen wiederum in bedrängenden Bildern gezeichnet.

> „Gewaltige Stiere haben mich umgeben,
> mächtige Büffel haben mich umringt.
> Ihre Rachen sperren sie gegen mich auf
> wie ein brüllender und reißender Löwe...
> Ich kann alle meine Knochen zählen;
> sie aber schauen zu und sehen auf mich herab.“ (Ps 22,13f.18)

> „Ich liege mitten unter Löwen;
> verzehrende Flammen sind die Menschen,
> ihre Zähne sind Spieße und Pfeile
> und ihre Zungen scharfe Schwerter.“ (Ps 57,5)

Ehe wir von einer vermeintlichen höheren christlichen Ethik her über solchen Klagen den Stab brechen, müssen wir zunächst sehen, wie lebensecht hier geredet wird. Es gibt für den Beter, der in seiner letzten Verzweiflung sein Leben vor Gott ausbreitet, keine Tabus. Er darf aussprechen, was er empfindet. Und beherrscht dieses Empfinden nicht auch den, der sich solche Worte „verkneift“? Kann, wer vor der Übermacht ihn bedrohender Menschen und Mächte zu erliegen droht, in seiner Angst anders sprechen? „Hier werden die elementaren Ängste noch nicht unterdrückt, hier kommen sie wirklich zur Sprache. Denn was ist das Reden von den Feinden anders als das Reden von den eigenen Ängsten?... Wo ich Angst habe, sehe ich mich umgeben von Feinden, menschlichen oder auch übermenschlichen; ja, ich kann mir in der Projektion meiner Ängste selbst Feinde schaffen... Wer nicht versteht, daß die Psalmen so sprechen, muß sich fragen lassen, ob der Grund dafür nicht vor allem in seiner eigenen Unfähigkeit zum Leiden und zum Mit-leiden liegt. Wenn wir diese Sprache verlieren, werden sich unsere Ängste, die doch vorhanden sind, nur um so stärker gänzlich unkontrolliert ausbreiten und auswirken."[84] Es kommt allerdings darauf an, wie Menschen mit ihren Ängsten umgehen. Sollen sie sich nicht zerstörerisch auswirken und in den Wunsch (oder gar Plan) nach Rache und Vernichtung der Feinde einmünden, muß es eine andere Möglichkeit der Bewältigung geben[85]. Sie aber kann sich nur dort auftun, wo die Ängste ihre Macht verlieren, wo JHWH den Beter aus der Angst befreit.

Und darum geht es nun in der sich an die Klage anschließenden *Bitte*, die in ihren ebenfalls drei Aspekten der Dreigliederung der Klage entspricht. „Schaue doch und erhöre mich, HERR, mein Gott!" (13,4). Da alle Not letztlich daher rührt, daß Gott sein Angesicht abgewandt hat, bittet der Beter zuerst um seine gnädige Zuwendung, sein Hinsehen und Hinhören. Erst danach kommen die Bitten um Gottes helfendes Eingreifen, Bitten, in denen es nicht um einzelne Hilfeleistungen, sondern umfassend um die Errettung aus dem vorweg erfahrenen Tod, aus Finsternis und Tiefe, geht[86]. „Mache hell meine Augen, daß ich nicht zum Tode entschlafe" (13,4b Z). „Leben" und „das Licht sehen" gehören für den alttestamentlichen Frommen zusammen. Wo Gottes Angesicht leuchtet, da ist Leben. Da können Menschen „strahlen vor Freude" (Ps 34,6). „Denn bei dir ist die Quelle des Lebens, und in deinem Lichte sehen wir das Licht" (Ps 36,10). Wo dagegen diese „Quelle des Lebens" nicht mehr gefunden wird, wo Menschen die Ferne Gottes erleiden, da ist ihr Leben dem Tode nahe (Ps 88,4), da erfahren sie sich schon „hinunter in die Grube gelegt, in die Finsternis und in die Tiefe" (Ps 88,7). Die Bitte: „Erleuchte/Mache hell meine Augen", bedeutet also: Laß mich wieder dein Licht sehen! Laß mich Leben unter deinem leuchtenden Angesicht erfahren, „daß ich nicht im/zum Tode entschlafe". Aber auch die Feinde kommen in der Bitte noch einmal vor. Im Blick auf sie fleht der Beter, „daß nicht mein

---

84 I. Baldermann, Exkurs: „Die Feinde" in den Psalmen, in: Einführung, S. 89–93, hier S. 91.

85 Darauf verweist auch C. Westermann in seinem letzten Kapitel: Die Bitte gegen die Feinde, in: Ausgewählte Psalmen, S. 208 f.

86 Vgl. Christoph Barth, Die Errettung vom Tode in den individuellen Klage- und Dankliedern des Alten Testamentes, 1947.

Feind sich rühme, er sei meiner mächtig geworden, und meine Widersacher sich freuen, daß ich wanke". Nicht um die Vernichtung (wie z.T. in anderen Psalmen) wird hier gebetet. Aber die Feinde sollen dem Psalmisten nicht länger den Blick auf Gott verstellen, sie sollen nicht am Ende den Triumph davontragen. Denn die Feinde, diejenigen, die offensichtlich die Macht an sich gerissen haben, die die Elenden unterdrücken und dabei in ihrem Herzen sprechen: „Es ist kein Gott!" (Ps 14,1)[87], widerlegen den Frommen. Ihr Leben scheint es zu beweisen, daß kein Gott im Himmel ist, der auf das Schreien der Elenden hört, daß die Macht des Stärkeren den Sieg davonträgt, daß der Gottlose das Feld behauptet. Darum ist die Bitte so dringend, „daß nicht mein Feind sich rühme: ‚Ich habe ihn überwältigt!' Meine Widersacher jubeln, daß ich wanke" (13,5 Z).

Hat der Psalmist bis zu dieser Stelle alles herausgelassen, was seine Seele beschwert, so folgt nun eine eigenartige Wende. Nach Worten, die tiefste Verlassenheit, Angst und Verzweiflung zum Ausdruck bringen, folgen plötzlich *Worte des Vertrauens und der Zuversicht*, in denen der Beter die Gewißheit ausspricht, in Gottes Gnade geborgen zu sein und seine Hilfe zu erfahren. Ja, diese Gewißheit läßt ihn am Ende sogar zu Worten der Freude und des *Gotteslobes* finden. „Ich aber traue darauf, daß du so gnädig bist" (13,6); „Ich aber vertraue deiner Gnade" (13,6 Z); oder noch wörtlicher: „Ich aber, – auf deine Güte vertraue ich." „Es frohlocke mein Herz ob deiner Hilfe! Singen will ich dem Herrn, daß er mir Gutes getan" (13,6 Z).

Dieser Umschwung überrascht. Woher kommt diese Wende in einem Gebet zumal solcher Kürze? Die alttestamentliche Wissenschaft hat versucht, die eigenartige Wende in den Klageliedern von einem priesterlichen Heilswort her zu erklären, das dem Betenden im Tempel von einem Priester an genau dieser Stelle zugesprochen wurde[88]. Doch wenn auch für die Anfänge

[87] Das Bild, das die Psalmisten von den Feinden zeichnen, weist nach Westermann in die nachexilische Zeit, in der Israel Provinz eines der Großreiche war und sich „das Bild einer auseinanderbrechenden, von Gegensätzen bestimmten Gemeinschaft" abzeichnete. „Darin liegt... die tiefste Anfechtung der Beter: die anderen können ungestraft in ihrer ‚Gottlosigkeit' weiterexistieren, sie können ungestraft die Frommen verhöhnen..." Der Psalter, S. 55.

[88] Grundlegend für diese Vermutung ist noch immer die Studie von Joachim Begrich, Das priesterliche Heilsorakel, in: ZAW 52, 1934, S. 81–92. Wieder

der Klagepsalmen, in denen sich die Form entwickelte, diese Annahme gelten mag, bleibt dennoch zu erklären, warum die Klagelieder des Einzelnen auch in späterer Zeit, als sie sich längst vom Kult gelöst hatten, diese Form behielten. Hier muß mehr im Spiel sein als ein kultischer Hintergrund, mehr auch als ein „Stimmungsumschwung". „Der Klagende tut einen Schritt aus der Klage heraus, in einem Bekenntnis der Zuversicht stellt er sich auf einen Grund, auf dem die Klage still werden kann. Es gibt nicht nur die sein Leben bedrohenden und zerstörenden Mächte, es gibt noch eine Macht, und der vertraut er sich an."[89] Diese andere Macht aber, in die sich der Beter vertrauend birgt, ist die Macht des Namens Gottes! Der Psalmist hat ja nicht in einen dunklen, leeren Raum hineingesprochen, sondern er hat in seiner Klage und Bitte den Namen angerufen, der Israel vor allen Völkern anvertraut ist, den Namen JHWH: „Ich werde dasein für euch." In diesem Namen sind alle Verheißungen eingeschlossen, in ihm kommt Gottes lebendiges Wort auf den Beter zu. So bedarf es also nicht eines kultischen Heilsorakels, um den Klagenden der Nähe seines Gottes zu vergewissern. Der Name Gottes ist der „Grund, auf dem die Klage still werden kann", er ist jene „Macht", die gegen die das „Leben bedrohenden und zerstörenden Mächte" steht. „Der Name des Herrn ist ein starker Turm; dorthin eilt der Fromme und ist geborgen" (Spr 18,10).

Ingo Baldermann hat in seinen didaktischen Arbeiten aufgezeigt[90], wie im Bekenntnis der Zuversicht der Name Gottes in vielen Bildern Gestalt gewinnt, und wie diese Bilder den Bildern der Klage kontrastartig entsprechen. An die Stelle der Bilder der Angst, ihnen entgegen, treten jetzt die größeren und stärkeren Bilder des Vertrauens.

„Denn du bist *mein Fels* und *meine Burg*
und um deines Namens willen wollest
du mich leiten und führen." (Ps 31,4; 71,3)

„Sei mir gnädig, Gott, sei mir gnädig!
Denn auf dich traut meine Seele,

---

abgedruckt in: W. Zimmerli (Hg.), Joachim Begrich, Ges. Studien zum AT (ThB 21), 1964, S. 217–231.

[89] C. Westermann, Der Psalter, S. 50.

[90] Wer hört mein Weinen?, S. 62 ff. 71 ff.

und unter dem *Schatten deiner Flügel* habe ich Zuflucht,
bis das Unglück vorübergehe." (57,2)

„Denn er deckt mich *in seiner Hütte* zur bösen Zeit,
er birgt mich *im Schutz seines Zeltes*
und erhöht mich *auf einen Felsen*.
Und nun erhebt sich mein Haupt
über meine Feinde, die um mich her sind." (Ps 27,5 f.)

Diese Bilder stehen den Angstvisionen, in der Tiefe zu versinken (69,2 f.) oder von wilden Tieren umkreist und bedroht zu sein (22,13 f.17–19), gegenüber und nehmen ihnen ihre bannende Macht. Aber auch die anderen Bilder des Vertrocknet- und Verdorrtseins (Ps 22,16; 102,5), des „trockenen, dürren Landes, wo kein Wasser ist" (Ps 63,2), sowie die Klagen, keine Kraft mehr zu haben und schon unter den Toten in der Finsternis zu wohnen (Ps 88, 5–7), finden in den Vertrauensbekenntnissen ihre Entsprechungen[91]:

„Der HERR ist *mein Hirte*,
mir wird nichts mangeln.
Er weidet mich auf einer grünen Aue
und führet mich zum frischen Wasser.
Er erquicket meine Seele..." (Ps 23,1–3)

„Der HERR ist *mein Licht* und *mein Heil*;
vor wem sollte ich mich fürchten?
Der HERR ist *meines Lebens Kraft*;
vor wem sollte mir grauen?" (Ps 27,1)

„Die Schilderung der Angst führt immer wieder zu Worten des Vertrauens, in denen die Angst aufgehoben scheint, obwohl die Situation dazu offensichtlich noch gar keinen Anlaß gibt. In den Worten des Vertrauens bekommt Gott viele Namen: du bist mein Licht, mein Heil, meine Burg, mein Schutz, mein Fels, mein Hirte, mein Lied, meine Hilfe, meine Zuflucht – die hebräische Sprache ist hier noch viel reicher an Ausdrucksmöglichkeiten als die Übersetzung. Dies alles aber sind nur Konkretionen des einen, alle Formen der Hilfe umfassenden Namens JHWH, Namen des Vertrauens, in de-

[91] Diese Entsprechungen finden sich allerdings nicht in denselben Psalmen. Man muß die Grenzen des Einzeltextes überschreiten und die Psalmensprache insgesamt in den Blick nehmen, um die Bilder und ihre Gegenbilder zu entdecken.

nen die Worte der Angst aufgenommen und aufgehoben werden."[92]

Und so kann nun am Ende des Klagepsalms das neue Lied erklingen, das der Beter anzustimmen gelobt in der Stunde der Rettung. Obwohl sich äußerlich gesehen noch nichts verändert hat, obwohl das Geschick des Psalmisten noch ebenso ungewiß ist wie zuvor, blickt er doch schon in die Stunde der Rettung hinüber und stimmt das neue Lied noch in der Situation der Klage an: „Es frohlocke mein Herz ob deiner Hilfe! Singen will ich dem Herrn, daß er mir Gutes getan." (13,6 Z).

Objektiv ist der Beter noch immer in derselben Bedrängnis, in der er auch zu Beginn des Klageliedes war. Äußerlich hat sich an seiner Situation noch gar nichts geändert. Und doch ist für den Beter selbst schon alles anders geworden. Der Name Gottes, den er anrief, ist mit der Kraft der Verheißung in sein Leben hereingebrochen, hat das Gefängnis seiner Angst geöffnet und „seine Füße auf weiten Raum gestellt" (Ps 31,9). Darum kann der Psalmist schon jetzt mit dem Danklied beginnen[93].

Psalm 30: Ein Danklied

Das Lob Gottes, das der Beter am Ende der Klage anzustimmen versprach, wird nun im Danklied gesungen. Der letzte Satz, mit dem das Klagelied ausklang, ist nun die Eröffnung des Dankliedes.

> „Ich will dich erheben, JHWH,
> denn du hast mich aus der Tiefe gezogen
> und hast nicht zugelassen, daß meine Feinde
> sich über mich freuen.
> JHWH, mein Gott, ich schrie zu dir,
> und du hast mich gesund gemacht. (30,2 f. Z)"[94]

---

[92] I. Baldermann, Einführung, S. 45.

[93] Der Satz, mit dem das Klagelied endet, ist häufig auch der Beginn des Dankliedes (vgl. Ps 9,2 f.; 30,2; 138,1). In manchen Psalmen wurde aber auch an die Stelle des Lobgelübdes das nach der erfahrenen Rettung gesungene Danklied gesetzt, wie z. B. in Psalm 22,23 ff.; 31,20 ff.

[94] Auch für die Fortsetzung des Textes in Vers 4 ist die Übersetzung der Zürcher Bibel zu vergleichen. Luthers Übertragung: „... aber sie mußten in die Grube fahren", trägt einen falschen Akzent ein.

Das Danklied beginnt nach der Ankündigung, Gott preisen zu wollen, mit einer *Zusammenfassung* dessen, was der Beter erfuhr und worüber er nun Gott sein Loblied anstimmen will. In dieser Zusammenfassung ist ein Motiv besonders betont, das auch in anderen Dankliedern herausgehoben wird.

„Ich rief zu dem HERRN in meiner Angst,
und er antwortete mir.
Ich schrie aus dem Rachen des Todes,
und du hörtest meine Stimme." (Jona 2,3)

„Ich harrte des HERRN,
und er neigte sich zu mir
und hörte mein Schreien..." (Ps 40,2)

„Als ich den HERRN suchte, antwortete er mir
und errettete mich aus aller meiner Furcht."
(Ps 34,5; vgl. auch Ps 116,2; 22,25)

Daß JHWH gehört und geantwortet hat, daß er seine Ohren dem Beter zuneigte, ist die große Erfahrung, die der Psalmist nun lobend bezeugen will. Er will sie bekennen vor Gott, aber auch vor den anderen, vor der Gemeinde derer, die JHWH als ihren Gott anrufen. Darum folgt auf die zusammenfassende Einleitung zunächst der *Aufruf an die Zuhörenden*, mit dem Beter gemeinsam den Herrn zu preisen.

„Lobsinget dem HERRN, ihr seine Heiligen[95],
und preiset seinen heiligen Namen!" (Ps 30,5)

„Preiset mit mir den HERRN
und laßt uns miteinander
seinen Namen erhöhen!" (Ps 34,4)

„Ich will den Kelch des Heils nehmen
und des HERRN Namen anrufen.
Ich will meine Gelübde dem HERRN erfüllen
vor all seinem Volk."
(Ps 116,13f.; vgl. auch Ps 22,23f.26; 66,16)

Diese Textstellen zeigen deutlich, an welchem Ort und in welchem Zusammenhang das Danklied ursprünglich angestimmt wurde. Es handelt sich um das Toda-Mahl, die festlich begangene Dankopferfeier, bei der der Beter vor der im Tempel versammelten Gemeinde, „in den Vorhöfen am Hause des

95 Im Urtext: „ihr seine ‚Chassidim'".

Herrn“ (Ps 116,19), sein Gelübde erfüllt und das Dankopfer darbringt.

> „Darum will ich in dein Haus gehen mit Brandopfern
> und dir meine Gelübde erfüllen,
> wie ich meine Lippen aufgetan habe
> und mein Mund geredet hat in meiner Not.
> Ich will dir Brandopfer bringen von fetten Schafen
> mit dem Opferrauch von Widdern...
> Kommt her, höret zu, alle die ihr Gott fürchtet;
> ich will erzählen,
> was er an mir getan hat.“
> (Ps 66,13–16; vgl. auch Ps 22,26f.; 116,13f.17–19)

Während das Klagelied vom Einzelnen ohne Zuhörer gesprochen wird, stimmt der Beter das Danklied vor den anderen, in der Mitte der Gemeinde, an. Sie alle sollen es hören, was der Psalmist erfahren hat. Sie sollen mit einstimmen in das Lob Gottes und sich mitfreuen. Denn die Erfahrung, die der Beter gemacht hat, geht auch sie an.

Doch zunächst erfolgt ein *Rückblick* auf die überstandene Not. Es ist auffallend, wie ausführlich in den Dankliedern die Not des Beters noch einmal geschildert wird, ja, wie sogar das frühere Klagegebet noch einmal wiederholt wird. „Zu dir, Herr, rief ich, und zum Herrn flehte ich: Was nützt dir mein Blut, wenn ich zur Grube fahre?... Herr, höre und sei mir gnädig! Herr, sei mein Helfer!“ (30,9–11)[96]. Die Angst, die der Beter in seiner Not gehabt hat, kommt noch einmal zur Sprache, aber nun als etwas, worauf er zurückblicken kann. „Die ausgestandene Angst wird nicht verdrängt, sondern gerade ausgebreitet, sie wird als überwundene Angst zum Gegenstand einer überschäumenden Freude. Es läßt sich denken, daß diese Art des Lobens auch die traumatischen Nachwirkungen der Angst tat-

---

[96] Man muß sich immer wieder klar machen, daß für den alttestamentlichen Beter „alles, was zwischen Gott und Mensch, zwischen Gott und seinem Volk geschah, diesseits des Todes lag“. (C. Westermann, Ausgewählte Psalmen, S. 208). Darum ist der Hinweis, daß die Toten Gott nicht loben können, für die Psalmisten ein wirkliches Argument. Sie wissen, daß Gott der Gott des Lebens ist und daß daher nur die Lebenden Gott loben können (vgl. Jes 38,18f.). Erst in den späteren Texten des Alten Testamentes keimt die Hoffnung auf, daß Gottes Treue auch über den Abgrund des Todes reicht und daß darum die Toten leben werden (Jes 26,19; vgl. auch Hiob 19,25–27; Ps 73,25f.; Ps 139,8.11f.).

sächlich zu heilen vermag."[97] Was ausgestanden wurde, was hinter dem Beter liegt, ist in den Rückblicken der Danklieder in Worte gebracht, die nach Helmut Tacke nicht nur Bilder darstellen, sondern reale Erfahrungen z. B. depressiv Erkrankter widerspiegeln können[98].

> „Stricke des Todes hatten mich umfangen,
> des Totenreichs Schrecken hatten mich
> getroffen; ich kam in Jammer und Not." (Ps 116,3)
>
> „Es umfingen mich des Todes Bande,
> und die Fluten des Verderbens erschreckten mich.
> Des Totenreichs Bande umfingen mich,
> und des Todes Stricke überwältigten mich." (Ps 18,5 f.)
>
> „Wasser umgaben mich
> und gingen mir ans Leben,
> die Tiefe umringte mich,
> Schilf bedeckte mein Haupt.
> Ich sank hinunter zu der Berge Gründen,
> der Erde Riegel schlossen sich hinter mir ewiglich." (Jona 2,6 f.)

Der Tod ist in der Sprache der Psalmen nicht nur ein Ereignis am Ende des Lebens, sondern er reicht mit seiner unheimlichen Macht tief in die Existenz des Menschen hinein[99]. Er ist überall da schon wirksam, wo sich Menschen vom Leben abgeschnitten fühlen, wo sie die Beziehung zu Gott, seiner Gnade und Treue, verloren haben, und sich auch aus der Gemeinschaft der Menschen ausgeschlossen finden. Denn „leben" bedeutet in Beziehung zu Gott sein. „Leben" heißt, JHWH gemeinsam mit dem ganzen Volk und allen Kreaturen loben zu können. Wo dagegen dieses Lob verstummt, wo ein Mensch einsam und verlassen ist, da hat der Tod sein Leben schon in der Gewalt, da ist der Beter abgeschnitten vom „Land der Lebendigen" (Jes 38,11) und dabei, in den Abgrund des Todes zu versinken[100]. Und doch hat sich über diesem Abgrund – so bekennen es die Beter im *Bericht von der Errettung* – JHWH als Herr erwiesen. Er hat den zu ihm flehenden Frommen „von den Toten heraufgeholt". Er hat ihn „aus der Tiefe gezogen" und dem Leben zurückgegeben. Darum

[97] I. Baldermann, Einführung, S. 48.
[98] H. Tacke, aaO, S. 144 ff., 151 ff.
[99] Vgl. Chr. Barth, aaO, S. 91 ff. Ders., Einführung in die Psalmen (BSt 32), 1961, S. 56–62.
[100] Vgl. bes. Ps 88,4–8.

ist der Dank, den der Beter nun ausspricht, nichts anderes als der Jubel über das neu geschenkte Leben. Darum muß dieser Dank gefeiert werden, und es gehören das Festmahl, der Reigentanz und das Anlegen festlicher Kleider als Ausdruck der Freude dazu.

> „Du hast mir meine Klage verwandelt in einen Reigen,
> du hast mir den Sack der Trauer ausgezogen
> und mich mit Freude gegürtet,
> daß ich dir lobsinge und nicht stille werde.
> HERR, mein Gott, ich will dir danken
> in Ewigkeit." (30,12f.)

Es wurde schon oben auf die erstaunliche Beobachtung hingewiesen, wie ausführlich in den Dankliedern die überstandene Not zur Sprache kommt. Die Psalmisten wagen es, nach der Rettung noch einmal in den Abgrund zurückzublicken, der sie beinahe verschlungen hätte. Anders als es unter uns weithin üblich ist, wo Menschen, die Schweres hinter sich haben, nicht mehr daran erinnert werden wollen, wollen die Beter der Psalmen gerade nicht vergessen. Sie wollen ihre schweren Erlebnisse nicht verdrängen. Denn sie haben in ihnen und über ihnen den Gott erfahren, der aus der Tiefe herausführt. Sie haben in ihrem Erleben etwas gelernt, was von nun an ihrem ganzen Leben eine neue Qualität gibt. Auch davon ist in Psalm 30 im Rückblick (30,7f.) und im Ausblick (30,13) die Rede.

> „Ich aber sprach, als es mir gut ging:
> Ich werde nimmermehr wanken.
> Denn, HERR, durch dein Wohlgefallen hattest du mich
> auf einen hohen Fels gestellt.
> Aber als du dein Antlitz verbargest,
> erschrak ich.
> Zu dir, HERR, rief ich,
> und zum HERRN flehte ich..." (30,7–9)

Der Beter beschreibt hier seine Lebenseinstellung, die ihn getragen hatte, solange es ihm gut ging. Da konnte er sich nicht vorstellen, daß der feste Boden unter seinen Füßen jemals schwanken könnte. Da hatte er geglaubt, es ginge alles immer so weiter. Und doch war es JHWH, der ihn durch sein Wohlgefallen auf so festen Boden gestellt hatte! Allein durch Gottes Gnade hatte der Psalmist so sicher leben können! Doch dessen war sich der Psalmist früher nicht bewußt. Das hatte er vergessen. Er merkte es erst, als JHWH sein Angesicht verbarg und ihn mit seinem Wohlgefallen nicht mehr trug. Da war der zuvor noch so sicher Lebende plötzlich erschrocken. Er erfuhr sich erstmals in seiner eigenen Hilf- und Haltlosigkeit und flehte zu JHWH, seinem Gott. „Der Beter hatte sich in eine gefährliche Sicherheit verstiegen und nicht mehr ernsthaft damit gerechnet, daß sein Wohlergehen ganz an Gottes Güte hing, die er ihm jeden Augenblick entziehen könnte; dann kam der Sturz, und nun erst wurde ihm Gott wieder wirklich, und er schrie zu ihm aus seiner Not."[101] Und Gott machte ihn gesund (V.3)! Er holte ihn vom Tode wieder herauf. Er rief ihn noch einmal ins Leben zurück, in ein Leben allerdings, das der Beter nun nicht so weiterführen kann, wie er es vor seinem „Erschrecken" getan hatte. „... daß ich dir lobsinge und nicht stille werde...", heißt es am Ende des Liedes. Der Beter bekennt, daß das Gotteslob in seinem Mund von nun an nicht mehr verstummen soll, daß er dem Herrn in Ewigkeit danken will.

Hier am Ende des Psalms zeigt sich m. E., warum die Psalmisten nicht vergessen wollen, was sie in ihrer Not erlebten, warum sie ihre vorangegangene Klage noch einmal ausbreiten. Sie haben nämlich etwas erfahren, was sie nicht unverändert läßt, was ihrem Leben eine neue Ausrichtung gibt. Jetzt weiß es der Beter, welch kostbares Geschenk es ist, vor JHWHs Angesicht zu leben; er hat erfahren, daß er alles, was er ist und hat, der Güte und Treue seines Gottes verdankt. Darum steht am Ende des Dankliedes das *„erweiterte Lobgelübde"*, in dem der Beter verspricht, daß das Lob Gottes in seinem Munde „wach bleiben", daß es nicht mehr verstummen soll.

> „Er neigte sein Ohr zu mir;
> darum will ich mein Leben lang ihn anrufen." (116,2)
>
> „Ich will den HERRN loben allezeit;
> sein Lob soll immerdar
> in meinem Munde sein." (34,2)
>
> „HERR, mein Gott,
> ich will dir danken in Ewigkeit." (Ps 30,13 b)

---

[101] C. Westermann, Der Psalter, S. 67.

Wiederholt wurde gesagt, es sei das Besondere der Danklieder, daß sie vor Zuhörern, in der Mitte der Gemeinde der JHWH-Treuen, gesungen werden. Die Psalmisten verkündigen vor anderen, was Gott an ihnen getan hat, und fordern auch sie auf, in ihr Loblied mit einzustimmen. Dies mag uns seltsam vorkommen und zu der Frage veranlassen, wie denn eine individuelle Erfahrung auch für andere Geltung beanspruchen kann. Stehen ihr nicht möglicherweise ganz andere Erfahrungen der Zuhörer entgegen? Doch das scheint die Beter nicht anzufechten. Sie gehen davon aus, daß ihre Erfahrungen auch für andere eine Bedeutung haben, und sprechen diese Bedeutung im Aufruf an den Kreis der Zuhörenden immer wieder aus.

> „Der Tod seiner Heiligen
> wiegt schwer vor dem HERRN." (Ps 116,15)

> „Der Engel des HERRN lagert sich um die her,
> die ihn fürchten, und hilft ihnen heraus." (Ps 34,8)

> „Die auf ihn sehen, werden strahlen vor Freude,
> und ihr Angesicht soll nicht
> schamrot werden." (Ps 34,6)

Was dem einzelnen in seiner Errettung „aus dem Tod" widerfahren ist, geht auch die anderen an, weil JHWH in diesem Geschehen seine Gnade offenbarte. Gott hat, indem er den Einen aus der Tiefe zog, auch für alle anderen seinen Namen bewahrheitet. Es wurde für alle offenbar, daß JHWH in Wahrheit „mein Fels, meine Burg, mein Erretter, mein Gott, mein Hort, auf den ich traue, mein Schild und Berg meines Heils und mein Schutz" ist (vgl. Ps 18,3). Darum sollen und können auch diejenigen, die jetzt noch gebeugt sind, Mut schöpfen. Auch ihr Herz soll aufleben für immer (vgl. Ps 22,27). Denn was sie am Geschick des Psalmisten erkennen, ist die Macht, die auch ihr Leben erneuern wird.

> „Lobsinget dem HERRN, ihr seine Heiligen,
> und preiset seinen heiligen Namen!
> Denn sein Zorn währet einen Augenblick
> und lebenslang seine Gnade.
> Den Abend lang währet das Weinen,
> aber des Morgens ist Freude."

Die Zeit des Zornes Gottes ist die Zeit, in der Gott sein Angesicht verbirgt. Es ist die Zeit der Klage. Doch sie dauert nicht ewig (vgl. Jes 54,7f.)! Im Vergleich zur Zeit der Gnade währt Gottes Zorn nur einen Augenblick. Er währt nur den Abend lang. Aber am Morgen ist Freude. Weil Gottes Gnade „alle Morgen neu" ist (Klgl 3,23), und weil dies beispielhaft am Schicksal des Psalmisten sichtbar wurde, darum ist seine Errettung aus der Tiefe eine wegweisende Erfahrung auch für alle anderen. JHWH wird sich mit seiner Gnade und Macht auch an ihnen offenbaren, wie er es an dem Beter des Dankliedes getan hat. Darum fordert der Psalmist gerade die Elenden und Gebeugten auf (22, 27; 34, 3), mit ihm zusammen dem HERRN lobzusingen und seinen heiligen Namen zu preisen.

Psalm 113: Ein Hymnus

„... daß ich dir lobsinge und nicht stille werde.
HERR, mein Gott, ich will dir danken in Ewigkeit." (30,13)

Dieses nicht stille werdende, für alle Zeit anhaltende Lob wird in den Hymnen, den „beschreibenden Lobliedern"[102] Israels, gesungen. Im Grunde bestehen diese Lieder nur noch aus zwei Teilen: der Aufforderung der Gemeinde JHWHs und aller geschöpflichen Wesen, den Herrn zu preisen (vgl. z.B. Ps 148!), und der Entfaltung dieses Gotteslobes.

> „Wer ist wie JHWH, unser Gott,
> der oben thront in der Höhe,
> der herniedersieht in die Tiefe
> im Himmel und auf der Erde...?" (113,5 f.)[103]

102 Dies ist ein Terminus Westermanns, s.o. Anm. 13.

103 Fast alle Übersetzer stellen gemäß einer Konjektur im Apparat der Biblia Hebraica die Zeilen um und lesen Vers 6b im Anschluß an Vers 5a. Doch gerade so wird die kunstvolle chiastische Verschränkung der beiden Parallelismen zerstört! Im hebräischen Text, der oben genauer wiedergegeben ist, bilden die 1. und 4. Zeile den Rahmensatz, der die beiden polaren Aussagen über das Wirken Gottes umschließt. Solche chiastischen Verschränkungen finden sich auch an anderen Stellen im Psalter, z.B. Ps 113,2+3. Die besonderen Formen der hebräischen Dichtung, den „Parallelismus" und den „Chiasmus", habe ich in meiner Arbeit: Die Sprache der Psalmen, 1973, S. 84–90, vorgestellt.

Nach Claus Westermann ist hier die Grunderfahrung ausgesprochen, die in allen Hymnen lobend bezeugt wird. „Das ist unser Gott, der majestätisch Erhabene, der nicht in seiner Erhabenheit bleibt, sondern in unsere Tiefe hinabsieht. Das ist der Gott, der das Schreien der Kinder Israel in der Knechtschaft gehört hat und herabgekommen ist, sie zu befreien. Das ist der Gott, den Hanna, die Mutter des Samuel, aus der Tiefe ihrer Verzweiflung angefleht und der sich ihr zugeneigt hat... Es ist nicht zu viel gesagt: Dieser Satz in der Mitte des 113. Psalms ist die Grundaussage des Gotteslobes in den Psalmen."[104]

> „Es ist niemand heilig wie der HERR,
> außer dir ist keiner,
> und ist kein Fels, wie unser Gott ist...
> Der Bogen der Starken ist zerbrochen, und die Schwachen sind umgürtet mit Stärke.
> Die da satt waren, müssen um Brot dienen,
> und die Hunger litten, hungert nicht mehr.
> Die Unfruchtbare hat sieben geboren,
> und die viele Kinder hatte, welkt dahin.
> Der HERR tötet und macht lebendig,
> führt hinab zu den Toten und wieder herauf."
> (1. Sam 2,2–6; vgl. auch z.B. Ps 66,5 f.; 146,7–10)

Was Israel beim Auszug aus Ägypten erlebt hat, was der Einzelne in seiner „Errettung vom Tode" je und je erfährt und im Danklied bezeugt, das ist in den Hymnen in beschreibenden Aussagen über JHWH entfaltet. Psalm 113 faßt es wie in einem Kern zusammen: JHWH thront in der Höhe, *hoch über* allen Völkern, und blickt doch zugleich hinab in die *unterste Tiefe*. Seine Herrlichkeit geht *über* alle Himmel, über Menschen und Völker, und doch wendet er sich erbarmend den *Geringen und Verachteten* zu. Er richtet den Geringen auf aus dem Staub und zieht den Armen aus dem Dreck hervor. Er stellt sie in die Höhe neben Fürsten und macht, daß die kinderlose und verachtete Frau eine glückliche Mutter vieler Kinder wird. So ruft das Hinunterblicken Gottes aus der Höhe in die Tiefe bei denen, die ganz unten sind, umgekehrt das Herausgezogen werden aus der Tiefe in die Höhe hervor. Gottes Majestät und Erbarmen spie-

---

[104] C. Westermann, Der Psalter, S. 72f. Vgl. ders., Ausgewählte Psalmen, S. 146: „Die Auslegung dieses Satzes gibt das ganze Alte Testament, die ganze Bibel!"

gelt sich an den Elenden und Armen in einer Geschichte, die auf ihre Errettung und Erlösung zielt.

Darum soll das Lob des Namens des HERRN Himmel und Erde erfüllen (113,2 f.). Darum sollen die „Knechte des HERRN" diesem Lob ihre Stimme geben (113,1).

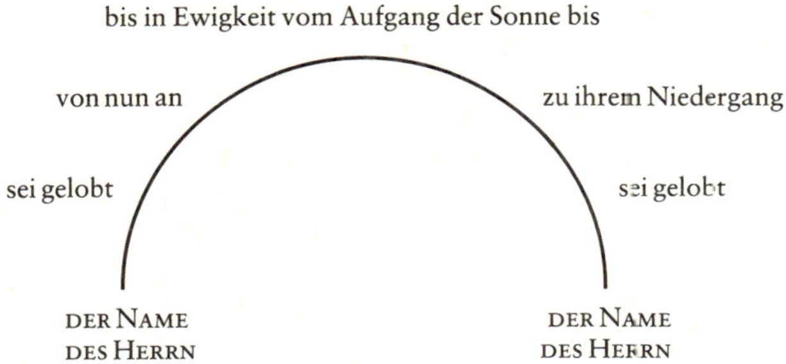

Schreibt man diese Verse so, wie es ihrem kunstvollen chiastischen Aufbau im Hebräischen entspricht[105], so wird auch optisch deutlich, wie sich das Lob Gottes in die Weite der Zeit und in die Weite des Raumes erstreckt. Wie sich das Himmelsgewölbe über der Erde erhebt und den Lebensraum alles Geschaffenen schützend umgibt, so steht auch über aller Welt, über Völkern und Generationen, der Nahme JHWHs, den zu preisen seine Knechte nicht müde werden sollen.

Ingo Baldermann hat darauf hingewiesen, daß, so überschwenglich das Lob Gottes in den Psalmen auch gesungen wird, diese Lieder doch nicht naiv sind. Wenn die Psalmisten immer wieder sich selbst und alle anderen auffordern, in das Lob Gottes mit einzustimmen, wenn die Freude am Leben und den Wundern der Schöpfung so jubelnd hervorbricht, bedeute dies doch nicht, daß die Beter von Angst und Trauer, von Tod und Zerstörung nichts wissen und die dunklen Schatten verdrängen. „Die Sprache des Lobes transzendiert die Wirklichkeit, so wie sie sich vor aller Augen darstellt. Objektiv gesehen ist die Wirklichkeit immer ambivalent; die Sprache des Lobes aber macht sie eindeutig:

[105] G. Kittel, aaO, S. 146–152. Die einander chiastisch zugeordneten Sätze und Satzteile beschreiben einen Bogen, der sich, vom Namen Gottes ausgehend und in diesen Namen wieder einmündend, über die beiden Verse 113,2+3 erstreckt.

Der Erfahrung der Hilfe und der Errettung stehen ja durchaus gegenteilige Erfahrungen gleichen Gewichts gegenüber; aber in der Sprache des Lobes wird die der befreienden Hilfe Gottes zu einer exemplarischen Erfahrung, an der man sich orientieren und auf die man bauen kann. Die Natur an sich ist nicht nur schön und freundlich, sondern auch häßlich und grausam für den, der den erbarmungslosen Kampf in ihr und mit ihr erlebt; erst in der Sprache des Lobes wird sie zu der guten Schöpfung, die die Güte und Größe ihres Schöpfers preist."[106] Was der Sprache des Lobes aber diese Kraft gibt, ist die Nennung und Anrufung des Namens Gottes. Die Beter beschreiben die Welt nicht einfach so, wie sie sich den „natürlichen" Sinnen darstellt, sondern sie sehen sie im Licht der Verheißung, die der Name JHWH Israel zusagt. Ohne diese Verheißung „wäre das Lob eine verzweifelte Anstrengung, der Welt gegen den Augenschein Eindeutigkeit zu verleihen; doch im Lichte der Zusage ‚Ich bin bei euch' kann die Sprache des Lobes seiner Wahrheit gewiß sein."[107]

So sind die Loblieder des Psalters letztlich eschatologische Lieder, Hymnen der Hoffnung, die auf JHWHs Zukunft ausschauen und die ganze Schöpfung so besingen, wie sie sein wird, wenn die Ehre und der Dienst JHWHs alle Lande erfüllen. Dann wird JHWH König sein[108]; er wird den Erdkreis (auf)richten mit Gerechtigkeit und die Völker „nach seiner Treue" (vgl. Ps 96, 13; 98,9). Weil Israel dieser Zukunft gewiß sein darf, kann die Freude am Geschenk des Lebens und an der Güte und Schönheit der Schöpfung Gottes schon jetzt das Loben bestimmen und tragen.

> „Wohl dem Volk, das den Jubelruf kennt,
> das im Licht deines Angesichts wandelt,
> o Herr,
> das deinem Namen allezeit frohlockt!
> und ob deiner Gerechtigkeit jauchzt!
> Denn du bist ihre Zier und Stärke ..." (Ps 89,16–18 Z)

---

[106] I. Baldermann, Einführung, S. 51.

[107] AaO, S. 52.

[108] Vgl. die sog. „Lieder von Jahwes Thronbesteigung", zu denen man seit Hermann Gunkel die Psalmen 47; 93; 96–99 rechnet. Zu ihrem Verständnis vgl. C. Westermann, Lob und Klage in den Psalmen (5., erw. Aufl. v. Das Loben Gottes in den Psalmen), 1977, S. 110–115.

Zur Weiterarbeit

Ingo Baldermann, Einführung in die Bibel (UTB 1486), 3., neubearb. Aufl. von „Die Bibel – Buch des Lernens“, Göttingen 1988, daraus: Die Sprache der Angst: Klage und Bitte, S. 42–46; Die Sprache der Freude: Lob und Dank, S. 46–55.

Klaus Seybold, Die Psalmen. Eine Einführung (Urban-T. 382), Stuttgart/Berlin/Köln/Mainz 1986.

Claus Westermann, Der Psalter, Stuttgart 1967.

Ders., Ausgewählte Psalmen, Göttingen 1984.

II. Anders als die Götter der Völker

Gerhard von Rad hat in seiner Theologie des Alten Testamentes von dem „Rätsel Israels“ und seiner „Fremdlingschaft unter den Religionen“ gesprochen[1]. Israel kannte nur *einen* Gott, JHWH, der mit ihm seinen Bund geschlossen und es in seinen Dienst genommen hatte. „Ich bin JHWH, dein Gott, der ich dich aus dem Lande Ägypten, aus dem Sklavenhause, herausgeführt habe; du sollst keine anderen Götter haben ‚mir ins Angesicht‘“[2]. (2. Mose 20,2f.; 5. Mose 5,6f.). Diesen *einen* Gott konnte es aber auch nicht in Bildern und Symbolen nahebringen und kontaktfähig machen, wie es die Völker um Israel her mit ihren Göttern taten. „Verflucht ist, wer ein geschnitztes oder gegossenes Bild macht... und es heimlich aufstellt. Und alles Volk soll antworten und sprechen: So sei es!“[3] (5. Mose 27,15 Z). Diese apodiktischen Gebote, die zugleich die Ausschließlichkeit JHWHs und seine Unverfügbarkeit einschärfen, machten Israel in der Tat zum Fremdling unter seinen Nachbarn, denn für die Völker des Alten Orients und für ihre Götter galt gerade das Gegenteil. Nicht die Ausschließlichkeit, sondern die gegenseitige Ergänzung, nicht die Bildlosigkeit, sondern die Fülle der Bilder, in denen die in allen Dingen wirkenden Grundkräfte des Lebens gegenwärtig wurden, bestimmten ihren Glauben[4]. Würde sich Israel, das mit seiner Einwanderung in Kanaan in diese bunte und faszinierende Welt der vielgestaltigen göttlichen

---

[1] G. v. Rad, Theologie des Alten Testaments I, S. 227f.

[2] Die Wendung „mir ins Angesicht“ ist Übersetzung M. Bubers, Die fünf Bücher der Weisung, S. 205.

[3] Dieser Vers steht in 5. Mose 27,15–26 in einer Reihe von zwölf Sätzen, die solche Vergehen, welche im Verborgenen geschehen können, unter JHWHs Fluch stellen.

[4] Vgl. Erik Hornung, Der Eine und die Vielen. Ägyptische Gottesvorstellungen, 1971. Norbert Lohfink, Polytheistisches und monotheistisches Sprechen von Gott im Alten Testament, in: Unsere großen Wörter. Das Alte Testament zu Themen dieser Jahre, 1977, S. 127–144.

Kräfte und Mächte eintrat, in seiner Eigenart behaupten können? Würde es JHWH, dem Gott, der es aus Ägypten geführt und sich ihm in der Wüste ganz anders offenbart hatte, treu bleiben?

Die Religionsgeschichte zeigt, daß sich Israel seiner Besonderheit nicht von Anfang an bewußt war. Zunächst konnte es Vorstellungen und religiöse Praktiken Kanaans ohne große Bedenken übernehmen. Eine Erzählung wie die vom Ephraimiten Micha, der einen vorbeikommenden Leviten anstellt, um seinen selbstgebastelten Hausgötzen priesterlich zu bedienen (Ri 17), zeigt, was in der Frühzeit auch in Israel möglich war. Doch im Lauf der Jahrhunderte kam dem Volk JHWHs die Andersartigkeit der ihm widerfahrenen Gottesoffenbarung mehr und mehr zum Bewußtsein. „Wie lange wollt ihr auf beiden Seiten hinken? Ist JHWH Gott, so haltet euch zu ihm; ist's aber Baal, so haltet euch zu ihm" (1. Kön 18,21 Z). Vor diese Entscheidungsfrage stellt zur Zeit König Ahabs im 9. Jahrhundert der Prophet Elia das Volk und das Königshaus und reißt damit zum ersten Mal den großen Graben auf. Offensichtlich war Elia der Erste, der den unerbittlichen Gegensatz zwischen Israel und Kanaan, zwischen JHWH und Baal, erkannte und Israel vor diese Alternative stellte[5]. Ihm folgten hundert Jahre später die großen Schriftpropheten, unter denen vor allem der Prophet Hosea zu nennen ist, der im 8. Jahrhundert kurz vor dem Untergang des Nordreichs auftrat und die große Auseinandersetzung mit dem synkretistisch gewordenen Jahwe-Glauben führte. Der sog. elohistische Dekalog, die Zusammenstellung der Grundgebote Israels in 2. Mose 20 und 5. Mose 5, ist ohne diese Auseinandersetzungen der Propheten nicht zu denken. Aber auch das Deuteronomium, jenes Gesetzbuch, das zur Zeit König Josias im Tempel „gefunden" wurde und der Reform des Josia wie auch allen späteren Erneuerungen die Richtung wies, zieht nur die Konsequenzen aus dem jahrhundertelangen Ringen. JHWH, der Israel aus Ägypten gerufen hat, ist anders als die Götter der Völker. Er hat sich seinem Volk als ein persönlicher, Menschen anredender und liebender Gott offenbart. Und er verlangt nun auch, daß sich Israel ganz, mit allen Kräften des Herzens und der Seele, in

---

5 Bernhard Lang, Die Jahwe-allein-Bewegung, in: Ders. (Hg.), Der einzige Gott. Die Geburt des biblischen Monotheismus, 1981, S. 58 ff.

seinen Dienst stellt, ihn allein liebt und ihm allein vertraut (5. Mose 6,4 f.).

1. Zwischen den Großreichen. Grundzüge der Geschichte Israels

Die Geschichte des Vorderen Orients kann mit einer großen Schmiedewerkstatt verglichen werden. Der Schmelzofen glüht, die Funken stieben, die Hämmer dröhnen. Alles ist in einer turbulenten Bewegung. Da tritt für einen kurzen Augenblick eine Pause ein. Die Schmiedehämmer stehen still. Das Feuer brennt herunter. Der Lärm legt sich. In diesem Augenblick kommt ein Vogel durch das Fenster geflogen und bereitet sich an diesem scheinbar friedlichen Ort sein Nest. Doch die Pause währt nicht lange. Die Schmiede fängt wieder an zu arbeiten. Die Hämmer beginnen wieder dröhnend zu schlagen. Das Feuer lodert erneut auf. Das kleine Nest wird grausam zerrissen.

Sicher paßt dieses Bild[6] nicht in allen Zügen. Aber es macht doch eindrucksvoll klar, wie Israels Geschichte von Anfang an hineinverwoben ist in die Geschichte des Alten Orients und wie sein Geschick bestimmt wurde von dem Auf und Nieder, dem Werden und Vergehen der altorientalischen Reiche. Zwei alte Kulturländer sind es, zwischen denen Syrien-Palästina die Landbrücke bildet. Im Norden dehnt sich das Zweistromland, Mesopotamien, das seit dem 3. Jahrtausend große Kulturreiche hervorbrachte und Ziel immer neuer Einwanderungen aus den kleinasiatischen Hochländern, aber auch aus der arabischen Wüste wurde. Im Süden erstreckt sich am Nil entlang Ägypten, das um 3000 der sagenumwobene König Menes durch die Vereinigung Unter- und Oberägyptens gegründet hatte. Die Pyramiden von Giseh, die bereits im 3. Jahrtausend geschaffen wurden, zeugen von der Größe, dem Ordnungswillen und der Organisationskraft dieses Reiches. So ist Syrien-Palästina von zwei Machtzentren umschlossen und wird je nach den Machtkonstellationen, die sich im Norden, in Mesopotamien, oder im Süden, in Ägypten, herausbilden, geschichtlich immer mitbetroffen. Ist es nicht Ägypten, das die Vorherrschaft beansprucht, so sind es

[6] Es soll nach mündlicher Überlieferung von Martin Noth stammen.

die Mächte des Nordens, Assyrien oder Babylon, Persien oder später dann die Mittelmeermächte Griechenland und Rom, die mit ihren Heeren durch Syrien und Palästina ziehen und diese Länder unter ihre Oberherrschaft bringen. Nur selten und nur von kurzer Dauer sind die geschichtlichen Augenblicke, in denen der Küstenstreifen zur Ruhe kommt. Es sind die Epochen, in denen die kleinen Völkerschaften Palästinas zu eigenen Staatenbildungen gelangen und nun auch untereinander um die Vorherrschaft ringen.

Die Anfänge der Geschichte Israels spielen sich während der Zeit des Neuen Reiches in Ägypten ab. Unter den Pharaonen Thutmosis dem I. und dem III. ist es Ägypten gelungen, seine Macht bis nach Mesopotamien auszudehnen. Thutmosis I. dringt über Palästina und Syrien bis zum oberen Euphrat vor und pflanzt dort die ägyptischen Feldzeichen auf. Die Stadtkönige Kanaans sind von nun an den Ägyptern tributpflichtig. Doch die ägyptische Vorherrschaft kann sich nur wenige Jahrhunderte erhalten. Seit dem 12. Jahrhundert ist Ägypten in schwere Abwehrkriege gegen libysche Stämme im Westen und eindringende Seevölker im Norden verwickelt und wird zugleich durch innere Wirren geschwächt. Es zieht sich in der Folgezeit immer mehr hinter die eigenen Grenzen zurück. Wirtschaftliche und politische Schwierigkeiten im eigenen Land stehen im Vordergrund.

In diese Zeit des Niedergangs der ägyptischen Großmacht fällt die Periode der Landnahme und Staatenbildung Israels. Nach dem Bild, das Siegfried Herrmann von den Anfängen der Geschichte Israels zeichnet[7], gehören sowohl die Erzväter wie die Jakobssöhne, die es zunächst nach Ägypten verschlug und die dann unter der Anführung des Mose in Kanaan die Landnahme versuchten, zur großen aramäischen Wanderungsbewegung, die gegen Ende des zweiten Jahrtausends Stämmegruppen aus der arabischen Wüste hervorlockte. Die Aramäer drangen in die Länder des „fruchtbaren Halbmondes“ ein und versuchten, in den fruchtbaren Landstrichen in Mesopotamien, Kanaan und Ägypten Fuß zu fassen. Auch die Vorfahren Israels waren solche landsuchenden Nomaden. Ein im fünften Buch Mose (5. Mose 26,5–10) überliefertes Dankgebet, das der israelitische Bauer bei der Ablieferung der ersten Feldfrüchte spricht, gibt diesen

[7] S. Herrmann, Geschichte Israels, S. 63–81.82ff.

geschichtlichen Sachverhalt sehr deutlich wieder. Ein „zum Scheitern verurteilter Aramäer“[8] war Israels Urahn. Er zog mit wenigen Leuten nach Ägypten. Doch statt in Ägypten Wohngebiete zu finden, in denen sie sich mit ihren Sippen auf die Dauer ansiedeln konnten, wurden die versprengten Aramäer unter Ramses II. im Rahmen seiner ehrgeizigen Bauprojekte als Fronarbeiter eingesetzt. So flohen die Einwanderer wieder aus dem ägyptischen Machtbereich und kehrten in die Wüste und zu ihrer nomadischen Existenzweise zurück. Erst ein zweiter Landnahmeversuch, der sie über das Ostjordanland in die mittelpalästinischen Gebirgsgegenden führte, gelang. Hier verbanden sich die aus Ägypten kommenden Sippen mit den schon zuvor eingewanderten verwandten Nomadengruppen zum Stämmebund „Israel“, der JHWH, den Gott, den die Moseschar beim Auszug und am Sinai kennengelernt hatte, verehrte (vgl. Jos 24). Vor allem in Augenblicken kriegerischer Gefahr gewann dieser Stämmebund Bedeutung. Dann wurde er von charismatischen Führern, den sog. „Richtern“, zusammengerufen und in den Verteidigungskampf geführt. Als jedoch die Bedrängnis durch die Philister am Ausgang des 11. Jahrunderts immer bedrohlicher wurde, genügte die lockere Organisationsform des Stämmebundes nicht mehr. Saul, der zunächst wohl lediglich ein charismatischer Führer gewesen ist, wurde zum „Heerkönig“ ausgerufen, der von nun an eine stehende schlagkräftige Truppe unterhielt. Ihm folgte David, dem es gelang, die Philistergefahr endgültig zu überwinden, und der nun ein „Großreich“ schuf, das sich auch über die israelitischen Siedlungsgebiete hinaus auf die kanaanäischen Städte und die Territorien der Nachbarländer erstreckte. Unter Davids Sohn, Salomo, wurde Israel dann zu einem Königreich nach dem Vorbild der altorientalischen Mächte. Salomo hielt sich viele „Rosse und Wagen“ (1. Kön 5,6; 10,26), für die er königliche Garnisonen, „Wagen- und Pferdestätte“, schuf[9]. Er baute in Jerusalem einen großen Königspalast und den prächtigen Tempel. Er unterhielt ausgedehnte Handelsbeziehungen und zog die unterworfenen Völker, aber auch die Bevölkerung der Nordstämme, zu Fronarbeiten heran (1. Kön 5,27 ff.; 9,15. 20 ff.). Außerdem legte er seinen Untertanen hohe Lasten und

[8] Übersetzung S. Herrmann, aaO, S. 71.
[9] M. Noth, Geschichte Israels, ⁴1959, S. 191–196.

Abgaben auf (vgl. 1. Sam 8,11-17; 1. Kön 12,3 f.). So wird es verständlich, daß sich die Nordstämme nach Salomos Tod von der Davidsdynastie im Süden lossagten und ein eigenes Königreich gründeten. Von nun an gab es zwei Königreiche in Israel, das Reich „Israel" im Norden und das Reich „Juda" im Süden, die jedes einen eigenen König hatten und selbständig Politik betrieben.

Doch vom 8. Jahrhundert an kommt die Geschichte des Alten Orients wieder in Bewegung. Zunächst sind es die Assyrer, die in gewaltigen Eroberungsfeldzügen die Länder unterwerfen und überall Furcht und Schrecken verbreiten. In Bildern und Inschriften haben sie ihre Greueltaten verewigt[10]. Ihr Eindringen in Syrien-Palästina führt 722 das Ende des Nordreiches herbei, aber auch Juda verliert unter der Assyrerherrschaft seine Selbständigkeit. Seit 701 regieren die Davidsnachkommen in Jerusalem als Vasallenkönige Assurs, auf einen kleinen Stadtstaat in und um Jerusalem beschränkt. Assarhaddon, dem es 671 gelingt, in Ägypten einzufallen und sogar dieses ehemalige Großreich zu besetzen, hat sich in einer Siegesstele ein Denkmal gesetzt, das für sich selbst spricht[11]. Hier ist in überdimensionaler Größe der assyrische Großkönig abgebildet, wie er seinen assyrischen Göttern mit der Rechten ein Trankopfer spendet. In der Linken dagegen hält er Schnüre, die zwei Königen zu seinen Füßen, dem König von Sidon und dem Sohn des Pharao von Ägypten, durch die Lippen gezogen sind. Der assyrische Herrscher hat die Könige der Völker wie Hunde an der Leine!

Aber so groß die Macht der Assyrer bis ins 7. Jahrhundert hinein auch gewesen sein mag, so schnell zerfällt sie in wenigen Jahrzehnten. Der Chaldäer Nabopolassar befreit Babylon von der assyrischen Vorherrschaft, verbündet sich mit den Medern und einem skythischen Volk aus den Steppen Süßrußlands und erobert Assur und Ninive, die assyrischen Hauptstädte. Der judäische König Josia versucht, die Gunst der Stunde zu nutzen. Er sagt sich von der Fremdherrschaft der Assyrer los, beseitigt die Götterbilder und religiösen Symbole im Tempel und beginnt,

---

10 Vgl. Samuel N. Kramer u. a., Mesopotamien. Frühe Staaten an Euphrat und Tigris (rororo Bildsachbuch 22), 1971.

11 Diese Siegesstele befindet sich im Pergamon-Museum in Berlin. G. R. Meyer, Was uralte Denkmäler erzählen. Kurze Wegleitung durch das Vorderasiatische Museum, Berlin 1970, Abb. 7.

das Davidsreich zu erneuern. Doch kaum ist die assyrische Vormacht beseitigt, tritt der ägyptische Pharao auf den Plan. Er beansprucht die Vorherrschaft in Syrien-Palästina, besiegt Josia, verbannt seinen zum Nachfolger designierten ältesten Sohn Joahas nach Ägypten und setzt einen anderen Sohn Josias, Eljakim, umgenannt: Jojakim, als Vasallenkönig ein. Zwar dauert die ägyptische Vorherrschaft nicht lange. Die Ägypter werden 605 in einer Entscheidungsschlacht bei Karkemisch vom Kronprinzen Nebukadnezar besiegt. Doch das bedeutet für Juda nur, daß aus dem ägyptischen Vasallitätsverhältnis nun ein babylonisches wird. Den Versuch Jojakims, die Tributzahlungen gegenüber Babylon einzustellen, beantwortet Nebukadnezar, inzwischen König geworden, mit einem ersten Palästinafeldzug und der ersten Deportation der Oberschicht des Landes. Auf den gleichen Versuch des späteren Königs Zedekia, der sich, auf ägyptische Hilfe hoffend, ebenfalls vom babylonischen Großkönig lossagt, folgt 589–587 der zweite Feldzug, der das Ende auch des Südreiches, die Zerstörung Jerusalems und die Deportation der Restbevölkerung herbeiführt. Babylon hat nun die Macht ergriffen und tritt anstelle der Assyrer Völker und Länder unter seine Füße.

Aber auch Babylons Herrschaft währt nicht lange. Schon nach wenigen Jahrzehnten wird Babylon von den Persern erobert, die jetzt – freilich wesentlich toleranter als ihre Vorgänger – die Vorherrschaft in Vorderasien übernehmen. Auf die Perser folgen zweihundert Jahre später die Griechen, dann deren Nachfolger: die Diadochen, und schließlich – nach einem letzten jüdischen Versuch, ein politisch unabhängiges Königreich zu gründen – die Römer. Ein Weltreich löste das andere ab, stieg empor, entfaltete sich in seiner Macht und verging, wie es der apokalyptische Seher im Danielbuch nach Jahrhunderten der Fremdherrschaft beschreibt.

Wie Tiere aus dem Abgrund, so steigen nach Dan 7,2–7 die großen Weltmächte aus der Tiefe empor. Und wenn die eine Weltmacht wieder versinkt, so folgt doch die nächste gleich hinterher. Wird dies ewig so weitergehen? Wird die Welt immer unter der Herrschaft so grauenhafter Tiere bleiben? Der Seher behauptet, daß es auch noch eine andere Herrschaft gibt, eine Herrschaft mit menschlichem Angesicht. Mit den Wolken des Himmels sieht er eine Gestalt kommen, die nicht den Tieren aus dem Abgrund gleicht, sondern die das Aussehen eines „Menschensohnes“ hat (Dan 7,13 f.). Es handelt sich um die Königsherrschaft Gottes, unter der den Tieren die Macht genommen und Gottes Gerechtigkeit zum Sieg geführt wird. Auf dieses Königtum soll das „Volk der Heiligen des Höchsten“ ausschauen und hoffen.

Zur Weiterarbeit

Herbert Donner, Geschichte des Volkes Israel und seiner Nachbarn in Grundzügen I/II (ATD Ergänzungsreihe 4/1, 4/2), Göttingen 1984/86.

Siegfried Herrmann, Geschichte Israels in alttestamentlicher Zeit, München 1973.

2. JHWH oder Baal. Der Kampf des Propheten Hosea

Israel ist bei seiner Landnahme nicht in ein unbewohntes, unkultiviertes Land gekommen. Kanaan war vielmehr von einer Bevölkerung besiedelt, die schon vor früher an den Küstenstrichen und in den Ebenen Fuß gefaßt hatte. Diese Bevölkerung war den israelitischen Stämmen kulturell, militärisch, aber auch in seinen religiösen Ausdrucksformen weit überlegen. Staunenswert waren für die Israeliten die befestigten Städte mit ihren Palästen und Tempeln, in denen die Stadtkönige Kanaans zentrale Machtbefugnisse innehatten (vgl. 4. Mose 13,29.32 ff.). Furchterregend war ihre militärische Macht, waren die eisernen Wagen und Reiter (Ri 1,19.27 ff.). Faszinierend schienen aber auch die Götter, von denen die Kanaanäer die Fruchtbarkeit des Landes, Wachsen und Gedeihen herleiteten und für die bei den rauschenden Jahresfesten das Blut der Opfertiere floß. Seit den Ausgrabungen von Ras Schamra, dem alten Ugarit, ist der Wissenschaft mehr über die kanaanäische Götterwelt bekannt.

Da ist Baal, der „Herr“ und „Eigentümer“ des Landes[12]. Eine

[12] Helmer Ringgren, Die Religionen des Alten Orients (ATD Ergänzungsreihe, Sonderband), 1979, S. 204 f.: „Der Name bedeutet ‚Herr‘ oder ‚Besitzer‘, und es ist auch klar, daß das Wort zuweilen in appellativer Bedeutung angewandt wurde.“ In Verbindung mit einer Ortsbezeichnung meint die Wendung „Baal Lebanon“ oder „Baal Peor“ den Herrn und Eigentümer dieses Platzes. Hartmut Gese, Die Religionen Altsyriens, in: C. M. Schröder (Hg.), Die Religionen der Menschheit 10,2, 1970, S. 3–232, hier S. 119: Es „ist mit der Bezeich-

Stele in Ugarit[13] zeigt ihn, den Wettergott und „Wolkenfahrer", wie einen jungen Krieger. Er ist mit einem kurzen Rock bekleidet und dem Schwert umgürtet, über den langen Locken trägt er einen Helm mit Stierhörnern, die seine Kraft symbolisieren. In der einen Hand schwingt Baal eine Keule, in der anderen hält er einen Speer, der an seinem oberen Ende in die Gestalt einer aufwachsenden Pflanze übergeht, zugleich aber auch einem zukkenden Blitz ähnlich sieht. So stellt sich Baal als Donnerer und Blitzeschleuderer dar, der im Gewittersturm daherfährt und das Land befruchtet. Unter seinen Füßen deuten zwei Wellenlinien die Berge und das Meer an, über die Baal als ihr Beherrscher hinwegschreitet.

Im ugaritischen Mythos[14] wird erzählt, wie Baal den Meeresgott Jam in einem Kampf auf Leben und Tod besiegt und so die Herrschaft über das Meer und seine chaotische Gewalt erringt. Baal ist von nun an die ordnende Macht, die das Meer in seine Schranken weist. Gleichzeitig ist er aber auch die Fruchtbarkeit schaffende Kraft des Himmels, die dem Land Regen und Gedeihen schenkt[15].

Aber nicht für immer! Ein anderer Mythos vom Tod und Wiederaufleben Baals[16] erzählt, wie dieser Gott seine Herrschaft in der Zeit der sommerlichen Dürre an Mot, den Todesgott, abtritt, „der in der sommerlichen Trockenzeit die Vegetation zur Reife bringt und absterben läßt"[17]. Aufgefordert von den Boten Mots, willigt er freiwillig ein, durch den Schlund des Todes in die Unterwelt abzusteigen. Doch seine Schwester Anat, die ihn verzweifelt sucht, überwindet Mot, indem sie ihn wie das sommerliche Getreide drischt, worfelt, zermahlt und zerstreut. Sie befreit Baal aus den Schlingen des Todes. Er kehrt zu Beginn der Regenzeit wieder auf seinen Thron zurück.

> „Wie (nachdem) gestorben war der mächtige Ba'al,
> umgekommen war der Fürst, der Herr der Erde,

---

nung Ba'al die Möglichkeit gegeben, jede bedeutende lokale Erscheinung als göttliche Mächtigkeit zu benennen".

13 Diese Stele ist vielfach abgebildet, z.B. bei J. Zink, Bildwerk zur Bibel 3, 1981, Dia Nr. 276.

14 Die Texte von Ugarit sind abgedruckt in: Walter Beyerlin (Hg.), Religionsgeschichtliches Textbuch zum Alten Testament (ATD Ergänzungsreihe 1), 1975, S. 205–243. Zum Kampf zwischen Baal und Jam vgl. S. 222–224.

15 H. Gese, aaO, S. 65.

16 Religionsgeschichtliches Textbuch, S. 231 ff.

17 H. Gese, aaO, S. 70.

siehe, da ist lebendig der mächtige Ba'al,
siehe, da ist wieder da der Fürst, der Herr der Erde."[18]

Es ist offensichtlich, daß hier ein Kultdrama beschrieben ist, das vermutlich beim Neujahrfest aufgeführt wurde und den Wechsel der Jahreszeiten anzeigt. Wie die Vegetation in der Glut des Sommers stirbt und durch den Regen im Herbst wieder erwacht und auflebt, so ergeht es auch Baal. Er repräsentiert „die kosmischen Kräfte, welche all das Leben schaffen, das auf der Steppe und dem Acker sprießt und gedeiht"[19]. „Indem die Götter an dem heiligen Ort in konzentrierter Form diese grundlegenden Ereignisse durchleben, die mit dem Sieg des Lebensgottes enden, schaffen sie das Leben, das sich normalerweise im Laufe des kommenden Jahres entfalten wird."[20]

Die andere Gottheit, die neben Baal für das Leben Kanaans, wie es sich im Alten Testament spiegelt, eine grundlegende Bedeutung hat, ist Aschera, die Gemahlin des höchsten Himmelsgottes, El, Gebärerin und Mutter der Götter[21]. Jörg Zink beschreibt Aschera als eine „Variante des Typs der Urmutter, die seit vielen Jahrtausenden als Repräsentantin von Leben und Tod, Erde und Fruchtbarkeit verehrt wird"[22]. Ihr kultisches Symbol ist der grünende Baum bzw. der diesen vertretende Holzpfahl (die Aschere), der die „in einem Ort sich offenbarende vegetative Fruchtbarkeit anzeigt"[23]. Ihre Kultstätten liegen auf den Höhen, zu denen an bestimmten Festtagen die ganze Kultgemeinde hinaufzieht, um sich einem orgiastischen Kult hinzugeben.

Neben Aschera ist im Alten Testament auch noch von Astarte die Rede, die eine der ugaritischen Göttin Anat verwandte und später mit ihr identifizierte Göttin gewesen sein muß. Sie ist Liebes- und Kriegsgöttin, ihr Zeichen ist die Venus, der Abend- und Morgenstern. Sie ist vermutlich jene „Himmelskönigin", der nach Jer 7,18 und 44,17 die Jerusalemer Frauen huldigen und Rosinenkuchen backen[24].

All diese Gottheiten wurden den Alten präsent am heiligen Ort, auf der offenen Kulthöhe oder im Tempel, wo sie in ihren

[18] AaO, S. 74.

[19] Johannes Pedersen, Kanaanäische Religion, in: Jes Peter Asmussen u.a. (Hg.), Handbuch der Religionsgeschichte 2, 1972, S. 33–59, hier S. 41.

[20] Ebd.

[21] Vgl. H. Ringgren, aaO, S. 212.

[22] J. Zink, Bildwerk zur Bibel 3, S. 21.

[23] H. Gese, aaO, S. 151.

[24] H. Ringgren, aaO, S. 213 f.

Bildern und Symbolen den Menschen begegneten. Auch für die Alten waren die gottheitlichen Mächte nicht einfach identisch mit den sie symbolisierenden Bildern, aber die Bilder und Symbole gaben den Ort an, wo Menschen mit ihnen in Kontakt treten konnten. Denn die von den Gottheiten repräsentierten Lebenskräfte wirken nicht automatisch. Sie müssen ständig erneuert und in Kraft gesetzt werden durch den kultischen Vollzug. „In den Göttern sind die tragenden Kräfte des Lebens konzentriert. Die Menschen und die Natur müssen sich durch die Kraft der Götter erneuern, aber auch die Kraft der Götter muß sich erneuern durch die unablässige Neuschaffung von Heiligkeit. Das geschieht im Kult..."[25]

Über die Einzelheiten der kultischen Verehrung in Kanaan sind die Religionswissenschaftler weniger gut informiert. Victor Maag schließt aufgrund anderer Beispiele, daß zum kultischen Dienst „die allmorgendliche Begrüßung mit Preisgesang, die Salbung des Bildes oder Steinmales gehörte, das die Präsenz des Gottes symbolisierte, ferner die Verbrennung von Wohlgerüchen und die Aufwartung mit Speise und Trank. Zum Heiligtum zog zu gewissen Festzeiten das ganze Volk im Sinne einer Huldigungsfahrt. Und ähnlich wie man einen Königshof mit Naturalgaben versah, brachte man der Gottheit die Zehnten vom Ertrag der Felder und tierische Opfer. Hymnengesang gehörte zu den Äußerungen der Devotion, Reigentanz und Jubelruf zu denen der Ergriffenheit von der Gegenwart des Göttlichen"[26].

Das hervorstechendste Merkmal des kanaanäischen Kultes war jedoch die „sakrale Prostitution". Sei es, daß sie im Tempelbereich durch Priesterinnen und Priester vollzogen wurde, sei es, daß sich die Tempeldirnen, „die Geweihten", am Heiligtum den männlichen Besuchern hingaben, in beiden Formen sollte der Vollzug der „heiligen Hochzeit" die Lebenskräfte erneuern und den Kultbesuchern an ihnen teilgeben. „Offenbar war man der Ansicht, der geschlechtliche Umgang würde die Lebenskräfte in der Natur durch Analogiewirkung fördern: Die Kräfte, die im heiligen Bezirk des Tempels in Bewegung gesetzt würden, würden entsprechende Kräfte draußen im Lande freimachen."[27]

---

[25] J. Pedersen, aaO, S. 52.

[26] Victor Maag, Die syro-kanaanäische Religion, in: Hartmut Schmökel (Hg.), Kulturgeschichte des Alten Orient, 1961, S. 570–596, hier S. 592f.

[27] H. Ringgren, aaO, S. 237f.

Auch das Menschenopfer bzw. Kindesopfer, von dem das Alte Testament mit so großem Abscheu spricht, scheint vorgekommen zu sein. Nach 2. Kön 3,27 opferte der König der Moabiter seinen erstgeborenen Sohn als Brandopfer auf der Mauer, als er in seiner Königsstadt von den Israeliten hart bedrängt wurde. Nach 2. Kön 17,31 „gab es Kinderopfer für die Gottheiten Adrammelek und Anammelek bei der wohl aramäischen, von den Assyrern nach Samaria umgesiedelten Bevölkerung“[28]. In der Tophet-Kultstätte des Tales Ben-Hinnom bei Jerusalem haben sogar Israeliten ihre Kinder für den Moloch „durch das Feuer gehen“ lassen (vgl. 2. Kön 16,3; 21,6; 23,10; Jer 7,31 u. a.).

„Siehe, das sind deine Götter, Israel, die dich aus dem Lande Ägypten heraufgeführt haben.“
(1. Kön 12,28 – 2. Mose 32,4)[29]

> „Und als Mose sich dem Lager näherte
> und das Kalb und die Reigentänze sah,
> entbrannte sein Zorn, und er warf
> die Tafeln aus der Hand
> und zerschmetterte sie unten am Berge.“ (2. Mose 32,19 Z)

Auch Israel hat versucht, sich JHWH in der Gestalt des kanaanäischen Baal vorzustellen, und ihn in kanaanäischen Formen verehrt. Als sich im Jahr 926 v. Chr. die 10 Stämme Israels von Rehabeam, dem Sohn Salomos, lossagten und Jerobeam zu ihrem König erhoben, wollte dieser sein Volk davon abhalten, weiterhin nach Jerusalem zum Tempel zu wallfahrten. Daher gründete Jerobeam an den Grenzen des Nordreiches zwei neue Reichsheiligtümer und stellte in Bethel und in Dan ein goldenes Stierbild auf. Im 1. Buch der Könige (1. Kön 12,25–33) wird davon berichtet. Aber auch die Erzählung vom „goldenen Kalb“, das Aaron am Fuß des Sinai herstellte, spielt auf dieses Ereignis an (2. Mose 32,1–6). Da Mose nicht vom Berg Sinai herabkommt, sammelt sich das Volk um Aaron und fordert ihn auf, einen Gott zu machen, der vor ihm herziehe, denn man wisse nicht, was dem Mann Mose auf dem Berg zugestoßen sei. Aaron ist dem Volk zu Willen und gießt aus den eingesammelten

[28] H. Gese, aaO, S. 175.

[29] Im Urtext steht auch in 2. Mose 32,4b.8b der Plural. „Das sind deine Götter, Israel…“

Ohrringen der Frauen ein goldenes „Kalb", wie die Erzählung ironisierend sagt, das er mit denselben Worten dem Volk vorstellt, mit denen auch Jerobeam die Stierbilder in Bethel und Dan hatte ausrufen lassen: „Siehe, das sind deine Götter, Israel..."

Jerobeam und Aaron wollen Israel nicht zu einem anderen Gott verführen. Aber sie wollen ihm den Gott, der es aus Ägypten führte, im Bild des kraftstrotzenden Stieres sichtbar vor Augen stellen. Mose jedoch wirft, als er vom Berg Sinai herabkommt, beim Anblick dieses „Kalbes" die Gesetzestafeln aus der Hand. Er zerschmettert die Tafeln, die er soeben empfangen hat, am Fuß des Berges. Zwischen dem Glauben Israels und der Religion Kanaans gibt es keine Verbindung. Zwischen JHWH und Baal gibt es keinen Kompromiß. Der Gott Israels duldet nicht nur keine anderen Gottheiten neben sich. Er will auch nicht mit Baal verwechselt oder in der Weise Baals verehrt werden. Dieser tödliche Konflikt, der nach der Darstellung des Erzählers von 2. Mose 32 schon am Sinai begonnen hat, bestimmt spätestens seit den Tagen des Propheten Elia die Geschichte Israels. Worum es in diesem Konflikt aber ging und warum JHWH mit Baal nicht verglichen werden will, das lassen am deutlichsten die Worte des Propheten Hosea erkennen, der in der letzten Stunde vor dem Ende des Nordreichs Israel zur Umkehr rief. Aus den verschiedenen Perioden seines öffentlichen Wirkens seien hier beispielhaft vier Texte vorgestellt.

Auch die Worte der Propheten sind wie die Erzählungen im Pentateuch durch viele Hände gegangen. Die Worte des Propheten Hosea wurden zunächst durch seine Schüler überarbeitet, die beim Untergang Samarias ins Südreich flohen und die Botschaft des offenbar während der assyrischen Belagerung umgekommenen Propheten mitnahmen. In noch späterer Zeit haben dann judäische Redaktoren, die Hoseas Botschaft auch für das Südreich aktualisieren wollten, seine Worte noch einmal redigiert. Man muß daher bei der Lektüre der Hosea-Texte mit einem komplizierten Überlieferungsprozeß rechnen, der seine Spuren im heutigen Text hinterlassen hat[30].

---

30 Heutige Ausleger unterscheiden zwischen den Worten, die unmittelbar auf Hosea selbst zurückgehen, jenen Texten, die von zeitgenössischen Schülern überformt wurden, und den viel späteren Zusätzen, durch die die Botschaft Hoseas auch für das Südreich Juda aktualisiert wurde. Hans Walter Wolff, Dodekapropheton 1. Hosea (BK XIV/1), 1961. Jörg Jeremias, Der Prophet Hosea (ATD 24/1), 1983.

Da der Hoseatext vielfach verderbt überliefert ist, und die Übersetzer häufig zu Textkonjekturen genötigt sind, weichen die Übersetzungen an vielen Stellen voneinander ab. Das gilt auch für den Text der Luther- und der Zürcher Bibel. Die folgenden Auslegungen werden sich vornehmlich auf die Übersetzungen von Hans Walter Wolff[31] zurückbeziehen.

„Verklagt eure Mutter!" (Hos 2,4–22)

Hoseas Wirksamkeit, die in den Zeitraum zwischen 755/50 bis 724 fällt, beginnt noch am Ende der langen Friedensherrschaft Jerobeams II. (787–747 v. Chr.)[32]. Man lebt im Wohlstand, sicher und zufrieden. Israel hat alles, was es zum Leben braucht und noch darüber hinaus. Brot, Wasser, Korn, Most, Olivensaft, Wolle und Flachs, d. h. Nahrung und Kleidung, sind in Fülle vorhanden. Aber auch Öl und Wein, Silber und Gold, Luxusgüter, die das Leben reich und schön machen, gibt es im Überfluß. Weinstock und Feigenbaum, die wegen ihrer Jahrzehnte in Anspruch nehmenden Kultivierung und Pflege im Alten Testament Sinnbilder für Frieden und Heil sind, wachsen und gedeihen.

Doch nun tritt in dieser Welt satter Zufriedenheit der Prophet Hosea ein mit einem Wort bitterster Klage und Anklage: „Verklagt eure Mutter! Verklagt! Denn sie ist nicht meine Frau, und ich bin nicht ihr Mann" (2,4). „Ja, gehurt hat ihre Mutter, schändlich trieb's, die sie unterm Herzen trug" (2,7). „Ich verwüste ihre Weinstöcke und Feigenbäume, von denen sie sagte: ‚Die sind mein Dirnenlohn, den mir meine Liebhaber geben'..." (2,14). Es ist deutlich, daß Hosea in diesem Wort mit Ingrimm das kanaanäische Wesen und Treiben geißelt, an dem Israel inzwischen offenbar wie selbstverständlich teilnimmt, sei es, daß es an den kanaanäischen Heiligtümern des Landes den Baalskult mitvollzieht, sei es, daß es JHWH wie einen Baal verehrt. Hosea bringt das ganze Treiben auf den einen einzigen Begriff: „Hurerei." Israel gleicht einer Dirne, ja, noch schlimmer: einer Ehebrecherin, die ihrem Mann die Treue gebrochen hat und nun getrieben und hörig ihren Liebhabern nachläuft, die ihnen zu Willen

---

31 H. W. Wolff, Die Hochzeit der Hure. Hosea heute, 1979. Textanhang: S. 209–235.

32 J. Jeremias, Der Prophet Hosea, S. 17. H. W. Wolff, Hosea, S. XI f.

ist und dafür den gefälligen Dirnenlohn bekommt. Denn all das, was es nun im verheißenen Land besitzt und wovon die Wüstengeneration nicht einmal zu träumen wagte, versteht es nicht mehr als die Gabe JHWHs, der es aus dem Sklavenland geführt hat; es ist ihm der Lohn der Baale, zu deren Höhen und Heiligtümern es wallfahrtet, wo es seine Feste feiert, Rauchopfer aufsteigen läßt und die „heiligen Hochzeiten" mitvollzieht. Darum lautet die unerbittliche Strafankündigung, daß Israel zur Wüste gemacht und zu dürrem Land verwandelt werden soll (2,5 b), daß alle Freudenfeiern und Festversammlungen verabschiedet werden (2,13), daß es nackt hingestellt wird wie am Tag seiner Geburt (2,5 a). JHWH nimmt alles wieder zurück, was er ihm bei der Landnahme gegeben hatte: Korn und Wein, Wolle und Flachs, Weinstöcke und Feigenbäume, all die Gaben, die das Volk nun als die Geschenke Baals und Ascheras, der Götter Kanaans, ansieht. „Darum nehme ich mein Getreide zurück zu seiner Zeit, den Most zu seiner Frist; entziehe meine Wolle, meinen Flachs, der ihre Blöße bedecken sollte. Nun aber decke ich auf ihre Scham vor den Augen ihrer Liebhaber. Und keiner soll sie meiner Hand entreißen..." (2,11 f.).

Aber so grausam diese und andere Gerichtsankündigungen auch klingen mögen, so darf doch nicht der Ton tiefster Trauer und größten Schmerzes überhört werden, der aus diesen Worten spricht. Denn nicht um bloße Vergeltung geht es, nicht um willkürliche Strafe, hier redet jemand, dessen Liebe tief enttäuscht wurde und der doch von demjenigen, der ihn so schmerzlich enttäuscht hat, nicht lassen kann. „Aber sie hat nicht erkannt, daß *ich* es bin, der ihr das Korn und den Wein und das Öl gegeben..." (2,10 nach der Zürcher Übersetzung, dort Vers 8). Sie „läuft ihren Liebhabern nach, *mich aber hat sie vergessen*, spricht Jahwe" (2,15). Der hier redet, spricht aus einer tiefen persönlichen Bindung, aus Liebe. Aber es ist eine andere Liebe, als sie im Kult Kanaans praktiziert wird. Hier wird eine Stimme laut, die im anderen den persönlichen Partner erkennt, die auch im Treubruch noch an dem geliebten Volk festhält, die nicht aufhört, Israel zu suchen und für es dazusein. Deshalb hat das Gericht, in dem Gott Israel alles wieder entzieht, was er ihm einmal gegeben hat, letztlich auch noch einen anderen Sinn. Die Verse 16 und 17 sprechen es deutlich aus.

„Darum seht, ich selbst locke sie jetzt.
Ich bringe sie in die Wüste
und umwerbe ihr Herz. Dann gebe ich ihr von dorther ihre Weinberge
und die Ebene Achor als Tor der Hoffnung.
Dorthin wird sie willig folgen wie in ihrer Jugend Tagen, wie damals, als sie aus dem Lande Ägypten heraufzog."

JHWH bringt sein Volk in die Wüste, nimmt ihm alles, was er ihm in Kanaan geschenkt hatte, um Israel noch einmal zu *umwerben*. Er will ihm noch einmal so nahe sein und ihm noch einmal so zu Herzen reden, wie er es einst vor der Landnahme getan hatte. Die *Wüste* ist also nicht nur der Ort des Gerichtes, nicht nur das „Land der Öde und der Schluchten" (Jer 2,6), sie ist zugleich der Ort, wo die Nähe zwischen JHWH und Israel am stärksten und am intensivsten war. „Ich gedenke dir's, wie du mir hold warst in deiner Jugend, wie du mich liebtest in deiner Brautzeit, wie du mir folgtest in der Wüste, im saatlosen Lande. Heilig war Israel dem Herrn wie ein Erstling der Ernte..." (Jer 2,2f. Z). So erinnert hundert Jahre später der junge Jeremia im Anschluß an Hosea Israel an die Wüstenzeit. Hier war das Volk ganz allein auf JHWH angewiesen, darauf, daß er ihm „Brot vom Himmel" regnen (2. Mose 16,4) und Wasser aus dem Felsen sprudeln (4. Mose 20,8.11) ließ. Hier lebte Israel ausschließlich aus Gottes Erbarmen, und hier hatte es ganz allein mit seinem Wort zu tun. Könnte die Zeit des Gerichtes nicht noch einmal zu einer solchen Brautzeit werden? Könnte JHWH Israel seine Gaben aus der Wüste heraus nicht noch einmal geben, aber nun einem Volk, welches ihm willig folgt? Nach Jörg Jeremias hat Hosea die Verse 2,16 und 17 seinen Unheilsworten in späteren Jahren hinzugefügt, als das angekündigte Gericht tatsächlich über Israel kam[33]. „Gott ist für Hosea ein hoffnungslos Verliebter, der von der geliebten Frau nicht lassen kann, auch wenn sie ihm mit ‚Liebhabern' davonlief. Er bringt die Frau an die Stätte der ersten Liebe, wo es noch keine Gefährdung dieser Liebe durch die Baale gab. Hier, wo Israel der Reichtum genommen ist und es das fruchtbare Land nicht mehr vergöttern kann, wird es wieder für Gott ansprechbar."[34] Und doch soll es nicht an diesem Ort bleiben. „... die Wüste ist nicht Selbstzweck, son-

---

[33] J. Jeremias, aaO, S. 39, 46f.
[34] AaO, S. 47.

dern nur Anfangssituation... Israel kann und soll das Land und seine Erträge nach Gottes Willen haben, aber ausschließlich als sein unverdientes Geschenk."[35] Dabei wird sich der Einzug in das gelobte Land noch einmal auf demselben Weg vollziehen, auf dem Israel einst vom Ostjordanland kommend durch die Jordanebene nach Kanaan zog. Doch diesmal soll das Achortal, wo Gottes Zorn zum ersten Mal aufloderte (vgl. Jos 7) zur „Pforte der Hoffnung" werden. Israel wird nicht mehr durch Ungehorsam Gottes Gericht über sich heraufbeschwören.

Hoseas Schüler, die das eingetretene Gericht und den Untergang des Nordreiches vor Augen hatten, haben diese Botschaft erweitert und verstärkt. JHWH geht, so sagen es die Verse 2,18 ff., noch einmal ein Verlöbnis mit seinem Volk ein. Der Brautpreis jedoch, die Heilsgaben, die Gott selbst in diesen neuen Bund einbringt, werden Heil und Recht, Liebe, Erbarmen und Treue sein; und dann wird Israel JHWH wirklich „erkennen"[36]. Es wird zu ihm nicht mehr sagen: „mein Baal!", sondern es wird ihn nennen: „mein Mann!"

Hosea hat seine Botschaft nicht nur mit Worten verkündet, sondern er hat Israels Schuld und Gottes Gerichtshandeln auch an sich selbst lebendig verkörpert. Nach dem Fremdbericht in Hos 1 hat der Prophet auf Geheiß JHWHs eine Dirne, vermutlich eine jener Frauen, die an den Heiligtümern den Dienst der kultischen Prostitution versahen oder aber an den üblich gewordenen bräutlichen Initiationsriten teilgenommen hatten[37], geheiratet und mit ihr Kinder gezeugt, denen er Namen gab, die seine Gerichtsbotschaft aussagen. „Jesreel", der älteste Sohn, erinnert mit seinem Namen an die Bluttat König Ahabs, der Naboth in Jesreel steinigen ließ (1. Kön 21). Aber auch die Bluttaten Jehus, der sämtliche Glieder des regierenden Königshauses hier abschlachtete (2. Kön 9 f.) und eine Geschichte der Königsmorde begann, klingen an. Der Name des zweiten Kindes, einer Tochter, lautet „Ohne Erbarmen" und weist bereits deutlicher auf die Zeit voraus, in der Gott kein

---

[35] Ebd.

[36] Zu bemerken ist die Steigerung bei der Aufzählung der Heilsgaben. H. W. Wolff, Hosea, S. 64: „Die fünf Begriffe dienen in ihrem Miteinander dazu, unlösliche Gemeinschaft zu garantieren." Die Folge der von Gott gestifteten Brautgaben wird sein, daß Israel JHWH *erkennt*. Damit ist nicht bloß ein theoretisches Erkennen gemeint. J. Jeremias, aaO, S. 51: „Die neue ‚Erkenntnis Jahwes', das Ziel aller Gottesgaben, schließt als der umfassendste theologische Begriff Hoseas die Anerkenntnis des Gebers der Gaben... willigen Gehorsam... und vertrauensvolle Gottesgemeinschaft mit ein."

[37] Dies ist die Vermutung von H. W. Wolff, aaO, S. 13 f.

Erbarmen mehr mit Israel haben wird. Der Name des dritten Kindes schließlich, wieder eines Sohnes, sagt das Ende des Bundes, der Beziehung JHWHs zu Israel, an. „Nenne ihn ‚Nicht-mein-Volk'! Denn Nicht-mein-Volk seid ihr, und Ich – Ich-bin-nicht-da für euch." Hier wird explizit auf den Mose offenbar gewordenen Gottesnamen Bezug genommen, so wie er in 2. Mose 3,14 erläutert ist. Doch diesen seinen offenbarten Namen nimmt JHWH jetzt gegenüber Israel zurück. Er wird nicht mehr *JHWH*, der „Ich werde dasein", für Israel sein.

Und trotzdem nimmt Hosea seine Frau, der er offenbar den Scheidebrief gegeben hatte, gegen das überlieferte Gesetz (vgl. 5. Mose 24,1–4) wieder auf[38] und symbolisiert damit JHWHs Treue, der, wenn auch im Zeichen des Gerichtes, an Israel festhält (vgl. 3,4). Diese Hoffnungsperspektive ist von Hoseas Schülern und späteren Redaktoren weiter verstärkt worden. In der Weissagung vom großen Jesreeltag (2,1–3) wie auch in den Worten vom neuen Bund (2,20–25) wird von einer Zeit gesprochen, in der sich JHWH seiner Kinder wieder erbarmen und aufs neue ihr Gott sein wird. „... und ich säe sie mir aufs Land[39]. Ich erbarme mich über Ohne-Erbarmen, zu Nicht-mein-Volk spreche ich: mein Volk bist du! und er wird sagen: mein Gott!" (2,25).

„Bundessinn will ich, nicht Schlachtopfer!" (Hos 5,8–6,6)

Dieser Textabschnitt führt unmittelbar in die Zeit des syrisch-ephraimitischen Krieges, der zugleich ein Bruderkrieg zwischen Israel und Juda war. Syrien und Ephraim (Bezeichnung des Nordreichs Israel), die sich hundert Jahre zuvor noch bitter bekriegt hatten, sind nun zu Bundesgenossen geworden gegen die Assyrer, die von Norden her die Staaten Palästinas bedrohen. Durch eine militärische Operation gegen Jerusalem soll Ahas, der judäische König, der sich der antiassyrischen Koalition verweigert hatte, gestürzt und ein gefügiger Gefolgsmann auf den Thron gesetzt werden. (In der Denkschrift des Propheten Jesaja, z.B. Jes 7,1–6, ist davon ausführlicher die Rede.) Doch Ahas hat die Assyrer zu Hilfe gerufen, die nun von Norden einfallen. Syrien und Ephraim brechen die Belagerung ab und stellen sich mit ihren Truppen den Assyrern entgegen. Dies wiederum veran-

[38] J. Jeremias vermutet aaO, S. 53 f., daß in 3,1 ff. von derselben Frau die Rede ist, von der auch 1,2 f. handelte. D.h. Gomer (1,3) hat tatsächlich Hosea gegenüber die Ehe gebrochen und wird vom Propheten wieder angenommen. Doch in dieser Frage kommt kein Ausleger über Vermutungen hinaus.

[39] Aus dem Namen „Jesreel" läßt sich auch das hebräische sr' (= säen) heraushören, auf das Vers 25 anspielt.

laßt Ahas, die Verfolgung der abziehenden Heere aufzunehmen und – die Gelegenheit ist günstig! – die südlichen Gebiete Benjamins zu annektieren.

Das Prophetenwort Hosea 5,8 ff. spiegelt unmittelbar die beschriebene Situation und läßt noch den heißen Atem der Kriegstage spüren[40]. Immer näher rücken die feindlichen Truppen. Von Süden herauf über Gibea, Rama und Beth-Awen (Umformung des Namens Beth-el!)[41] nähert sich die Verwüstung Ephraim, dem Rumpfstaat Israels. Hat dieses Ephraim endlich begriffen, daß es dem „Nichts" gefolgt ist und nun mißhandelt und unterdrückt wird, weil es JHWH verlassen hat? Wohl sieht es seine Krankheit, wie auch Juda seine Wunde erkannte, doch jetzt läuft es wie zuvor Juda auch selbst nach Assur und schickt zum Großkönig in der Hoffnung, daß eine rechtzeitige Unterwerfung noch das Schlimmste verhüten kann. Doch – so lautet das Urteil des Propheten – der Großkönig „kann euch nicht heilen" (5,13). Er wird euch nicht helfen! War es doch *JHWH*, der dies alles gewirkt und Israel mit Krankheit geschlagen hat. ER ist wie ein Löwe für Ephraim und wie ein Junglöwe für das Haus Juda. *Er allein* zerreißt und schleppt seine Beute weg, und niemand rettet aus seiner Hand (5,14).

In den aufgewühlten Zeit des syrisch-ephraimitischen Krieges tritt für den Propheten Hosea ein neues Thema in den Vordergrund. Nicht mehr der baalisierte Gottesdienst steht Hosea primär vor Augen, sondern es ist die verfehlte Außenpolitik. In ihr sieht der Prophet denselben Ungehorsam und Abfall sich vollziehen, der auch in dem baalisierten JHWH-Kult geschah. Israel sucht Hilfe und Rettung bei anderen, nicht bei JHWH. Zunächst war es der Verbündete Syrien, dem sich Israel hilfesuchend anschloß, nun ist es der Großkönig von Assyrien, dem es sich als treuer Vasall anbietet. Daß dagegen JHWH selbst der Urheber der Krankheit war, wie er auch der einzige ist, der Israel retten

---

[40] Vgl. den nicht überholten Aufsatz von Albrecht Alt, Hosea 5,8–6,6. Ein Krieg und seine Folgen in prophetischer Beleuchtung, 1919; in: Kleine Schriften zur Geschichte des Volkes Israel II, 1959, S. 163–187. Alt hat gezeigt, daß es sich bei diesem Text um eine Komposition mehrerer Einzelworte handelt, die von Hosea im syrisch-ephraimitischen Krieg gesprochen sind und die einzelnen Kriegsstadien wiedergeben.

[41] Der Name „Beth-Awen" (Behausung des Unheils) ist bewußte Verballhornung des Namens Beth-El (Haus Gottes). J. Jeremias, S. 80.

und heilen kann, dies hat sein Volk vergessen. Darum folgt nun das Gericht. Weil Israel, obwohl geschlagen und verwundet, noch immer an ihm vorbei nach fremder Hilfe Ausschau hält, weil es noch immer nicht zu seinem Gott zurückkehrt, darum wird JHWH ihm nun zum reißenden Löwen, dessen Vernichtung es nicht mehr entrinnt. „Das Gottesvolk bekommt es so oder so in seiner Not mit seinem Gott zu tun, sei es als heilendem Arzt, sei es – im Falle der Abweisung – als reißendem Löwen. Gott ist Israels Grund zum Leben oder aber seine Ursache zum Tod."[42]

Und doch schiebt JHWH das endgültige Gericht noch einmal hinaus. Er zieht sich zurück an seinen Ort (5,15). Wird Israel in seiner Bedrängnis am Ende nicht doch sein Antlitz suchen?

Es scheint so. Die Verse 6,1-3 geben ein Gebet wieder, mit dem sich das geschlagene Volk bußfertig an JHWH wendet. Doch wie falsch sind diese Töne! Es fehlt die Schulderkenntnis. Es fehlt die echte Umkehr, die Absage gegenüber den falschen Göttern und dem falschen Weg. Stattdessen wird ein Heilsautomatismus beschworen, der an die Klageriten und Heilserwartungen der Baalsreligion erinnert, doch den Gott Israels, JHWH, nicht erreicht.

So sicher wie der Spätregen kommt und das Land befeuchtet, so sicher kommt auch der HERR zu seinem Volk zurück, – meint man. So gewiß wie im Jahresrhythmus der sterbende Baal und mit ihm die vergehende Vegetation wieder aufleben, so gewiß wird auch JHWH Israel „am dritten Tag"[43] wieder auferstehen lassen, – heißt es. Hier werden Vorstellungen und Erwartungen, die sich aus der kanaanäischen Fruchtbarkeitsreligion nahelegen, auf JHWH übertragen. Hier wird noch immer der Gott Israels wie Baal angesehen. „Das durch und durch kanaanisierte Israel kann in seiner Antwort auf die prophetische Botschaft nicht anders von Jahwe reden als von einem Naturgott, dessen Heil sicher und berechenbar ist."[44]

---

[42] . Jeremias, aaO, S. 83. Ders., „Ich bin wie ein Löwe für Efraim..." (Hos 5,14), in: Helmut Merklein/Erich Zenger (Hg.), „Ich will euer Gott werden" (SBS 100), 1981, S. 75–95, S. 92.

[43] Die Angaben „nach zwei Tagen" und „am dritten Tag" zeigen die Erwartung einer sehr schnellen Heilung. Es könnte entsprechend dem Tenor des ganzen Textes auch auf eine mythische Vorstellung vom Wiederaufleben des sterbenden Vegetationsgottes angespielt sein. Vgl. H. W. Wolff, Hosea, S. 150. Ein Schriftbeweis für die Auferstehung Jesu „am dritten Tag" ist die Textstelle jedenfalls nicht, auch wenn sie seit Tertullian so verwendet wurde.

[44] J. Jeremias, Der Prophet Hosea, S. 86.

Doch ein solches „Bußbekenntnis" erreicht den wahren, lebendigen Gott nicht. JHWH läßt sich nicht mit Baal und seinem Wirken verwechseln. Er gibt sich nicht mit Ritus und Kultus zufrieden. Und er läßt sich auch nicht durch solch kultisch-rituelles Handeln beschwören und umstimmen. Darum lautet die Antwort Gottes aus dem Mund des Propheten:

„Was soll ich dir tun, Efraim,
Was soll ich dir tun, Juda?
Da dein Bundessinn wie Morgennebel,
wie Tau, der früh verschwindet...
Denn Bundessinn will ich, nicht Schlachtopfer,
Wissen um Gott statt Brandopfer.

„Bundessinn" übersetzt Hans-Walter Wolff, „Hingabe" Jörg Jeremias. Das hier zugrundeliegende hebräische Wort „häsäd" wird in unseren Bibeln meistens mit „Liebe" wiedergegeben. Doch meint dieser Begriff nicht einfach „das Aufwallen eines Gefühls". Es geht um „die gegenseitige Verbundenheit von Menschen (Personen), die auf Gedeih und Verderb füreinander einstehen"[45]. „Gott... sucht unsere volle Lebensgemeinschaft mit ihm."[46] – „Wissen um Gott" bzw. wörtlicher: „Gotteserkenntnis" aber meint nicht nur ein theoretisches Wissen. Es geht um das, was Hosea in 2,18 zum Ausdruck brachte: „Dann wird sie zu mir sagen: ‚Mein Mann!', und wird nicht mehr sagen: ‚Mein Baal!'" „Was Gott sucht, ist eine ‚Hingabe'..., die aus der ‚Gotteserkenntnis' lebt, d.h. aus der Einsicht, daß Israel alles, was es hat und was es ist, nicht aus sich selber hat und ist, sondern als Geschenk Gottes erhalten hat, darum Gott in guten wie in bösen Tagen sein einziger Halt und Retter ist..."[47]

Nicht durch Opfer und andere rituell-magische Handlungen, sondern in dieser Hingabe und dieser Erkenntnis will JHWH, der Gott Israels, verehrt werden. Durch solche „Hingabe" und „Erkenntnis" will er sich bewegen lassen.

45 H.W. Wolff, Die Hochzeit der Hure, S. 78.
46 AaO, S. 121.
47 J. Jeremias, aaO, S. 89.

„Ich falle sie an wie eine Bärin, die ihrer Jungen beraubt ist.“ (Hos 13,1–9)

Das Wort stammt aus einer Sammlung letzter Worte, die von Hoseas Schülern zusammengestellt wurde und die Kapitel 12 bis 14 umfaßt[48]. 13,1–14,1 ist im Angesicht der Belagerung gesprochen. Zu Beginn in Vers 2 wird noch einmal das Symbol genannt, in dem sich der Abfall des Volkes sinnenfällig verdichtet: das „Kalb“, das Stierbild der Bewohner von Samaria[49]. Die ganze Verachtung und der tiefe Abscheu des Propheten kommt bereits in der Weise zum Ausdruck, wie er von diesem Stierbild redet. Menschen haben es sich angefertigt als Gußbild aus ihrem Silber. Handwerkerarbeit ist es, ein Machwerk nach eigenem Geschmack. Und diesem Machwerk gegenüber fordern sie auf: „Opfert!“ Wie können Menschen Kälber küssen[50]?! Muß nicht ein Volk, das sich an so Vergängliches und Nichtiges hält, selber wie der Morgennebel vergehen? „Aber *Ich* bin doch JHWH, dein Gott, vom Lande Ägypten her...“, heißt es in Vers 4 dagegen. Mit dieser Selbstvorstellung tritt der lebendige, nicht von Menschen gemachte Gott all den falschen Göttern und ihren Bildern gegenüber. JHWH hat seine Lebendigkeit und seine Wirkkraft in der Geschichte Israels „von Ägypten her“ bewiesen. In der Errettung am Schilfmeer, bei seinem Zug durch die Wüste hat Israel die Leben schenkende und erhaltende Kraft seines Gottes erfahren. Darum gilt der Satz: „Einen Gott neben mir kennst du nicht, einen Retter außer mir gibt es nicht.“

Es ist nicht zu überhören, wie hier schon bei Hosea das 1. Gebot anklingt. Doch es ist nicht als Gebot im Imperativ formuliert! Im Indikativ heißt es, daß es für Israel einen Gott außer JHWH gar nicht geben kann, daß er der einzige Retter und Helfer *ist*. Das Dasein JHWHs als des einzigen Retters für Israel ist eine vorgegebene Realität! Es ist die Wirklichkeit, in der sein Volk seit dem Auszug aus Ägypten lebt und aus der es daher auch nicht herausfallen kann. Und selbst dort, wo Israel, satt geworden, JHWH vergißt und sich selbst überhebt, muß es ihn als die

48 Vgl. J. Jeremias, aaO, S. 160 ff.

49 Vgl. auch Hosea 8,5 f.; 10,5.

50 Der Vers 13,2 c ist textkritisch schwierig. J. Jeremias übersetzt möglichst wortgetreu: „‚Ihnen‘, fordern sie auf, ‚opfert!‘/Menschen küssen Kälber!“ AaO, S. 159.

einzig rettende und bewahrende Realität eben „sub contrario", unter dem Gegenteil, erfahren. Es wird zu spüren bekommen, daß kein anderer retten kann, wo sich JHWH gegen sein Volk stellt. Er, der in seiner Liebe zurückgestoßen wurde und tief verwundet ist, wird Israel nun wie eine Bärin angreifen, die ihrer Jungen beraubt ist. „Ich vernichte dich, Israel. Wer wird dir helfen?"

Auf diese Vernichtung schaut in Kp. 13 der Prophet Hosea aus. Er hat die assyrischen Belagerer schon vor Augen. Sie sind im Bild der aasfressenden Hunde gemeint. Das grausige Ende steht unmittelbar bevor.

Doch steht das Ende wirklich bevor? Ist das Geschehen, das Hosea so deutlich vor Augen hat, auch das Ende der Wege Gottes mit seinem Volk? Es gibt ein von Hosea im engeren Schülerkreis gesprochenes Wort, das über das beginnende Gericht hinausblickt und auch seinen Schülern die Legitimation gab, die Sammlung und Niederschrift der hoseanischen Worte eben doch nicht mit dem Gottesgericht, sondern mit einem Heilsausblick abzuschließen[51]. Dieses Wort ist in Hosea 11,1–11 überliefert.

„Wie könnte ich dich preisgeben, Ephraim?" (Hos 11,1–11)

Unmittelbar vor dem Untergang des Rumpfstaates Ephraim blickt Hosea noch einmal auf Israels Ursprung zurück. In Bildern, die die innigste persönliche Verbundenheit ausdrücken, beschreibt er zum letzten Mal Gottes Liebe zu Israel. Wie ein Vater, der seinen kleinen Sohn an die Hand nimmt, ihn laufen lehrt und, wo er nicht mehr weitergehen kann, auf seinen Armen trägt, so hat auch JHWH an Israel gehandelt (11,1–3). Wie eine Mutter oder Amme, die das soeben Geborene in Windeln wikkelt, es aufhebt, liebkost, sich über das Kleine beugt und ihm zu essen und trinken gibt[52], so hat sich JHWH von Israels Ursprung

[51] Das Hoseabuch endet mit dem Heilsausblick 14,2–9. Nach diesem Wort heilt JHWH selbst die Abtrünnigkeit Israels, so daß das Volk nun auch zu einem Bußbekenntnis fähig wird, das anders als 6,1–3 lautet: „Assur soll uns nicht retten, auf Rossen wollen wir nicht reiten, nicht mehr wollen wir sagen ‚unser Gott' zum Machwerk unserer Hände" (14,4).

[52] Auch Hosea 11,4 ist ein textkritisch unsicherer Vers, der je nach seiner

her diesem Volk zugeneigt und es mit seiner Liebe und Fürsorge umhegt (11,4). Doch dies ist das unbegreifliche Geschehen: Sie merkten es nicht, daß JHWH sie pflegte. Von dem Augenblick an, da Gott Israel aus der Knechtschaft in die Freiheit berief, wandten sie sich schon von ihm ab und neigten sich den Baalen und den Schnitzbildern zu. Von dem Zeitpunkt an, da sie freie Söhne Gottes sein sollten, machten sie sich schon wieder abhängig und wurden zu Knechten neuer Herren. Hosea faßt in den Versen 11,1–4 die gesamte Heilsgeschichte in einen Akt zusammen und kontrastiert so das Handeln JHWHs an dem hilflosen, ganz auf Gott angewiesenen Israel des Auszugs mit dem Handeln des nun in Kanaan auf eigenen Füßen stehenden und für sich selbst sorgenden Volkes. Es weiß nichts mehr davon, daß JHWH es gepflegt hat. Es hat seinen Ursprung im Ruf und Handeln Gottes vergessen. Darum lautet nun das apodiktische Urteil: „Er kehrt nach Ägypten zurück!" (11,5). Diese Aussage, die auch schon in früheren Hosea-Worten begegnete (Hosea 7,16; 8,13; 9,3), steht ganz bewußt im Kontrast zu der Erinnerung in Vers 1. Aus Ägypten berief JHWH Israel zu seinem Sohn, nach Ägypten muß das ungehorsame Volk nun zurück. In diesen Sätzen ist „Ägypten" mehr als nur eine geographische Bezeichnung. Israel kehrt wieder an den Ort zurück, wo es sich befand, *bevor* Gottes errettender und erwählender Ruf nach ihm griff. Es geht wieder in das Land der Knechtschaft, mag auch dieses Land nun nicht mehr „Ägypten", sondern „Assyrien" heißen. Gott nimmt seine Erwählungsgeschichte mit Israel zurück. Und doch ist auch mit dieser Ankündigung noch nicht das letzte Wort gesagt. Am Ende des ganzen Abschnittes findet sich in Vers 11 der Name „Ägypten" noch einmal, und wieder geht es um einen Auszug aus diesem Land. „Bebend kehren sie aus Ägypten zurück wie Vögel, wie Tauben aus dem Land Assur. Zu ihren Häusern lasse ich sie ‚heimkehren', spricht Jahwe."[53]

Jörg Jeremias hat vermutet, daß die beiden Abschnitte 11,1–6 und 11,7–11 nicht in einem Atemzug vom Propheten

---

textkritischen Rekonstruktion zu ganz verschiedenen Übersetzungen führt. Ich folge der Rekonstruktion und Übersetzung H. W. Wolffs, Hosea, S. 246 ff.: „Mit menschlichen Seilen zog ich sie, mit Stricken der Liebe. Und ich war für sie wie die, die ein kleines Kind an ihre Wangen heben, und neigte mich zu ihm, gab ihm zu essen."

[53] Übersetzung von J. Jeremias, aaO, S. 139.

gesprochen wurden. Das mit Vers 7 anhebende Wort sei zu einem späteren Zeitpunkt nicht mehr vor dem Volk, sondern im Kreis der vertrauten Schüler gesagt[54]. Denn in diesem Wort wird etwas Ungeheuerliches, Menschen Verborgenes ausgesprochen. Der Prophet gibt seinen Schülern Einblick in einen Kampf, der sich in JHWH selbst abspielt; er beschreibt einen „Umsturz", der in Gottes Herz geschieht.

Zunächst wird in Vers 7 noch einmal ausgesprochen, daß Israel gänzlich unfähig zur Umkehr ist. „... zum ‚Hohen' (Beiname für Baal!) rufen sie; ‚der' bringt ‚sie' nie und nimmer hoch."[55] So müßte nun Gottes letztes Straf- und Zorngericht folgen. Doch etwas ganz anderes geschieht.

> „Wie könnte ich dich preisgeben, Efraim,
> dich ausliefern, Israel?
> Wie könnte ich dich preisgeben wie Adma,
> dich zurichten wie Zeboim?
> Mein Herz hat sich in mir umgewandt,
> mit Macht ist meine Reue entbrannt.
> Ich kann meinen glühenden Zorn nicht vollstrecken,
> kann Efraim nicht wieder verderben:
> denn Gott bin ich, nicht Mensch,
> in deiner Mitte der Heilige..." (11,8+9)[56]

Jörg Jeremias kommentiert diese abgründigen Sätze: „Klagend und anklagend steht Jahwe vor Israels Schuld. Sein glühender Zorn entbrennt und will Israel Adma und Zeboim gleichmachen, zwei Städten, die das Geschick Sodoms und Gomorrhas teilten. Das Unheil nimmt seinen Lauf, scheinbar unaufhaltsam, scheinbar geradezu gesetzmäßig. Aber nun findet unerwartet ein Kampfesgeschehen statt, an dem Israel unbeteiligt ist, denn sein Ort ist Gottes eigenes ‚Herz'. Jahwes glühendem Zorn tritt eine andere Kraft entgegen, die ebenfalls leidenschaftlich ‚brennt', aber dem Zorn hart entgegensteht: Jahwes nihumim. Diese Kraft ist mit der Wiedergabe ‚Reue' keinesfalls genau erfaßt: Jahwes Zorn ist ja durch die ausführliche Anklagerede gerade als voll berechtigt begründet worden. Vielmehr ist es die Kraft, die Jahwes Zorn nicht zur Entfaltung kommen läßt: sie ‚brennt

[54] AaO, S. 139f.

[55] Übersetzung von J. Jeremias, aaO, S. 138. „Der Hohe, der Erhabene" ist Beiname für Baal. Jeremias, S. 91, Anm. 17.

[56] Übersetzung von Jörg Jeremias, aaO, S. 139.

auf', um ihn zu unterbinden..."[57] „Es geschieht also, wie nach der langen Anklage zu erwarten, ein ‚Umsturz', aber nicht der befürchtete Umsturz Israels im Sinne totaler Vernichtung, sondern ein Umsturz in Gottes Herz, der zum Willenswandel in Gott führt."[58]

Aber dieser Willenswandel, dieser Umsturz in Gott selbst, geschieht nicht, weil Gott zu menschlich wäre, sondern, so sagt es Vers 9b, gerade weil er „Gott" ist, „heilig", d.h. erhaben und unvergleichlich in – seiner *Liebe*. Weil JHWH Gott ist, muß er nicht nach dem Gesetz von Sünde und Strafe reagieren, nicht nach dem Prinzip unerbittlicher Vergeltung, sondern er kann Erbarmen siegen lassen *über* Ungehorsam, Sünde und Abfall. „Der eigentliche Abstand Gottes zum Menschen besteht für Hosea nicht in unnahbarer Erhabenheit, sondern im Sieg über seinen gerechten Zorn, in seinem Willen, die des Todes Schuldigen vor dem Untergang zu bewahren... ‚Heilig' ist Gott nach der Tradition als Weltenkönig, vor dessen Glanz selbst die Himmlischen sich schützen müssen (Jes 6,1–3), der Unreinheit und Unrecht nicht zu ertragen vermag..., vor dem niemand bestehen kann...; ‚heilig' ist Gott hier als der Verschonende, der noch die ihm Treulosen liebt und der zugleich seinem Volk so nah wie möglich ist: ‚in deiner Mitte'..."[59]

So ist die angedrohte Rückkehr nach Ägypten, die die Rücknahme der ganzen Heilsgeschichte einschließt, letztlich doch nicht das Ende der Wege Gottes mit seinem Volk. Aus diesem Ende kann ein neuer Anfang werden, wenn JHWH sein Volk von seiner Abtrünnigkeit heilt (14,5); wenn er es noch einmal aus „Ägypten" (aus Assur) herausführt.

Am Anfang dieses Kapitels wurde gefragt, was JHWH von Baal unterscheide, warum er sich nicht mit den Göttern Kanaans verwechseln läßt. Die Verkündigung des Propheten Hosea, in der es immer wieder um das rechte Erkennen JHWHs, des Gottes Israels, geht, gibt darauf eine umfassende Antwort.

1. JHWH, der Gott Israels, ist keine Grundkraft des Kosmos, kein vielgestaltiges Göttliches, keine der „persongewordenen Mächtigkeiten des Himmels oder der Erde oder des Ab-

---

[57] J. Jeremias, Die Reue Gottes (BSt 65), 1974, S. 53f.

[58] J. Jeremias, Der Prophet Hosea, S. 145.

[59] AaO, S. 148.

grunds“[60]. Daher läßt er sich auch nicht mit bestimmten Naturerscheinungen identifizieren und in (der natürlichen Welt abgelauschten) Bildern und Symbolen repräsentieren. Sondern er ist *Person*, ein lebendiger, persönlicher Gott, der durch sein anredendes und herausrufendes Wort Menschen begegnet und zu ihnen in eine persönliche Beziehung tritt.

2. JHWH begegnet nicht auf heiligen Höhen und in heiligen Riten. Seine Nähe läßt sich nicht in Kultbilder und Kultsymbole bannen und durch heilige Handlungen beschwören. Er hat Israel aus Ägypten geführt und will ihm in seiner *Geschichte* rettend, aber auch richtend nahe sein.

3. JHWH läßt sich nicht manipulieren, nicht durch magische Praktiken, Opfer und kultische Zeremonien günstig stimmen. Sondern er erwartet Gehorsam, eine *persönliche Antwort des Glaubens*, die sich im Tun von Recht und Gerechtigkeit, in Liebe und Treue zeigt.

4. Weil sich JHWH in Liebe an sein Volk gebunden hat und sein *einziger Retter und Helfer* ist, erträgt er es nicht, wenn Israel anderswo Sicherheit sucht und Leben und Heil von anderen Instanzen erhofft. Vielmehr wird er seinem Volk zum Urheber des Verderbens, wenn es ihn nicht mehr als die Quelle seines Lebens erkennt.

5. JHWH reagiert nicht nach vorgegebenen Gesetzmäßigkeiten, nicht nach dem Zyklus der Jahreszeiten, aber auch nicht nach dem Prinzip von Schuld und Vergeltung, nach dem Gesetz der Schicksal wirkenden Tat. Sondern *JHWH ist frei.* Er kann seinen Zorn in Erbarmen umstürzen lassen und grundlos und unbegreiflich Liebe üben. JHWH kann Gebete erhören.

Zur Weiterarbeit

Jörg Jeremias, Der Prophet Hosea (ATD 24/1), Göttingen 1983.

Gerhard von Rad, Theologie des Alten Testaments I, München 1987, daraus: Das Bildverbot im Alten Testament, S. 225–232.

Hans Walter Wolff, Die Hochzeit der Hure. Hosea heute, München 1979.

---

[60] G. v. Rad, Theologie des Alten Testaments I, S. 231.

3. Im Bund mit JHWH. Die Grundgebote

Das 2. Buch Mose berichtet in seinem ersten Teil (2. Mose 1–17) von den großen Geschehnissen, die sich für Israel „von Ägypten her" mit dem Namen Gottes verbunden haben: JHWH hat sein Volk aus der Unterdrückung in Ägypten befreit; er teilte vor ihm die Fluten des Meeres; er führte Israel durch die Wüste und hat es auf dieser Wanderung durch wunderbares Manna gespeist. Doch es gehört zu dem Namen JHWH auch noch eine andere Erinnerung, die ebenso grundlegend ist wie die Erlebnisse des Auszugs, die Erinnerung nämlich, daß Israel von dem Gott, der es aus Ägypten befreite, in besonderer Weise in Anspruch genommen wird, daß JHWH, der einzig und allein für Israel dasein will, nun auch verlangt, daß ihn Israel einzig und allein seinen Gott sein läßt. Der Israel Leben und Freiheit geschenkt hat, wacht darüber, daß sein Volk dieses Leben und diese Freiheit nicht mißbraucht. Davon handelt der zweite große Überlieferungskomplex in den Büchern Mose, der die Geschichte von der Gottesbegegnung am Sinai zum Thema hat.

In der alttestamentlichen Exegese ist längst erkannt, daß man in dem großen Komplex der Sinaiüberlieferung mit einer einfachen Quellenscheidung nicht mehr auskommt[61]. Das Geschehen am Sinai war offenbar der zentrale Haftpunkt, wo alle wichtigen, das Leben in der Volks- und Gottesgemeinde ordnenden Bestimmungen ihren Ort und ihre Legitimation bekamen. An diese Stelle wurden sie im Lauf der Überlieferungsgeschichte gerückt. So finden sich zwischen 2.Mose 19 und 4. Mose 10 die Zehn Gebote (2. Mose 20,1–17), das Bundesbuch (2. Mose 20,22–23,33), der sog. kultische Dekalog (2. Mose 34, 14–26), die Ordnungen der Priesterschrift und ihrer sekundären Erweiterungen (2. Mose 25 ff.), das Heiligkeitsgesetz (3. Mose 17–26). Gerade an der Sinaiüberlieferung haben viele Hände immer wieder umgestaltend gearbeitet. Doch so verwirrend der Duktus der Sinaiperikope dadurch auch geworden ist, zwei thematische Schwerpunkte heben sich in allen Überlieferungsschichten heraus: Israel, das von Mose an den Sinai geführt wird, erfährt hier die grundlegende Willensoffenbarung Gottes. Und: JHWH schließt einen Bund mit seinem Volk[62].

---

61 Vgl. R. Smend, Die Entstehung des Alten Testaments, S. 66–69.

62 Ich schließe mich in der Analyse des Textes den Beobachtungen und Einsichten Walter Zimmerlis an: Erwägungen zum „Bund". Die Aussagen über

In der Priesterschrift, die der Leser in 2. Mose 19,1+2 und dann wieder ab 24,15 b ff. verfolgen kann, kommt Israel im 3. Monat nach dem Auszug in die Wüste Sinai. Hier lagert sich das Volk, während eine Wolke sechs Tage lang den Berg Sinai bedeckt. Am 7. Tag ruft JHWH Mose zu sich in die Wolke und gibt ihm Anweisungen für den Bau des heiligen Zeltes und den Priesterdienst Aarons. Denn JHWH will von nun an mitten unter seinem Volk wohnen (25,8; 29,45). Es soll durch seine Herrlichkeit geheiligt werden (29,43).

Auch die jahwistische Quellenschrift muß einmal einen ähnlichen erzählerischen Zusammenhang gehabt haben. Nachdem Mose das Volk an den Fuß des Berges Sinai geführt hat, offenbart sich JHWH in Feuer, Rauch und Erdbeben und ruft Mose auf die Spitze des Berges (2. Mose 19,18+20). Mose wird gewürdigt, dem Gott Israels zu begegnen (34,2–8). Er empfängt Gebote, die er auf zwei steinerne Tafeln schreiben soll und aufgrund derer JHWH mit ihm und mit Israel einen Bund schließen will (34,27)[63].

Von der elohistischen Version der Erzählung sind nur Fragmente erhalten, die jedoch besondere Akzente setzen. Da das Volk die Offenbarung Gottes in Donner, Blitz und Posaunenschall nicht länger ertragen kann, bittet es Mose, auf den Berg zu steigen und statt seiner mit Gott zu reden, während es selbst in der Ferne stehen bleibt (19,1 f.19; 20,18–21). Mose naht sich dem Wolkendunkel, in dem Gott ist, und empfängt nach 31,18 b und 32,15 f. Gesetzestafeln, die von dem Finger Gottes beschrieben wurden. Nach einem weiteren Textfragment 24,9–11, das allerdings in seiner Zuordnung umstritten ist, steigt Mose dann noch einmal mit einer Abordnung von 70 Ältesten auf den Berg, und nun geschieht etwas, was der Erzähler nur mit ehrfurchtsvollem Staunen schildern kann. „... und sie schauten den Gott

---

die Jahwe-berit in Ex 19–34, in: Hans Joachim Stoebe (Hg.), Wort-Gebot-Glaube. FS f. Walter Eichrodt, 1970, S. 171–190. Ders., Grundriß der alttestamentlichen Theologie, ^{3}1978, S. 39–48.

[63] Nach Martin Noth, Das zweite Buch Mose, S. 214–219, ist 2. Mose 34 als Überarbeitung einer älteren jahwistischen Erzählung anzusehen, die ursprünglich von dem ersten Aufstieg Moses auf den Berg Sinai erzählt hat. Nimmt man z.B. Vers 9 und die verklammernden Wendungen „wie die ersten waren“ in 34,1+4 heraus, steht man vor einer Geschichte, die mit angehaltenem Atem von einer Erstbegegnung erzählt. Mose ist gewürdigt, dem Gott Israels auf der Spitze des Sinai nahezukommen.

Israels: der Boden zu seinen Füßen war wie aus Saphirfliesen und klar wie der Himmel selbst. Wider die Vornehmen Israels aber reckte er seine Hand nicht aus; sie schauten Gott, aßen und tranken." Dies ist kein gewöhnliches Essen und Trinken, sondern hier „handelt es sich um ein sakrales Mahl, bei dem zwar die Aussage, daß es ein Mahl gemeinsam mit dem Gotte Israels gewesen sein könnte, scheu vermieden wird, das aber unverkennbar ein Mahl ‚vor dem Gotte Israels' darstellt. Das Mahl kann schwerlich anders denn als ein Bundesmahl interpretiert werden."[64] Hier ist der Höhepunkt der elohistischen Darstellung erreicht. Das erschrockene Volk, das im Posaunenschall, der vom Berg ertönte, zu vergehen meinte, ist – repräsentiert durch die 70 Ältesten – gewürdigt, in der unmittelbaren Nähe Gottes das Mahl zu halten, das den Bund besiegelt.

Das einmalige Geschehen, das sich am Sinai ereignet, ist – darin stimmen alle Überlieferungen überein – eine Offenbarung Gottes, in der sich JHWH unwiderruflich an Israel bindet, und in der auch dieses Israel unwiderruflich an JHWH und seinen Heilswillen gebunden wird[65]. Gott kommt dem Volk, das am Fuß des Sinai steht und das dann auf dem Berg durch Mose vertreten wird, in einer nie gehörten Weise nahe, und er verpflichtet dieses Volk zugleich ganz auf sich. Die Selbsterschließung Gottes und die Kundgabe seines Willens gehören unabdingbar zusammen. Sie scheinen auch geschichtlich auf das zurückzuweisen, was Israel einst am Sinai erfahren hat und was den Kern aller Sinaiüberlieferungen ausmacht[66].

Doch die Frage stellt sich, welches eigentlich die Gebote sind, auf die Israel am Sinai verpflichtet wird. Wie lautet die grundlegende Willensoffenbarung Gottes? Der Leser findet im jetzigen Überlieferungskomplex eine Fülle von Rechtssammlungen und kultischen Ordnungen, die alle den Anspruch erheben, aus dem geoffenbarten Willen JHWHs auf dem Sinai hervorgegangen zu

---

64 W. Zimmerli, aaO, S. 184. Ders., Grundriß, S. 43 f.

65 Zimmerlis Resultat lautet aaO, S. 190: „Daß Jahwes Verbindung mit Israel dieses von Anfang einem fordernden göttlichen Willen zuordnet, ist aber die bei aller Verschiedenheit der jeweiligen Darstellung einhellige Aussage aller alten Exodustexte." Auch Hartmut Gese unterstreicht, daß im Blick auf das Sinaigeschehen Gottes Wesens- und Willensoffenbarung nicht voneinander getrennt werden können. H. Gese, Der Name Gottes im Alten Testament, in: Heinrich v. Stietencron (Hg.), Der Name Gottes, 1975, S. 75–89, hier S. 76–81.

66 H. Gese, aaO, S. 80.

sein. Allerdings ist *eine* Gebotsreihe vor allen anderen ausgezeichnet, einmal dadurch, daß sie allen anderen Gesetzessammlungen vorausgeht, zum anderen aber auch deshalb, weil sie nicht nur Mose, sondern von Anfang an dem ganzen Volk kundgetan wurde. Es handelt sich um den auch in die christlichen Katechismen aufgenommenen Dekalog, eine Reihe von 10 Geboten, die jetzt in 2.Mose 20,1–17 stehen und die noch einmal im Deuteronomium, im 5. Buch Mose 5,6–21, überliefert sind.

Über das Alter des Dekalogs gehen die Meinungen weit auseinander. Man hat früher gemeint, hinter der deuteronomistischen Kommentierung eine alte Gebotsreihe entdecken zu können, die u. U. bereits dem Erzählwerk des Elohisten zugehört hat[67]. Dagegen neigen heutige Ausleger eher der Auffassung zu, daß 2. Mose 20,2–17 (5. Mose 5,6–21) eine relativ späte Zusammenfassung grundlegender JHWH-Gebote sei, die erst in deuteronomistischer Zeit entstanden ist[68]. Walther Zimmerli vermutet in der Gebotsreihe ein altes Formular, das in der versammelten gottesdienstlichen Gemeinde Verwendung fand[69]. Doch wie immer man die Frage der Entstehung auch entscheiden mag, in jedem Fall gilt, daß der bekannte Dekalog eine Zusammenfassung und Verarbeitung ältester israelitischer Rechtssätze darstellt[70]. Was hier in den einzelnen Sätzen gesagt wird, sind grundlegende Gebote bzw. Verbote, die auch aus älteren Gebotsreihen bekannt sind. Aber in 2. Mose 20 (5. Mose 5) werden sie allgemeiner und umfassender formuliert[71]. Sie werden zudem unter das große Eröffnungswort gerückt, das in 2. Mose 20,2 (5. Mose 5,6) über der ganzen Gebotsreihe steht und diese mit der Geschichte des Auszugs verbindet. Die zehn Gebote wollen also die „elementaren Grundforderungen"[72] nennen, die JHWH, der Gott, der Israel aus Ägypten befreit hat, an sein Volk stellt.

67 Vgl. Walter Beyerlin, Herkunft und Geschichte der ältesten Sinaitraditionen, 1961, S. 8 ff. 22 f. Georg Fohrer, Einleitung in das Alte Testament, [12]1979, S. 73 f.

68 Vgl. z.B. Rudolf Smend/Ulrich Luz, Gesetz. Biblische Konfrontationen, 1981, S. 15–20. Frank Crüsemann, Bewahrung der Freiheit. Das Thema des Dekalogs in sozialgeschichtlicher Perspektive, 1983, S. 16 ff. Allerdings betont Crüsemann, daß die Verfasser des Deuteronomiums den Dekalog nicht geschaffen haben, sondern ihn voraussetzen. Der Dekalog sei demnach älter und gehöre der späten vorexilischen Zeit an. (S. 26).

69 W. Zimmerli, aaO, S. 179 f. 186 f.

70 Vgl. die Einzeluntersuchungen von Helen Schüngel-Straumann, Der Dekalog – Gottes Gebote? (SBS 67) [2]1973, 1980.

71 F. Crüsemann, aaO, S. 18 f. 80 f.

72 AaO, S. 27.80.

„Ich bin der Herr, dein Gott,
Der ich dich aus dem Lande Ägypten,
aus dem Sklavenhause, herausgeführt habe;
du sollst..." (2. Mose 20,2f. Z)

Die zehn Gebote beginnen nicht mit einem drohenden „Du sollst!", „Du sollst nicht!", sondern mit dem „Ich bin..." Gottes. In diesem Ich-bin-Satz stellt sich der Gott Israels selber seinem Volk vor. Er offenbart seinen Namen und spricht sich mit diesem Namen den Angeredeten zu. Ich bin JHWH, der „Ich werde dasein", – *dein* Gott! Mag es auch viele gottheitliche Mächte und Wesen geben, die Anspruch auf religiöse Verehrung und gehorsame Unterwerfung erheben, JHWH ordnet sich in ausschließlicher Weise seinem Volk Israel zu. Denn er hat mit ihm bereits eine Geschichte begonnen, in der er seine befreiende und rettende Macht offenbarte. Davon spricht der Zusatz, der mit dem offenbarten Namen unlöslich verbunden ist. „Ich bin JHWH, dein Gott, *der ich dich aus dem Lande Ägypten, aus dem Sklavenhause, herausgeführt habe*..." Der Name Gottes, der noch in der Berufungsgeschichte 2. Mose 3 in eine ganz offene Zukunft wies, hat sich bereits mit Erfahrungen gefüllt, ohne die dieser Name nicht mehr zu denken ist. Diese Erfahrungen zeigen an, als wer sich JHWH in der Ursprungsgeschichte Israels erwiesen hat und wer er daher auch in der Zukunft für sein Volk sein will: der allein rettende und befreiende Gott. Kann Israel dann noch andere Gottheiten und Mächte neben ihm als seine Götter annehmen und verehren? Kann es dann noch in ein Leben zurückverfallen, in dem es sich und andere aufs neue abhängig macht und versklavt? Die nun folgenden Gebote formulieren eigentlich nur, was in der Konsequenz der erfahrenen Befreiungsgeschichte für Israel von nun an ausgeschlossen ist. Sie stellen fest, was es für Israel nicht mehr geben kann, nachdem sich JHWH, der Israel aus Ägypten geführt hat, in so ausschließlicher Weise an dieses Volk band. „Du wirst keine anderen Götter haben neben mir..."; „Du wirst dir kein Gottesbild machen..."; „Du wirst den Namen JHWHs, deines Gottes, nicht mißbrauchen..."; „Du wirst nicht töten..." usw. Es fällt auf, daß in allen folgenden Sätzen nicht die sonst bei Verboten gebräuchliche hebräische Verneinungsform steht, sondern daß indikativische Sätze folgen mit der Verneinungspartikel, die in

Aussagesätzen gebraucht wird[73]. Das zeigt an, daß hier nicht Gebote formuliert werden, die Israel befolgen sollte, aber auch übertreten kann, sondern daß aufgezählt und benannt wird, was es aufgrund der erfahrenen Zuwendung und Rettung JHWHs für sein Volk von nun an nicht mehr geben kann.

Das Erste, was in der Konsequenz der ausschließlichen Zuwendung JHWHs für Israel ausgeschlossen ist, sind die „anderen Götter". „Nicht sei dir andere Gottheit mir ins Angesicht" (Übersetzung Martin Bubers)[74]. Im Vergleich mit älteren Wendungen wird die Besonderheit dieser Formulierung deutlich: „Wer den Göttern opfert, und nicht JHWH allein, der soll dem Bann verfallen", heißt es 2. Mose 22,20 im Zusammenhang des Bundesbuches. „Du sollst keinen andern Gott anbeten", lautet das erste Gebot im sogenannten „kultischen" Dekalog 2. Mose 34,14. Das Gebot ist also durch die Wahl des allgemeineren Verbes erweitert worden. Nicht nur das Anbeten und Opfern wird ausgeschlossen, sondern jegliche Kontaktaufnahme jedes In-beziehung-Treten zu anderen Göttern wird verneint[75]. Aber auch die merkwürdige, völlig singuläre Wendung „mir ins Angesicht" ist bedeutsam. Mit dieser Wendung wird daran erinnert, daß alles, was Israel tut oder unterläßt, vor JHWHs Angesicht geschieht[76]. Und auch wenn es sich anderen Göttern zuwendet und bei ihnen Heil und Sicherheit sucht, wird auch dies noch vor JHWHs Angesicht geschehen. Seinem Gott entrinnt Israel nicht.

Doch kann es denn neben JHWH „andere Götter" wirklich geben? An dieser Textstelle zeigt sich der auch anderswo zu belegende Sachverhalt, daß das Alte Testament – jedenfalls bis zu Deuterojesaja – einen theoretischen Monotheismus nicht kennt. Es rechnet gerade auch dort, wo das erste Gebot eingeschärft wird, sehr wohl mit der Existenz anderer Götter[77]. Es weiß von jenen Kräften, die Macht über Menschen, ihr Denken und Handeln, gewinnen können und sieht sie in der erfahrbaren

---

[73] Otto Grether, Hebräische Grammatik für den akademischen Unterricht, [3]1962, § 88b.

[74] Die fünf Bücher der Weisung, S. 205.

[75] F. Crüsemann, aaO, S. 43.

[76] Die hebräische Wendung 'al-pene meint in Beziehung auf Personen sehr oft „vor bzw. unter den Augen von". A. S. van der Woude, Art.: panim, in: THAT II, Sp. 432–460, hier Sp. 445.

[77] Vgl. B. Lang, Die Jahwe-allein-Bewegung, aaO N. Lohfink, Gott. Polytheistisches und monotheistisches Sprechen von Gott im AT, aaO

Wirklichkeit in vielfacher Weise am Werk. *Aber* es schließt aus, daß dort, wo der Gott der Befreiung seine Herrschaft aufgerichtet hat, gegen und neben ihm noch andere Instanzen Furcht und Vertrauen beanspruchen können. Es verneint, daß „JHWH ins Angesicht“ ihnen noch absoluter Gehorsam entgegengebracht wird. „Das erste Gebot will von jedem persönlich – ‚Nicht sollen *dir* sein andere Götter!‘ – die Absage an die ‚Götter‘ zugunsten des einen wahren, unverfügbaren Gottes, der sich offenbart und jeden beruft.“[78] Daß diese „Götter“ nicht nur die Naturgottheiten Kanaans sind, daß vielmehr auch Menschen und politische Mächte zu den „anderen Göttern“ werden können, auf die Israel „JHWH ins Angesicht“ sein Vertrauen setzt, lassen bereits die Propheten des 8. Jahrhunderts erkennen. In der Botschaft Hoseas treten, wie gezeigt, seit dem syrisch-ephraimitischen Krieg an die Stelle der Baale und Astarten, mit denen Israel Hurerei trieb, die politischen Mächte Ägypten und Assur, bei denen es nun Sicherheit und Heil sucht[79]. Aber auch für den Propheten Jesaja steht in einer Situation, in der sich Israel Hilfe und Befreiung von seiner Bündnispolitik mit Ägypten verspricht, das erste Gebot auf dem Spiel. „Denn die Ägypter sind Menschen und nicht Gott, und ihre Rosse sind Fleisch und nicht Geist“ (Jes 31,3). Versucht sich Israel auf diese Helfer zu stützen, will es sich auf „Rosse und Wagen“ verlassen, wird es erfahren müssen, wie diese Hilfe zunichte wird. Es wird auch selbst stürzen und im Zusammenbruch erfahren, daß es „Fleisch“, also Vergängliches und Nichtiges, zu seinem Gott gemacht hat.

„Du sollst keine anderen Götter haben neben mir!“ Dieses Gebot ist das Grundgebot, das in allen Bereichen des persönlichen, religiösen und politischen Lebens die Exklusivität JHWHs, sein ausschließliches Dasein für Israel, einschärft.

Doch auch das zweite Gebot steht dem ersten in seinem Rang nicht nach. Durch die Verse 2. Mose 20,5 f., die sich auf das erste Gebot zurückbeziehen, aufs engste mit diesem verklammert, gehört es auch sachlich unmittelbar mit ihm zusammen.

---

[78] H. Schüngel-Straumann, aaO, S. 82.

[79] Vgl. das Bußbekenntnis, das in Hos 14,2 f. dem rückkehrwilligen Israel in den Mund gelegt ist. Die Absage an die fremden Götter lautet hier: „Assur soll uns nicht retten, auf Rossen wollen wir nicht reiten …“

„Du sollst dir kein Gottesbild machen,
keinerlei Abbild,
weder dessen, was oben im Himmel,
noch dessen, was unten auf Erden,
noch dessen, was im Wasser unter der Erde ist;
du sollst sie nicht anbeten und ihnen nicht dienen..."

Ging es im ersten Gebot darum, daß JHWH allein und keine andere Macht neben ihm Israels Gott ist, so legt das zweite Gebot alles Gewicht darauf, daß er auch dort, wo Israel vorgibt, ihn zu meinen, nicht begriffen und verehrt werden kann nach der Art anderer Götter. Denn JHWH ist anders! Er läßt sich nicht in der Weise vergegenwärtigen, wie die Götter der Völker um Israel her vergegenwärtigt und repräsentiert werden.

Es wurde im vorigen Kapitel gezeigt, wie der Kampf um die wahre Erkenntnis und den wahren Dienst Gottes spätestens seit Hosea entbrannte, wie er sich entzündete an den aufgestellten Stierbildern im Nordreich und wie es in ihm um eine Auseinandersetzung mit dem ganzen kanaanäisch beeinflußten JHWH-Kult, seinen Höhenheiligtümern, Festversammlungen und kultischen Praktiken ging. Weil JHWH nicht am heiligen Ort präsent und nicht im kultischen Symbol Menschen verfügbar wird, weil er der freie, unverfügbare Gott bleiben will, darum lautet das Verbot schon in den ältesten Gesetzestexten: „Gegossene Gottesbilder sollst du dir nicht machen" (2. Mose 34,17). „Verflucht ist, wer ein geschnitztes oder gegossenes Bild macht... und es heimlich aufstellt. Und alles Volk soll antworten und sprechen: So sei es!" (5. Mose 27,15)[80]. Was in diesen alten Rechtssätzen gesagt ist, wird im zweiten Gebot aufgenommen, doch es wird hier umfassender und grundsätzlicher formuliert. Es gibt innerhalb der ganzen Schöpfung kein Wesen und keine geschöpfliche Kraft, die irgendwie eine Analogie oder ein Symbol für den Gott Israels sein könnten. Darum zählt 2. Mose 20,4 das ganze Weltgebäude mit seinen drei Stockwerken einzeln auf. Nicht die obere Welt des Himmels, wo die Sonne, der Mond und die Sterne ihre Bahnen ziehen, nicht die Erde mit ihren Fruchtbarkeits- und Lebenskräften, aber auch nicht das tiefe Meer mit seinen Chaos- und Urgetümen kann ein Gleichnis oder Abbild

80 Nach H. Schüngel-Straumann, aaO, S. 85 f., liegt in 5. Mose 27,15 die vielleicht älteste Parallele zum Bilderverbot vor.

hergeben, in dem sich das Wesen JHWHs darstellen oder begreifen lassen könnte. Denn er ist von der Welt des Geschaffenen grundsätzlich unterschieden. Er ist nicht eine Grundkraft des Lebens, keine Mächtigkeit des Himmels, der Erde oder des Abgrunds, kein vielgestaltiges Göttliches, mit dem der Mensch in Bildern und Symbolen in Kontakt tritt. Er bleibt dem Zugriff des Menschen entzogen.

Aber der Gegensatz, der sich hier auftut, reicht noch tiefer. Im Deuteronomium, einem dem Dekalog zeitlich und sachlich nahestehenden Text, wird (in 5. Mose 4,12–30) zum zweiten Gebot eine Kommentierung gegeben, die den Unterschied noch schärfer erkennen läßt. Dieser Text erinnert gegenüber den Bildern, vor deren Anfertigung sich Israel hüten soll, an das Reden Gottes aus dem Feuer, wie es Israel am Sinai einst erfahren hat. JHWH ist ihm damals nicht in einer sichtbaren Gestalt begegnet, sondern in seinem *anredenden Wort*. Darum soll Israel, wenn es in Not ist und seinen Gott sucht, mit ganzem Herzen und ganzer Seele nach ihm fragen. Es soll auf seine Stimme *hören* (5. Mose 4,29 f.). Denn JHWH ist ein Gott, der zu seinem Volk *redet*. Er begegnet Menschen als ein lebendiger, persönlicher Gott und ruft sie durch sein anredendes Wort in eine persönliche Bindung.

So geht es also in dem 2. Gebot vornehmlich um das Personsein Gottes. Schärft das erste Gebot die Exklusivität JHWHs für Israel ein, so das zweite Gebot seine Personalität. In beiden Geboten zusammen aber geht es um das GOTT-Sein Gottes. „Gott selbst ist das Thema.“[81]

Im dritten Gebot geht es um den Namen Gottes. JHWH läßt sich nicht vergegenwärtigen im Kultbild, aber er kommt nahe und läßt sich finden in seinem Wort und Namen. Und doch ist auch der Name Gottes nicht ein Mittel in der Hand des Menschen. Er ist kein Instrument, mit dessen Hilfe der Mensch über Gottes Macht verfügen könnte. Deshalb heißt es im dritten Gebot:

> „Du sollst den Namen JHWHs, deines Gottes,
> nicht zu Nichtigem machen,
> denn nicht wird ungestraft lassen JHWH den,
> der seinen Namen zu Nichtigem macht.“[82]

---

[81] Dies betont vor allem Hartmut Gese, Der Dekalog als Ganzheit betrachtet, in: Vom Sinai zum Zion, S. 63–80, hier S. 74.

[82] Übersetzung von H. Schüngel-Straumann, aaO, S. 93. F. Crüsemann über

War wohl ursprünglich an Namenszauber, falsches Schwören (3. Mose 19,12), Lästerung (3. Mose 24,10–16) oder auch betrügerische Zeugenaussage gedacht, so hat auch dieses Gebot eine Ausweitung ins Allgemeine erfahren. Wo immer Menschen ihre eigenen selbstsüchtigen Ziele durch den Namen Gottes legitimieren, wo sie seinen Namen in den Dienst ihrer eigenen Interessen stellen, da haben sie den Namen Gottes „zu trügerischem Zweck" ausgesprochen, sie haben ihn „auf den Wahn" getragen[83]. Darum lautet die unerbittliche Strafandrohung, daß JHWH den nicht ungestraft läßt, der seinen Namen mißbraucht. Gott selbst greift ein zur Ehre seines Namens und läßt den nicht unangerührt, der sich an seinem Namen vergreift.

Auf das Namensgebot folgt als viertes das Sabbatgebot, der erste Dekalogsatz, der nicht verneinend, sondern bejahend formuliert ist. Bei diesem Gebot gehen auch die ausführlichen Begründungen in den beiden biblischen Texten, in 2. Mose 20,8–11 und 5. Mose 5,12–15, auseinander. Erinnert der begründende Kommentar in 5. Mose 5,15 an die Knechtschaft in Ägypten und die Freiheit, die Gott einst dem Volk des Auszugs geschenkt hat, so weist 2. Mose 20,11 zurück auf die Schöpfung der Welt, als – nach priesterschriftlicher Darstellung 1. Mose 2,2f. – Gott am 7. Tag von allen seinen Werken ruhte und diesen Tag segnete und heiligte. Ein Zeichen des ursprünglichen Friedens, in den hinein Gott seine Welt entließ, soll jeder siebente Tag der Woche sein, aber auch ein Zeichen der Freiheit, in die JHWH sein Volk Israel aus der Unterdrückung berief. Darum darf niemand ausgeschlossen werden: Sohn und Tochter, Sklave und Sklavin, der Fremdling und auch die Tiere sollen an diesem Tag etwas von der Freiheit und dem Frieden erfahren, die Gott seinem Volk und seiner ganzen Schöpfung zugedacht hat.

So ist es sicher nicht ohne Sinn, daß das Sabbatgebot in der Mitte des ganzen Dekalogs steht, auf der Schwelle zwischen den Geboten, in denen es um die Gottheit Gottes und in denen es um die Unversehrtheit des Menschen geht. Die Heiligung Gottes und seines Namens und die Bewahrung des Menschen,

---

setzt aaO, S. 50: „Du sollst den Namen Jahwes deines Gottes nicht zu trügerischem Zweck aussprechen." In Bubers Übersetzung lautet das 3. Gebot: „Trage nicht seinen deines Gottes Namen auf das Wahnhafte..." (AaO, S. 205f.).

[83] Vgl. die interessante Parallele in Ps 139,19f.

seines Lebens und seiner Freiheit, greifen ineinander. Sie gehören unbedingt zusammen.

Das wird in den folgenden Geboten, die die einzelnen Lebensbereiche Israels ansprechen, ausgeführt. Ist auch das Prinzip der Auswahl und Anordnung im Einzelnen nicht mehr recht ersichtlich, so wird doch aus dem Gefälle des Ganzen deutlich, daß es auch in diesen Geboten um den Schutz des gewährten Lebens und die Erhaltung der geschenkten Freiheit geht. Das 5. Gebot denkt an die alt und hilfsbedürftig gewordenen Eltern, die der erwachsene israelitische Mann „ehren", d.h. versorgen und achtungsvoll behandeln, soll. Nur dann wird auch er von Gott ein langes Leben empfangen in dem Land, das JHWH seinem Volk zueigen gab. In den drei folgenden kurzen Geboten geht es sodann um die Unantastbareit des Lebens des anderen Menschen, seiner Familie und seines Besitzes. Indem nur Prädikate ohne Objekte gebraucht werden, wird deutlich, daß diese Verbote in einem ganz umfassenden Sinn gemeint sind. Sie betreffen nicht nur das Verhalten innerhalb des eigenen Volkes. Sie verbieten das Töten, Ehebrechen und Stehlen *jedem Menschen* gegenüber. Das neunte und zehnte Gebot hat dagegen wieder den Nächsten, den Volksgenossen, im Blick. Da auf die Aussage von zwei Zeugen hin eine Sache von den Ältesten „im Tor" entschieden werden konnte (vgl. 5. Mose 17,6. 19,15; 4. Mose 35,30), hingen von der Wahrhaftigkeit der Zeugen und der Unbestechlichkeit der Richter das Recht und die Gerechtigkeit ab. Traten z.B. falsche Zeugen auf, und ließen Richter sich bestechen, so konnte eine ganze Familie um Leben und Erbbesitz gebracht werden, wie die Geschichte von Naboths Weinberg (1. Kön 21) lehrt. Doch auch über diesem Lebensbereich wacht JHWH. Er verbietet und ahndet den Rechtsbruch und alle Machenschaften[84], durch die die Reichen und Mächtigen das Hab und Gut ihrer ärmeren Volksgenossen an sich bringen wollen.

Es sind nur einzelne Grundforderungen, die in der zweiten Tafel genannt werden. Doch es sind Forderungen, an denen sich das Verhalten gegenüber dem Nächsten orientieren muß. Die Eltern, der andere Mensch in all seinen Lebensbezügen und der Volksgenosse stehen im Blick. Im Umgang mit ihnen allen gilt,

---

[84] Mit dem „Begehren" im 10. Gebot ist nicht nur ein verinnerlichtes Wünschen gemeint, sondern das tätige Aussein auf das Verlangte, vgl. z.B. Jes 1,29; Mi 2,2.

daß JHWH das Leben, das Haus (die Lebensgrundlage) und die Freiheit, die er Israel geschenkt hat, nicht mißbrauchen läßt. Auch der andere Mensch vor und neben dem Einzelnen lebt aus derselben Gabe JHWHs wie er.

Zur Weiterarbeit

Hans Jochen Boecker, Recht und Gesetz: Der Dekalog, in: H.J. Boecker u.a., Altes Testament (Neukirchener Arbeitsbücher), Neukirchen-Vluyn 1983, S. 206–222.

Frank Crüsemann, Bewahrung der Freiheit. Das Thema des Dekalogs in sozialgeschichtlicher Perspektive (Kaiser Traktate 78), München 1983.

Helen Schüngel-Straumann, Der Dekalog – Gottes Gebote? (SBS 67), Stuttgart ²1980.

Rudolf Smend/Ulrich Luz, Gesetz (Biblische Konfrontationen. Kohlhammer Tb. 1015), Stuttgart/Berlin/Köln/Mainz 1981, S. 9–44.

III. Glaube, der sich in JHWH festmacht

Als im Jahr 733/32 Truppen Syriens und Nordisraels gegen Jerusalem heranziehen, geraten die Stadt und ihr König in große Aufregung. Man richtet sich auf die Belagerung ein, und König Ahas erwägt sogar, die assyrische Heeresmacht gegen die angreifenden Könige zu Hilfe zu rufen. Doch da tritt ihm der Prophet Jesaja in den Weg mit einem Wort, das den König an die dem Davidsgeschlecht von JHWH gegebene Verheißung erinnert, das aber auch mit einer deutlichen Warnung schließt: „Glaubt ihr nicht, so bleibt ihr nicht." (Jes 7,9)

Jesaja gebraucht in diesem Satz ein Wortspiel, das sich im Deutschen kaum wiedergeben läßt. Zweimal kommt darin dasselbe Verb 'mn vor, aber in einer jeweils verschiedenen Form. In dem Nachsatz: „... so *bleibt* ihr nicht", erscheint das Verb – wir kennen seinen Stamm aus dem Bestätigungswort „Amen"! – in der Nifal-Form, die meistens den reflexiven oder passivischen Gebrauch zum Ausdruck bringt. Das Lexikon Köhler-Baumgartner notiert die Bedeutungen: sich als fest, zuverlässig erweisen; zuverlässig, treu sein; Bestand haben; bleiben[1]. In dieser Form erinnert das Verb den angeredeten König Ahas deutlich an die dem König David durch den Propheten Nathan gegebene Verheißung: „Aber dein Haus und dein Königtum sollen immerdar vor mir *Bestand haben*" (2. Sam 7,16). Weiß Ahas noch um diese Verheißung und ist er bereit, sich wirklich auf sie zu verlassen und zu glauben? „*Glaubt* ihr nicht, so..." Hier am Anfang des Satzes erscheint dasselbe Verb wie am Ende, doch abgewandelt in die Hifil-Form, die gewöhnlich eine aktive, einen Vorgang veranlassende Bedeutung hat: als zuverlässig ansehen, vertrauen, Glauben haben[2]. So wird Ahas in diesem Wortspiel

[1] Ludwig Köhler/Walter Baumgartner (Hg.), Lexicon in Veteris Testamenti Libros, 1958. Vgl. auch Hans Wildberger, Art.: 'mn = fest, sicher, THAT I, Sp. 177–209, bes. Sp. 182ff.

[2] Ebd.

also gefragt, ob er das, was von Gott her als bestehend, fest und verläßlich zugesagt ist, nun auch für zuverlässig, fest und beständig ansehen will, ob er Gottes Verheißung traut. Und er wird zugleich gewarnt, aus Furcht vor den beiden heranziehenden Königen sein Vertrauen auf eine andere Hilfe zu setzen. Denn wenn er dies tut, wenn er und die Bewohner Jerusalems JHWH nicht mehr für treu und beständig halten, dann werden sie auch selbst keinen Bestand haben.

„Gleubt jr nicht, So bleibt jr nicht." Martin Luther hat in seiner alten Übertragung[3] offenbar ganz bewußt auf einen ähnlichen Wortklang der beiden Verben geachtet. Heutige Übersetzer versuchen, die Gleichheit des Wortstammes auch begrifflich auszudrücken. So übersetzt Martin Buber z.B.: *Vertraut* ihr nicht, bleibt ihr nicht *betreut*."[4] Hans Walter Wolff knüpft an die uns im Wörtchen „Amen" vertraut gewordene Wurzel des Verbs an und sagt: „Wer kein *Amen erklärt*[5], der kein *Amen erfährt*." Walther Zimmerli gibt wieder: „*Macht* ihr euch nicht *fest* (in Gott), so werdet ihr nicht *festgemacht*."[6]

Das Wortspiel zeigt sehr deutlich, worauf der alttestamentliche Begriff des Glaubens zielt. Glauben heißt, zu etwas „Amen sagen mit allen Konsequenzen für Obj und Subj"[7]. Glauben bedeutet, eine Person oder ein Wort „für unbedingt zuverlässig halten"[8]. Anders als in unserem landläufigen Sprachgebrauch, in dem wir vom Glauben reden, wenn wir das Für-wahr-Halten nicht genau gekannter Sachverhalte meinen, weist der biblische Begriff von Anfang an in eine andere Richtung. Glauben ist nicht ein Vermuten oder Meinen, nicht eine mindere Form des Wissens, sondern ausgerichtet auf das, was man nie und nimmer wissen, sondern eben nur glauben kann: die Treue und Beständigkeit eines Partners, die Wahrhaftigkeit und Gültigkeit eines Versprechens, die Zuwendung und Verläßlichkeit Gottes. „HERR, HERR, Gott, barmherzig und gnädig und geduldig und

---

[3] Biblia Germanica 1545, z. St.

[4] Bücher der Kündung, 1978, S. 28.

[5] Hans Walter Wolff, Frieden ohne Ende. Eine Auslegung von Jes 7,1–7 und 9,1–6 (BSt 35), 1962, S. 23.

[6] W. Zimmerli, 1. Mose 12–25. Abraham (ZB AT 1.2), 1976, S. 52.

[7] Arthur Weiser, Art.: pisteuo (Der at.liche Begriff), in: THWNT VI, S. 182–187, hier S. 186.

[8] H.W. Wolff, a.a.O., S. 23.

von großer Gnade und *Treue*" (2. Mose 34,6). „So sollst du nun wissen, daß der HERR, dein Gott, allein Gott ist, der *treue* Gott, der den Bund und die Barmherzigkeit bis ins tausendste Glied hält…" (5. Mose 7,9).

Jes 7,9 ist die Textstelle im Alten Testament, in der das Wort „h'mn" zum ersten Mal in seinem theologischen Sinn gebraucht wird. Rudolf Smend vermutet sogar, daß es überhaupt erst Jesaja war, der dem zuvor nur in anderen Zusammenhängen verwendeten Verb durch die Beziehung auf JHWH theologische Bedeutung gab[9]. JHWH gegenüber Glauben haben, bedeutet von nun an, ihn für treu und verläßlich halten, seinem Wort und seiner Verheißung vertrauen, oder, wie es von Rad in einer gelungenen Formulierung zu 1. Mose 15,6 vorschlägt: „sich festmachen in JHWH"[10].

Zu dem Glauben, der sich nicht in den Sicherheiten, die Menschen schaffen und planen können, festmacht, sondern allein in JHWH und seinem Wort, ruft der Prophet Jesaja Israel immer wieder auf. Von diesem Glauben handelt aber auch die Überlieferung, die die Geschichte Abrahams, des Stammvaters Israels, erzählt. Abraham war der Erste, der sich in JHWH bedingungslos festgemacht hat und der so eine urbildliche Bedeutung auch für alle Späteren, die an diesen Gott glauben, bekam.

1. Der Vater des Glaubens: Abraham

Gegen Ende des zweiten Jahrhunderts v. Chr. setzt im Vorderen Orient eine größere Wanderungsbewegung ein, die als die „aramäische Wanderung" bezeichnet wird[11]. Beduinenstämme aus der arabischen Wüste drangen in die Länder des „fruchtbaren Halbmondes", nach Mesopotamien, Syrien-Palästina und Ägypten vor und versuchten, hier seßhaft zu werden. Auch die Väter Israels gehören in diese Wanderungsbewegung hinein. Sie waren Landsuchende[12], Stammesführer von Nomadenverbänden, die mit ihren Sippen zunächst in der obermesopotamischen

[9] Rudolf Smend, Zur Geschichte von h'mn, in: Hebräische Wortforschung. FS f. Walter Baumgartner (VT Suppl. 16), 1967, S. 284–290, hier S. 288.

[10] G. v. Rad, Theologie des Alten Testaments I, S. 185.

[11] S. o. Kp. II.1.

[12] S. Herrmann, Geschichte Israels, S. 73.

Steppe und dann in Palästina Fuß zu fassen suchten. Als Halbnomaden zogen sie mit ihren Herden durch die gebirgigen Gegenden Palästinas auf der Suche nach immer neuen Weideplätzen und ließen sich erst allmählich in bestimmten Siedlungsgebieten nieder.

Doch die Bedeutung der Erzväter erschöpft sich nicht in diesen Hinweisen. Sie waren „Träger jeweils an sie ergangener selbständiger Gotteserfahrungen"[13], und auf sie, bzw. den „Gott der Väter", beriefen sich ihre Nachkommen[14]. So fällt in der Erzväterüberlieferung bis in die Mosezeit hinein jene merkwürdige Gottesbezeichnung auf, in der Gott durch den Zusatz des Namens eines Erzvaters näher beschrieben wird. „Der Gott Abrahams und der Gott Nahors sei Richter zwischen uns! Und Jakob schwur bei dem Gefürchteten Isaaks, seines Vaters", heißt es in der Erzählung vom Vertragsabschluß zwischen Jakob und Laban (1. Mose 31,53; vgl. auch 1. Mose 49,24). Sogar noch in der Auszugsüberlieferung stellt sich Gott Mose als Gott seines Vaters, Gott Abrahams, Gott Isaaks und Jakobs vor (2. Mose 3,6).

Es war also noch nicht JHWH, den die Väter Israels verehrten! Er, dessen Anruf Mose am brennenden Dornbusch vernimmt, und der sich dann in den Erfahrungen des Auszugs zu erkennen gibt, war den Vätern Israels noch verborgen. Und doch hatten auch sie bereits Erfahrungen mit einem Gott gemacht, der sie auf ihren Wanderungen begleitete, der – anders als die Götter Kanaans – nicht an einen bestimmten Ort gebunden war, sondern mit ihnen ging. War also JHWH doch schon mit den Vätern gewesen, wenn auch in verborgener Weise? Dies ist die Auffassung der späteren Erzähler, die die Erzvätergeschichten so erzählen, als handele es sich schon um JHWH, den Gott des Auszugs, der mit ihnen seine Verheißungsgeschichte begann.

Aber auch das Volk Israel gab es in der Zeit der Erzväter noch nicht. Die Patriarchen waren Stammesführer einzelner Nomadenverbände. Sie schauten auf das fruchtbare Land in Kanaan aus, das auch sie in Besitz nehmen wollten, und sehnten sich

---

13 AaO, S. 75.

14 Wegweisend ist noch immer der Aufsatz von Albrecht Alt, Der Gott der Väter, 1929, in: Kleine Schriften zur Geschichte des Volkes Israel I, S. 1–78. Die Diskussion nach Alt ist referiert von Claus Westermann, Die Religion der Patriarchen, in: Genesis 12–36 (BK AT I/2), 1977, S. 116–138.

nach einer großen Nachkommenschaft, durch die ihre Sippe zahlreich werden würde wie die Sterne des Himmels[15]. Erst im Rückblick der Erzähler bekommen auch sie eine umfassendere Bedeutung. Sie werden zu den Repräsentanten ganz Israels, in deren Geschichte sich schon das ganze spätere Volk mit hineingenommen weiß.

So sind die Erzählungen von den Erzvätern nicht nur Einzelgeschichten, die von besonderen Gottesbegegnungen der Vorfahren berichten, sondern sie sind jetzt so gestaltet, daß etwas Doppeltes deutlich wird: Es ist JHWH, der Gott Israels, der hier in verborgener Weise seine Geschichte schon mit den Erzvätern beginnt. Und es ist bereits das ganze Volk Israel, das, repräsentiert durch die Vätergestalten, seine ersten und grundlegenden Glaubenserfahrungen macht. „... derjenige, der in diesen Erzählungen jetzt spricht, ist Israel (und nicht ein Zeuge aus der Väterzeit), und derjenige, der in diesen Erzählungen an den Menschen handelt, ist Jahwe (und nicht der Gott der Väter)!“[16]

Die Erzvätergeschichten enthalten, so gewiß sie auf historische Vorgänge zurückverweisen, also letztlich Israels Reflexion über sich selbst, die Zweifel und Anfechtungen, die seinen Weg bestimmen. Das gilt in besonderem Maß von den Abrahamserzählungen. In ihnen sind die Glaubenserfahrungen verdichtet, in die Menschen geführt werden, die sich in JHWH festgemacht haben.

Auch für die Vätergeschichten im 1. Buch Mose gilt, was über die Schichtung des Pentateuchs an anderer Stelle gesagt wurde. Es liegen auch hier – neben späteren Zusätzen – drei Erzählfäden vor uns, unter denen sich die priesterschriftliche Version am deutlichsten abhebt. Allerdings ist die Priesterschrift nur in wenigen Textstellen zu finden. Ihr Interesse ist vornehmlich auf den Bund gerichtet, den Gott mit Abraham schließt, nicht auf erzählerische Einzelheiten. Die Schicht des Elohisten ist wie im 2. Buch Mose nur in Fragmenten erhalten. Sie ist in den Vätergeschichten mit der jahwistischen Schicht so verschmolzen, daß eine genaue Quellenscheidung nicht mehr möglich und auch nicht sinnvoll ist. Lediglich in den Kapiteln 1. Mose 20–22 lassen sich größere Textabschnitte mit hoher Wahrscheinlichkeit auf den elohistischen Erzähler zurückführen, z.B. 22,1–14. Die ausführlichste Darstellung

[15] G. v. Rad, Theologie I, S. 182f. C. Westermann, Die Verheißungen an die Väter. Studien zur Vätergeschichte, 1976, S. 123–149.
[16] G. v. Rad, aaO, S. 187.

der Vätergeschichten enthält das jahwistische Geschichtswerk. War die ältere, durch den Namen Hermann Gunkels gekennzeichnete Forschungsrichtung noch ganz darauf ausgerichtet, die den Einzelgeschichten zugrundeliegenden Sagen zu erkennen und ihre Vorgeschichte zu erhellen[17], so hat Gerhard von Rad neu auf die theologische Kompositionsarbeit des Jahwisten zu achten gelehrt[18]. Gewiß sind es älteste Sagenstoffe, Ortssagen und Stammessagen, die den Vätergeschichten zugrunde liegen. Doch sie wurden in Israel zu Gefäßen, in denen nun das Handeln JHWHs an den Vätern zur Darstellung kommt. Der Jahwist bzw. die jahwistische Schule hat diese Einzelüberlieferungen gesammelt. Sie hat sie zusammengefügt und in die große Geschichtsdarstellung, die mit der Urgeschichte der Menschheit beginnt und zur Auszugs- und Landnahmegeschichte Israels führt, hineingestellt. Dabei haben die Erzähler die Einzelüberlieferungen kaum verändert. Doch die Zuordnung der Stoffe und gelegentliche Textabschnitte, in denen die Stimme der jahwistischen Redaktoren selbst zu hören ist (wie z.B. in 1. Mose 12,1–3), zeigen an, unter welchem Thema die Gesamterzählung steht. In der Abrahamsgeschichte ist es das Thema der Erwählung und die Frage nach dem Verzug der Verheißungen.

„Geh aus deinem Vaterland!“ (1. Mose 12,1–4a)

In drei sich immer enger ziehenden Kreisen wird aufgezählt, wovon sich Abraham bei seinem Aufbruch lösen soll.

1. Er soll das Land seiner Väter verlassen, Haran, wohin Thara, aus Ur in Chaldäa kommend, mit seiner Sippe eingewandert war.

2. Er soll aus seiner „Verwandtschaft“ wegziehen, d.h. aus dem großen Sippenverband, der ihm Geborgenheit, Schutz und Rechtssicherheit gegeben hat.

3. Schließlich ist es auch das „Vaterhaus“, die Kleinfamilie, aus der auszuziehen Abraham geboten wird.

Der Anruf Gottes löst Abraham aus allem, was ihm Geborgenheit, Schutz und Lebensunterhalt bot, und weist ihn auf einen Weg, der ihn in ein unbekanntes Land führen wird. Wie Gott Mose in 2. Mose 3 auf einen Weg schickt, der völlig offen vor ihm liegt und auf dem nur der Name JHWHs, sein „Ich werde dasein“, Führung und Halt verspricht, so soll auch Abra-

[17] Vgl. den großen Kommentar von Hermann Gunkel, Genesis, 1901. Neu gedruckt nach der 3. Auflage im Jahr 1964.

[18] G. v. Rad, Das erste Buch Mose. Genesis (ATD 2/4), ^{8}1967.

ham in eine Zukunft gehen, die ihm selbst verborgen ist, die aber JHWH ihn sehen lassen will. Allerdings wird diese Zukunft in den Folgesätzen mit Verheißungen ausgeleuchtet, die alles, was Abraham aufgeben soll, weit überbieten. Er, der den Familien- und Sippenverband hinter sich läßt, soll durch Gottes Segen zu einem großen Volk werden. Ihm, der den Schutz der Sippe aufgibt und nun keine Verwandten mehr hat, die für ihn einstehen, wird zugesagt, daß JHWH selbst für ihn eintritt und die segnet, die ihn segnen, während er diejenigen, die Abraham schmähen, unter seinen Fluch stellt. Dem Heimatlosen schließlich, der das Land seiner Väter verläßt, gilt die Verheißung, daß in und durch ihn einmal alle Geschlechter der Erde Segen empfangen[19].

„Segen“[20] ist das Wort, das in diesen Verheißungen gleich fünfmal vorkommt. Der Segen Gottes soll sich an Abraham auswirken: als Lebenskraft, die ihn zu einem großen Volk machen wird; in Abrahams Namen, der einmal groß werden wird; im Segen für die, die Abraham segnen werden; und im Segen, der durch Abraham über alle Geschlechter der Erde kommen wird. Diese Betonung der Segnungen steht in einem deutlichen Rückbezug zur Urgeschichte, in der von dem Fluch Gottes, der seit Adam und Kain über der Erde lastet (1. Mose 3,17; 4,11), die Rede war. Doch in Abraham wird nun die göttliche Gegengeschichte beginnen. „… gegenüber der Fluchgeschichte, welche in den Kapiteln der Urgeschichte entfaltet war“, geschieht „die große göttliche Gegenwende“. Gott will durch Abraham „in die ganze Menschengeschichte hinein Segen (zu) bringen“[21]. „Da zog Abram aus, wie der HERR zu ihm gesagt hatte…“ (12,4) Abraham ließ alles hinter sich zurück, was ihm Lebensgrundlage gewesen war. Er *machte sich fest* in JHWH.

---

[19] Es ist umstritten, ob die Verbalform in 12,3 reflexiv oder passivisch zu verstehen ist, ob es also „gesegnet werden“ oder „sich segnen“ heißt. Während die Übersetzung der Zürcher Bibel der reflexiven Deutung folgt und überträgt, daß sich mit Abrahams Namen alle Geschlechter der Erde segnen (Segen wünschen) werden, halten v. Rad und Zimmerli an der passivischen Bedeutung fest, wie sie auch die Lutherbibel voraussetzt.

[20] C. Westermann, Genesis, S. 172: „Die Wurzel brk bedeutet verbal und nominal Kraft der Fruchtbarkeit, des Wachsens, des Gelingens…“ Vgl. den Jakobssegen 1. Mose 27,28 f., den Mosesegen 5. Mose 28,3 ff., den Segen in der Schöpfungserzählung 1.Mose 1,22.28.

[21] W. Zimmerli, aaO, S. 21.

Doch es wird in der jahwistischen Geschichte auch von Anfang an darauf hingewiesen, daß Abraham kinderlos ist (11,30). Seine Frau ist unfruchtbar und zudem in einem Alter, in dem sie nicht mehr auf Kinder hoffen kann. Von dem Land aber, das JHWH Abraham zeigen wollte und in das dieser nach seiner Wanderung gelangte, heißt es knapp: „Es wohnten aber zu der Zeit die Kanaaniter im Lande" (12,6b). Abraham ist also nur Gast in einem fremden Land. Er ist kinderlos und ohne Hoffnung auf Nachkommen. Wie sollen sich da die großen Verheißungen an ihm erfüllen können? Das ist das Thema der folgenden Abrahamsgeschichten, die erzählen, wie Abraham anfängt zu zweifeln; wie er selber versucht, sein Leben zu sichern (12,10–20; 20); wie er sich nach menschlichem Rat seine Zukunft schaffen will (1. Mose 16). Aber Gott läßt ihn nicht los. Er führt den zweifelnden Abraham immer wieder neu auf den Weg des Glaubens zurück.

„Abraham glaubte." (1. Mose 15,1–6)

Es ist umstritten, in welche Überlieferungsschicht 1. Mose 15,1–6 einzuordnen ist, oder ob dieser Abschnitt überhaupt einer der alten Quellen zugehört. War man lange Zeit der Meinung, hier den Einsatz der elohistischen Erzählung erkennen zu können[22], so machen heutige Exegeten zunehmend auf den weithin redaktionellen Charakter dieses Textes aufmerksam[23]. Die Verse 1. Mose 15,1–6 gelten als eine nachträgliche Ergänzung der jahwistisch-elohistischen Geschichte, die aber gleichwohl einen theologischen Akzent setzt, der nicht überhört werden kann.

JHWH wendet sich aufs Neue an Abraham und wiederholt die großen Verheißungen. „Fürchte dich nicht, Abram, ich bin dein Schild; dein wartet reicher Lohn." (15,1 Z). Aber diesmal antwortet auf das göttliche Versprechen nicht fragloser Glaube und unbedingter Gehorsam, sondern wir hören eine müde, resignierende Stimme: „‚Herr JHWH, was willst du mir geben, wo ich doch kinderlos dahinziehe...' Und Abram sprach: ‚Siehe, mir hast du keinen Nachkommen gegeben, siehe, so wird mein

[22] So noch G. v. Rad, aaO, S. 153f., der zumindest die Verse 15,5+6 dem elohistischen Erzähler zuschreiben möchte.

[23] Vgl. den Bericht über die Forschungsgeschichte bei C. Westermann, aaO, S. 253ff.

Haussklave mich beerben.'" (15,2f)[24]. Nicht einmal die allererste Voraussetzung zur Erfüllung der großen Verheißungen hat JHWH bisher wirklich werden lassen. Ein eigener leiblicher Sohn wurde Abraham versagt. So wird sein Hab und Gut auf seinen Knecht übergehen, sein Name vergessen werden. Die großen Verheißungen JHWHs werden leer bleiben. Doch das Wort Gottes ergeht erneut an Abraham: „‚Nicht dieser wird dich beerben, sondern dein leiblicher Sohn wird dich beerben.' Und er führte ihn nach draußen und sprach: ‚Blicke zum Himmel und zähle die Sterne-ob du sie zählen kannst?' Und er sagte zu ihm: ‚So wird deine Nachkommenschaft sein.'" (15,4f.).

Die Verheißung, daß Abrahams Nachkommen so zahlreich werden sollen wie die Sterne des Himmels (vgl. 1. Mose 22,17; 26,4), ist hier in eine Szene übersetzt. Abraham steht unter dem nächtlichen Himmel. Über ihm leuchten die Sterne als sichtbares Zeichen eines Hoffnungsgutes, für das es noch kein irdisches Unterpfand gibt. Und doch wird Abraham auch mit diesem Zeichen noch nicht mehr gegeben, als was ihm bereits in 1.Mose 12,2; 13,16 gesagt war. Gott antwortet auf seinen Zweifel mit der Erneuerung und Bekräftigung seines Versprechens, mit mehr nicht. Und dennoch wagt es Abraham, sich noch einmal auf dieses Wort einzulassen. „Er (Abraham) aber glaubte JHWH, und (dies)er rechnete es ihm als ‚Gerechtigkeit' an" (15,6).

In diesem Satz sind die beiden großen Begriffe vorgeprägt, die später im Neuen Testament, vornehmlich in der Theologie des Paulus, eine so große Bedeutung haben. „Abraham *glaubte* dem HERRN". Er machte sich fest in JHWH. Und eben dies Verhalten wird von Gott her damit beantwortet, daß er Abraham diesen Glauben „anrechnet" als Gerechtigkeit. Das Anrechnen ist ein freier Entscheidungsakt Gottes. Gott kann eine Schuld zurechnen oder ausstreichen (vgl. z.B. Ps 32,2; Hiob 7,20f.; 9,30ff.; 14, 16f.), die Gerechtigkeit weniger gelten lassen, oder die Sünde der Vielen zählen (vgl. 1. Mose 18,16ff.). Er bestimmt, was als „Gerechtigkeit" vor ihm gelten soll. Daß er den Glauben Abrahams anrechnet als Gerechtigkeit, ist das unerhörte Geschehen, das der Erzähler in 1. Mose 15,6 festhalten will. Seit Abraham ist der bedingungslose Glaube, der sich festmacht in JHWH, das, was Gott als Gerechtigkeit gelten läßt.

---

24 Übersetzung nach W. Zimmerli. Der Text in 15,2b ist verderbt.

Gerechtigkeit ist in der biblischen Sprache ein Beziehungswort, das aussagt, was in einer Gemeinschaft recht ist und ihr entspricht[25]. So meint der Satz 1. Mose 15,6, daß der Glaube Abrahams, sein Sich-Verlassen auf die Verheißung Gottes, das Einzige ist, was der Beziehung zu dem lebendigen Gott entspricht. Über dem, der sich wie Abraham hineingibt in die ihm entgegenkommende Zusage, steht Gottes unbegreifliches und freies Urteil: „Du bist gerecht!" „‚Gerechtigkeit' ist hier nicht ein menschlicher Habitus, den Abraham an sich aufweisen könnte. Es ist schlicht die Anerkennung Gottes, daß Abraham in seinem wehrlosen Glauben, seinem Ja-Sagen zu dem, was noch ganz in der Verheißung Gottes ruht..., vor Gott ‚recht' ist. So will ihn Gott. So sagt er Ja zu ihm."[26]

In 1. Mose 15,1–6 ist erzählt, wie sich Abraham unter dem nächtlichen Sternenhimmel noch einmal gegen seine Zweifel und Anfechtungen in JHWH festmacht und glaubt. Aber ein solches zum Glauben Finden ist kein einmaliger Akt, den ein Mensch ein für allemal vollziehen könnte, sondern es muß immer wieder erkämpft werden. Davon erzählen die folgenden Kapitel, die erneut davon handeln, wie sich die angekündigte Verheißungsgabe entzieht, wie Sarai die Sohnesverheißung abschreibt (16,2), und wie Abraham und sie auf einen Ausweg verfallen, der sie – durch menschliche Nachhilfe – doch noch zu dem ersehnten Kind gelangen läßt (16,2ff.). Aber dieser Weg ist nicht der Weg, den JHWH mit Abraham vorhat. Das eigenmächtige Vorgehen führt zu Konflikten und Streitigkeiten im Hause Abrahams (16,4ff.; 21,9ff.). Ismael, der Sohn der Magd, ist, obwohl auch er das Kind einer gnädigen göttlichen Erhörung ist[27], nicht der Sohn der Verheißung. Er wird mit seiner Mutter Hagar das Haus Abrahams verlassen. Abraham muß weiter auf die Einlösung des göttlichen Versprechens warten, die erst ganz am Ende der Abrahamsgeschichten geschieht (21,1–7). Als schon niemand mehr mit der Erfüllung der Verheißung rechnet, als Sara noch noch lachen kann angesichts der Botschaft, daß sie „übers Jahr" einen Sohn gebären soll (18,10ff.), wird ihr in

[25] Aus der reichen Literatur und den vielen Wörterbuchartikeln seien hier genannt: G.v.Rad, Jahwes und Israels Gerechtigkeit, in: Theologie I, S. 382–395. Horst Seebaß, Art.: Gerechtigkeit II, in: TBLNT I, S. 503.

[26] W. Zimmerli, aaO, S. 52.

[27] Vgl. 1. Mose 16,11. Der Name „Ismael" bedeutet „Gott hört".

ihrem Alter das Kind gegeben. „Wer hat je dem Abraham verkünden können, daß Sara Kinder stillt? Und doch habe ich ihm in seinem Alter einen Sohn geboren!" (21,7 Z).

So ist also Isaak ganz und gar der Sohn der Verheißung. JHWH hat diesem Kind aus der Kraft seines Verheißungswortes Leben und Existenz gegeben. Isaak ist das Hoffnungszeichen, daß Gott die Zukunft, die er verheißen hat, auch schaffen und heraufführen wird. In ihm beginnt die Segensgeschichte Gottes mit der Menschheit neu.

Und doch wird dieser Sohn, der nach so langem Hoffen und Warten endlich geschenkt ist, in seiner Existenz noch einmal infrage gestellt. In der letzten und dunkelsten Abrahamsgeschichte wird erzählt, wie Gott sein Geschenk, das er wunderbar gegeben hat, wieder zurückzunehmen scheint, wie er seine Verheißung zunichte macht.

JHWH „sieht". (1. Mose 22,1–14)

An dieser Geschichte scheiden sich die Geister. Auf der einen Seite sind die Stimmen derer zu hören, die in ihr ein archaisches und blutrünstiges Gottesbild sehen, das nicht mehr in unsere Welt paßt. Auf der anderen Seite wird mit Nachdruck darauf hingewiesen, daß, wer bei seinem Reden von Gott diese Erzählung ausläßt, unvollständig von Gott gesprochen habe. Auf der einen Seite möchte man die Geschichte von Isaaks Opferung am liebsten aus der Bibel verbannen, auf der anderen Seite wird betont, daß eine Bibel ohne 1. Mose 22 ein Torso wäre. Wer hat Recht? Was will diese Geschichte wirklich erzählen? Soll sich Abraham tatsächlich, und sei es auch nur zur Prüfung, aufmachen und seinen Sohn Gott zum Brandopfer darbringen, oder will die Erzählung bezeugen, daß Gott auch in der tiefsten Verborgenheit der Gott des Lebens und der Befreiung ist? Wird Abraham hier als Beispiel eines Glaubens hingestellt, der in blindem Gehorsam auch zu unmenschlichen Taten fähig ist oder ist er der Prototyp einer Hoffnung, die auch noch in der größten Gottesfinsternis auf JHWHs Verheißung und Errettung hofft? Man muß schon dieser meisterhaft erzählten Geschichte Zug um Zug folgen, will man ihren tiefsten Sinn verstehen.

„... alles, was dem Herrn ein Greuel ist und was er haßt, haben sie (die Völker) zu Ehren ihrer Götter getan; sogar ihre Söhne und ihre Töchter verbrannten sie ja ihren Göttern." So hören wir die Stimme der Deuteronomisten (5. Mose 12,31). Nur mit größtem Schaudern redet das Alte Testament von den Kindesopfern, die in der Umwelt Israels üblich waren. Der König von Moab nahm in einer großen kriegerischen Bedrängnis „seinen erstgeborenen Sohn, der nach ihm König werden sollte, und opferte ihn als Brandopfer auf der Mauer" (2. Kön 3,27). Hiel von Bethel, der Jericho wieder aufbaute, kostete es „seinen Erstgebornen Abiram, als er ihren Grund legte, und seinen jüngsten Sohn Segub, als er ihre Tore einsetzte" (1. Kön 16,34). Auch in Israel ist es unter dem Einfluß Kanaans zu solchen Greueltaten gekommen. König Ahas „ließ seinen Sohn durchs Feuer gehen nach der greulichen Sitte der Völker" (2. Kön 16,3), ebenso König Manasse (2. Kön 21,6), ja, im Ben-Hinnom Tal vor den Toren Jerusalems gab es eine besondere Kultstätte, die dem Moloch, dem Schandgott, geweiht war (2. Kön 23,10). Doch mit welchem Ingrimm kämpfen die Propheten dagegen an! „... sie haben Ehebruch getrieben mit ihren Götzen und sogar ihre eignen Kinder, die sie mir geboren hatten, ihnen zum Fraße durchs Feuer gehen lassen", klagt der Prophet Hesekiel (Hes 23,37). „Sie stellten in dem Hause, das nach meinem Namen genannt ist, ihre Scheusale auf... und bauten die Baalshöhen im Tale Ben-Hinnom, ihre Söhne und Töchter dem Moloch zu verbrennen; und doch habe ich ihnen das niemals geboten, und nie ist es mir in den Sinn gekommen, daß sie solche Greuel tun sollten...", heißt es im Buch des Propheten Jeremia (Jer 32,34 f.; vgl. auch Jer 3,24). Ebenso kategorisch lehnen die israelitischen Rechtssatzungen das Kindesopfer ab. „Du sollst nicht eines deiner Kinder hingeben, um es dem Moloch zu opfern, damit du nicht den Namen deines Gottes entweihest; ich bin JHWH", heißt es im Heiligkeitsgesetz (3. Mose 18,21). „Wer von den Israeliten oder von den Fremden, die in Israel wohnen, eines seiner Kinder dem Moloch hingibt, der soll getötet werden..." (3. Mose 20,2 ff.).

In Israel ist das Kindesopfer ein Greuel. Dies ist in jedem Fall festzuhalten. Dennoch sprechen auch alte israelitische Rechtsbestimmungen davon, daß alle Erstgeburt dem Herrn gehört (vgl. 2. Mose 13,1 f.; 22,28 f.; 34,19 f.; 5. Mose 15,19 ff.). Gott hat Anspruch auf die Erstlingsfrucht der Ernte, auf die Erstlinge des Viehs und die Erstgeburt des Menschen. Sie sollen ihm gegeben werden als Zeichen dafür, daß alle Güter des Lebens seine Israel anvertrauten Gaben sind, die er auch wieder zurückfordern kann. Aber JHWH hat das gnädige Gebot gegeben, den erstgeborenen Sohn auszulösen, an seiner Stelle soll ein Tier geschlachtet werden (2. Mose 13,13; 34,20). Denn JHWH will nicht das blutige Sohnesopfer, sondern, daß der Mensch vor ihm lebe und ihm seinen Dank opfere (Ps 50,14.23).

Daß Gott das blutige Sohnesopfer auch bei Abraham *nicht* gewollt hat, daß vielmehr der Engel Gottes Abraham entsetzt in den Arm fällt, davon handelt in ihrem Grundzug auch die Geschichte von der „Bindung" (nicht: Opferung) Isaaks[28]. Vermutlich liegt eine alte Sage zugrunde, die in einer fernen Frühform einmal von der Auslösung eines Kindesopfers durch ein Tieropfer erzählt hat. Sie gehörte u.U. als Kultlegende zu einem Heiligtum, auf dessen Namensdeutung sie einst hinauslief (vgl. 1. Mose 22,2.14)[29]. Doch nun ist der alte Name weggebrochen. Es ist nicht mehr von einem Heiligtum die Rede, wo eine Gottheit anstelle des Menschenopfers das Tieropfer verfügte. Jetzt ist die alte Geschichte auf Abraham übertragen und so zu einem Gefäß geworden, in das Israel etwas von seiner letzten und tiefsten Glaubensanfechtung hineingegeben hat. „Die Erzählung von der ‚Opferung Isaaks' läßt alle bisherigen Anfechtungen Abrahams hinter sich und stößt in jenen Bereich äußerster Glaubenserfahrungen vor..., da Gott sich so tief verbirgt, daß sich vor dem Verheißungsempfänger nur noch der Weg in eine Gottverlassenheit zu eröffnen scheint. Derlei hat aber Israel in seiner Geschichte mit Jahwe erfahren, und es hat das Ergebnis solcher Erfahrungen in dieser Geschichte ausgesprochen."[30]

Schweigen lastet über der ersten Szene (22,1–3). „‚Nimm deinen Sohn, deinen einzigen, den du lieb hast, den Isaak und begib dich in das Land Moria und bring ihn dort auf einem Berge... als Brandopfer dar.' Da machte sich Abraham am Morgen frühe auf..."[31] Wir sind versucht zu fragen, was das für ein Gott sei, der so etwas fordert, und welch ein Vater, der einem solchen Befehl gehorcht. Doch wenn hier eine alte Geschichte wie ein Gefäß gebraucht wird, um etwas von den abgründigsten Erfahrungen und Anfechtungen Israels zur Sprache zu bringen,

28 Jüdische Ausleger sprechen von der „Akeda", der „Bindung" Isaaks, gemäß 22,9.

29 Vgl. G. v. Rad, Das erste Buch Mose, S. 203–209. Ders., Das Opfer des Abraham, 1971, S. 15f.26. W. Zimmerli, aaO, S. 110. C. Westermann, aaO, S. 433ff. Ein Land Moria ist unbekannt. Der Name begegnet nur in 2. Chron 3,1 als Name des Berges, auf dem Salomo in Jerusalem den Tempel baut. Man vermutet daher, daß der Name „Moria" erst später in die Erzählung hineingekommen ist und in 1. Mose 22,2 einen anderen Namen verdrängt hat. Auf diesen älteren Namen muß V. 14 ursprünglich zugeführt haben.

30 G. v. Rad, Theologie I, S. 188. Vgl. auch den Abschnitt: Der Erzähler und seine Absicht, in: Das Opfer des Abraham, S. 33–38.

31 Übersetzung hier und im Folgenden nach G. v. Rad, Das Opfer des Abraham, S. 12f.

sollten wir darüber nachdenken, welche Glaubenserfahrungen Israels in ihr angesprochen werden. Begegnen Situationen, wie sie Abraham und Isaak durchschreiten, in anderer Form auch noch heute? Ulrich Bach hat versucht, die Linien dieser Geschichte auszuziehen, und sie mit den Erfahrungen von Eltern behinderter Kinder konfrontiert[32]. Elie Wiesel hat 1.Mose 22 auf den Holocaust bezogen und sich selbst in dem gebundenen Isaak wiedererkannt. „Wir haben Juden gekannt, die wie Abraham ihre Söhne im Namen dessen, der keinen Namen hat, dahinsinken sahen. Wir haben Kinder gekannt, die wie Isaak die Opferung am eigenen Leib erlitten haben ..."[33] Diese Abgründe sind in der Erzählung im Blick. Auch Abraham hat mit einem Gott zu tun, den er in seinem grausamen und absurden Handeln nicht mehr begreift. Und dennoch: Abraham läßt sich auf diesen Gott ein. Er hält sich an Gott fest auch da, wo er Isaak, den einzig geliebten Sohn, und mit ihm das Volk der Verheißung zum Brandopfer darbringen soll. Abraham glaubt.

Aber was ist das für ein Glaube? Ein gehorsames Sich-Fügen? Ein Sich-Abfinden auch mit den unerträglichsten Leiden? Die Erzählung gibt eine andere Antwort: In dieser meisterhaft erzählten Geschichte, in der kein Wort unbedacht gesetzt ist, fallen zwei Textstellen besonders auf. Es sind die Weisung Abrahams an seine Knechte in Vers 5 und die Anwort, die er in Vers 8 seinem Sohn gibt. „Ich aber und der Knabe, *wir* wollen dorthin gehen, um anzubeten und dann wieder zu euch zurückkommen" (22,5). Das Wörtchen „Wir" erstaunt. Man möchte meinen, die Worte Abrahams seien eine Ausflucht; er wolle etwas vor seinen Knechten verschleiern. Oder drückt sich in diesem „Wir" eine Hoffnung aus, die gegen alle Hoffnung ist? Hofft Abraham etwa gegen die erklärte Absicht Gottes darauf, daß sie beide, er und Isaak, wohlbehalten zurückkehren werden? In dieser Erzählung deutet alles darauf hin, daß das Letztere gemeint ist! In Vers 8 gibt Abraham seinem Sohn, der nach dem Lamm zum Opfer fragt, eine vieldeutige Antwort. „‚Gott wird sich ein Schaf zum Brandopfer ersehen, mein Sohn.' So gingen die beiden miteinander." Wieder mag man fragen, ob Abraham seinem Sohn nicht

[32] Ulrich Bach, Predigtmeditation zu 1. Mose 22,1–14a, in: GPM 35, 1981, S. 174–185. Ders., Kraft in leeren Händen, 1983, S. 34–52.

[33] Elie Wiesel, Die Opferung Isaaks: Geschichte des Überlebenden, in: Adam oder das Geheimnis des Anfangs, 1980, S. 75–105, S. 99.

die Wahrheit sagen, ob er ihn schonen will. Oder hält er in einer Situation, in der alles zwangsläufig darauf zuzutreiben scheint, daß er Isaak nicht lebendig wieder mit zurücknimmt, dennoch daran fest, daß Gott eine Hilfe „ersehen“ kann? Das Letztere ist wohl gemeint. Abraham stellt dem Gott, dessen Wille auf den Tod Isaaks gerichtet scheint, den Gott des Lebens und der Verheißungen entgegen. Er glaubt – mit Ulrich Bach zu reden – „an Gott gegen Gott“. Denn „Glaube heißt: Gott gegen alles – unter Umständen gegen sein eigenes Wort – ausspielen.“[34] So ist es am Ende dieser Glaube, der Abraham die Antworten an seine Knechte und seinen Sohn in den Mund legt. Abraham hält sich gegen alles, was Gott ihm jetzt aufzuerlegen scheint, an dem Gott der Verheißungen fest, der ihm in Isaak den Samen versprochen hat. Er unternimmt es, wie Hiob (Hiob 16,19–21; 19,25–27) an Gott gegen Gott zu glauben. Er wagt es, den Gott, der ihm die Sterne des Himmels gezeigt hat, gegen den zu stellen, der sich ihm jetzt in abgründiger Gottesverfinsterung verbirgt.

Und Abrahams Glaube wird ins Recht gesetzt! Die Hoffnung, die er auf den gerichtet hat, der ihm den einzig geliebten Sohn als Unterpfand der Verheißungen gab, wird bestätigt. Gott bleibt ihm der „sehende“ und „sich sehen lassende“ HERR[35]. Abraham darf am Ende dieser Geschichte erfahren, daß JHWH sich wirklich ein Lamm zum Opfer „ersehen“ hat. Morija, die Stätte der tiefsten Gottesfinsternis, wird zum Ort, da JHWH *sieht* und *gesehen wird*[36].

Gottes „Sehen“ ist im Alten Testament kein distanziertes, folgenloses Zuschauen, sondern mit diesem Wort ist ein aktives, beteiligtes Hinsehen gemeint[37]. JHWH läßt den, den seine Augen in den Blick fassen, nicht im Stich. „Gesehn habe ich, gesehn die Bedrückung meines Volks, das in Ägypten ist, ihren Schrei vor seinen Treibern habe ich gehört, ja, erkannt habe ich seine

---

34 GPM 35, S. 177. Kraft in leeren Händen, S. 40.

35 Es fällt auf und könnte einen tiefen Sinn haben, daß in dieser elohistischen Erzählung, in der durchgehend von Elohim gesprochen wird, ab Vers 11 der JHWH-Name erscheint. Abraham, der mit dem dunklen, unbegreiflichen Gottwesen, mit Elohim, konfrontiert ist, darf am Ende den sehen, der sich ihm wieder zu sehen gibt – JHWH, den ihm gnädig zugewandten Gott.

36 Das Verb „Sehen“ erscheint in Vers 14a in seiner Aktiv-Form, in Vers 14b dagegen im Passiv. JHWH „sieht“ und „läßt sich sehen“. Er offenbart sich, indem er sieht und rettet.

37 Vgl. D. Vetter, Art.: r'h sehen, in: THAT II, Sp. 692–701, Sp. 696f.

Leiden" (2. Mose 3,7)[38]. „Deine Augen sahen mich, als ich noch nicht bereitet war, und alle Tage waren in dein Buch geschrieben, die noch werden sollten..." (Ps 139,16)[39]. JHWH *sieht* weiter. Er sieht das Heil und die Rettung auch dort, wo sich Menschen von dem barmherzigen und gnädigen Gott verlassen wähnen. Er sieht Leben und Hoffnung schon da, wo seine Wege in undruchdringliches Dunkel zu führen scheinen.

So ist also auch diese scheinbar düsterste Geschichte der Bibel in Wahrheit eine Hoffnungsgeschichte. Sie sagt in der Gestalt, in der sie in Israel überliefert wurde, daß Menschen, die sich in JHWH festmachen, auch in der Nacht der Gottesfinsternis auf ihn hoffen dürfen. Denn Gott hat Abraham, den Vater des Glaubens, in seiner Not gesehen und den gebundenen, einzig geliebten Sohn Isaak, das Unterpfand der Verheißungen, zurückgeschenkt.

Zur Weiterarbeit

Gerhard von Rad, Das erste Buch Mose. Genesis (ATD 2/4), Göttingen 1967.
Ders., Das Opfer des Abraham (Kaiser Traktate 6), München 1971.
Walther Zimmerli, 1. Mose 12–25: Abraham (ZBK AT 1.2), Zürich 1976.

2. „Glaubt ihr nicht, so bleibt ihr nicht!" Die Stimme des Ersten Jesaja

„Glaubt ihr nicht, so bleibt ihr nicht."
Macht ihr euch nicht fest in JHWH,
so werdet ihr nicht festgemacht.

Diese Stimme war oben schon zu hören[40]. Es ist die Stimme des Propheten Jesaja, der im 8. Jahrhundert v. Chr. in Jerusalem auftrat und die führenden Schichten des Volkes mit dem Willen JHWHs konfrontierte. Im Todesjahr des Königs Ussia, also um das Jahr 740, ist er berufen worden[41] und hat dann

[38] Übersetzung Bubers, Die fünf Bücher der Weisung, S. 157.

[39] Übersetzung der Zürcher Bibel. Das Wort glm gibt es im AT nur an dieser Stelle. Kraus vermutet die Bedeutung „Embryo", „Formloses". Er übersetzt: „Schon in der Urgestalt sahen mich deine Augen..." Psalmen II (BK XV/2), 1961, S. 913f.

[40] S. o. Kp. III, Einleitung.

[41] Vgl. Jes 6,1. Die Zeitangaben für die Regierungszeiten der judäischen

bis zur Belagerung und Verschonung Jerusalems, also bis 701, die Geschichte seines Volkes miterlebt und begleitet.

Die Worte des jungen Jesaja richten sich ähnlich wie die Worte Amos' und Michas gegen Ungerechtigkeit und Unterdrückung im eigenen Volk. Die Ausbeutung der Schwachen, die Korrumpierung des Rechts, der heuchlerische Gottesdienst, das Wohlleben der Reichen, der Stolz und Hochmut der Menschen – all dies sind die Themen, die man in den Worten des jungen Propheten antrifft. Doch schon sehr bald gerät auch Juda wie alle anderen Staaten Syrien-Palästinas in den Strudel der Weltpolitik. Auch das Südreich bleibt von der assyrischen Expansionspolitik nicht unberührt. Es kämpft um sein Überleben. Von nun an steht Jesaja in einem anderen Streit. Er warnt vor einer falschen Bündnispolitik. Er geißelt das Vertrauen in die militärische Stärke. Er erinnert an die dem Davidshaus und der Davidsstadt Jerusalem gegebenen Verheißungen Gottes und fragt angesichts der politischen Entscheidungen des Königshauses und der führenden Beamten nach dem *Glauben*. Zwar sind es nur zwei Textstellen, in denen Jesaja ausdrücklich vom Glauben redet. Dennoch läßt sich in diesem Begriff zusammenfassen, worauf seine ganze Botschaft ausgerichtet ist.

Jesaja hat sich nicht ununterbrochen zu Wort gemeldet. Es gab lange Perioden des Schweigens, in denen er sich zurückzog und auf das Eintreffen des angesagten Gerichtes wartete. Doch dann war er in einer veränderten geschichtlichen Situation wieder da, um aufs Neue das Wort JHWHs zu sagen. Man unterscheidet in der Regel 4 Perioden, in denen Jesaja das Wort genommen hat[42].

1. Die Frühzeit

Die Frühzeit sind die Jahre zwischen der Berufung Jesajas und dem Ausbruch des syrisch-ephraimitischen Krieges, also die Zeit vor 734/3. Worte aus diesen Jahren finden sich vor allem in den Abschnitten 2,6–4,1; 5,1–24 + 10,1–3; 5,25–29 + 9,7–20.

Könige und so auch für das Todesjahr des Ussia schwanken. H. Wildberger, Jesaja 1–12, S. f.

42 Vgl. Georg Fohrer, Das Buch Jesaja I/II (ZBK), 1960/62. Ders., Die Propheten des 8. Jahrhunderts, 1974, S. 96–164. H. Wildberger, dem die hier gegebene Übersicht im Wesentlichen folgt, unterscheidet zusätzlich die Zeit des Unterganges des Nordreichs, aus der offenbar das Wort Jes 28,1–4 stammt. H. Wildberger, Die Entstehung von Jesaja I (Kap. 1–39), in: Jesaja 28–39 (BK AT X/3), 1982, S. 1529–1576.

2. Die Zeit des Syrisch-Ephraimitischen Krieges
Die Worte aus den Jahren 734–732 ließ Jesaja vermutlich selbst aufzeichnen und in einer „Denkschrift“ (Jes 6,1–9,6) zusammenstellen.

3. Die Zeit bis zum Aufstandsversuch der Philisterstadt Asdod in den Jahren 713–711
Jesaja hat nach dem syrisch-ephraimitischen Krieg lange geschwiegen. Seine Stimme ist in den folgenden Jahrzehnten nur selten zu hören, z.B. in Jes 14,28–32; 18,1–6; 20; 28.1–4. Auch Jes 10,5–9.13–15a.27b–34; 11,1–9; 19,1–4.11–14 gehören nach Hans Wildberger möglicherweise in diese Periode.

4. Der Aufstandsversuch Hiskias und der Heereszug Sanheribs nach Palästina 705–701
Aus diesen dramatischen Jahren sind wieder eine Vielzahl von Jesajaworten überliefert, die vornehmlich in den Kapiteln 28–31 gesammelt sind.

5. Ein Nachtrag
Nach der Sicht Hans Wildbergers haben Schüler Jesajas nachträglich eine kleine Sammlung letzter Jesajaworte zusammengestellt und in diese noch nicht kodifizierte frühere Worte mit aufgenommen. Diese Sammlung liegt in 1,4–2,4(5) vor und enthält das Vermächtnis des Propheten.

Liest man das Jesajabuch (Kp. 1–39), so wie es im Kanon überliefert ist, wird man vor eine verwirrende Sammlung von Einzelworten gestellt, die auch nicht alle auf Jesaja zurückgehen. Es muß ein äußerst komplizierter Prozeß gewesen sein, der heute kaum noch zu erhellen ist, in dem das Jesajabuch einst entstand. Vermutlich gab es zunächst kleinere Sammlungen, die zusammengestellt, ineinandergeschoben, redigiert und erweitert wurden und die erst allmählich zu dem „Buch“ wuchsen, das heute in Jes 1–39 vorliegt[43]. Auch für prophetische Bücher gilt also, was schon im Blick auf den Pentateuch gesagt wurde. Auch an ihnen haben viele Hände mitgestaltet. Prophetische Worte wurden auf neue Situationen bezogen, ergänzt und nachinterpretiert, so daß es nicht immer ganz leicht ist, jeweils den Grundbestand ältester Prophetenworte herauszuschälen. Daß dieser Grundbestand im Jesajabuch gar nicht so klein ist, dürfte die oben gegebene Übersicht gezeigt haben. Im Jesajabuch sind mehrere Sammlungen ältester Worte überlie-

[43] Vgl. H. Wildberger, a.a.O., S. 1550–1576. Eine völlig andere und singuläre Sicht vom Werden des Jesajabuches vertritt Otto Kaiser, Das Buch des Propheten Jesaja, Kap. 1–12 (ATD 17), 5. völlig neubearbeitete Aufl., 1981; Kap. 13–39 (ATD 18), 3. durchgesehene Aufl., 1983. Nach Kaisers Sicht geht nur ein Bruchteil der überlieferten Worte auf den Propheten des 8. Jahrhunderts zurück. Und auch diese seien erst zu Beginn des 5. Jahrhunderts redigiert und herausgegeben worden.

fert, aus denen die Konturen der Theologie und Botschaft des Ersten Jesaja deutlich hervorgehen[44]. Das schließt allerdings nicht aus, daß es im Blick auf bestimmte Jesajaworte auch sehr kontroverse Urteile gibt. Vor allem die Heilsworte Jesajas, die in 2,1–4; 4,2–6; 9,1–6; 11,1–10 zu lesen sind, sind heftig umstritten. Doch hängt das Urteil über das Alter dieser Sprüche und damit über ihre Echtheit nicht nur von philologischen und historischen Einsichten ab. Hier fließt auch das jeweilige theologische Vorverständnis der einzelnen Exegeten in ihre Urteilsbildung mit ein. Hält man z. B. mit Georg Fohrer Jesaja für einen radikalen Gerichtspropheten, der nur Unheil verkündigt habe, so wird man ihm alle genannten Heilsworte absprechen. Sieht man dagegen, wie stark Jesaja von den messianischen Verheißungen und der Zionstheologie geprägt war[45], so wird man mit Hans Wildberger u. a. zu einer differenzierteren Beurteilung kommen. Es ist bei jedem Einzeltext zu prüfen, ob er ein Wort des Ersten Jesaja sein kann oder von späterer Hand hinzugefügt wurde.

„Hüte dich und bleibe still!“ (Jes 7,4). Jesajas Botschaft im syrisch-ephraimitischen Krieg

Der erste Zusammenstoß des Propheten Jesaja mit dem politischen Repräsentanten seines Volkes, mit König Ahas, wurde bereits erwähnt. Es ging um das Verhalten des Königs angesichts der durch die Eroberungspolitik Assurs heraufbeschworenen Gefahren. Eine Revolution gegen die herrschende Priester- und Adelsschicht hatte in Assyrien Tiglatpilesar III. auf den Thron gebracht. In ausgedehnten Eroberungszügen weitete er die Macht Assyriens über den gesamten Vorderen Orient aus. 741 eroberte Tiglatpilesar Arpad. 738 fiel Hamath. 734 zog der Assyrerkönig mit seinen Heeren durch Israel bis an die Grenze Ägyptens. 732 wurde Damaskus erobert. Auch das Nordreich Israel verlor seine nördlichen und östlichen Gebiete. Den Zeitgenossen müssen die assyrischen Truppen wie eine sich heranwälzende Dampfwalze vorgekommen sein, der niemand entrinnen kann. Jesaja hat sie in einem dramatischen Wort über das „Volk aus der Ferne“ beschrieben:

---

44 Diese Darstellung wird sich also der Sicht Otto Kaisers *nicht* anschließen.
45 H. Wildberger, aaO, S. 1596–1606.

„Da wird er ein Feldzeichen aufrichten für ein Volk aus der Ferne
und ihm pfeifen vom Ende der Erde.
Und siehe, eilend, schnell zieht's heran!
Kein Müder und kein Strauchelnder ist unter ihm,
es schläft und schlummert nicht.
Keinem öffnet sich der Lendenschurz,
und keinem reißt der Riemen seiner Schuhe.
Seine Pfeile sind geschärft
und all seine Bogen gespannt.
Seiner Rosse Hufe sind wie Kieselsteine
und seine Wagenräder dem Sturmwind gleich..."
(Jes 5,26–29)[46]

Wie sollen sich die bedrohten Völker gegenüber einer solchen Übermacht behaupten? Man versucht es mit einer geschickten Bündnispolitik und ausländischer Hilfe. Das Nordreich Israel und Syrien haben sich zu einem Bündnis gegen Assyrien zusammengefunden. Auch Juda soll zur Teilnahme gezwungen werden. Da sich jedoch König Ahas verweigert, ziehen die beiden Könige gegen Jerusalem heran, um Ahas zu stürzen und einen ihnen gefügigen Hofbeamten, einen unbekannten „Sohn des Tabeel", an seiner Stelle zum König auszurufen. Angst und Ratlosigkeit breiten sich in Jerusalem aus. Man richtet sich in aller Eile auf die Belagerung ein. Außerdem erwägt Ahas einen politisch folgenreichen Schritt, den er dann auch tatsächlich ausführt. Nach 2. Kön 16,5 ff. ruft Ahas den, von dem die Bedrohung Syrien-Palästinas ausgeht, den Assyrerkönig selbst, zu Hilfe und bietet seine freiwillige Unterwerfung an, was natürlich Tributpflichtigkeit, aber auch die Übernahme der assyrischen Staatsgötter nach sich zieht. Offenbar ist man am Hof noch mit diesen Überlegungen beschäftigt, als der Prophet Jesaja seinem König, der gerade die Wasserversorgung der Stadt inspiziert[47], in den Weg tritt mit den Worten: „Hüte dich und bleibe still; fürchte dich nicht..." (Jes 7,4–9).

Die Könige, die gegen Jerusalem zu Felde ziehen, und ihre

[46] Die Übersetzung wird hier und in allen folgenden Jesajazitaten nach dem Kommentar von H. Wildberger gegeben.

[47] Ahas' Sohn Hiskia wird wenige Jahrzehnte später eine unterirdische Wasserleitung von der Gihon-Quelle am Hang des Kidrontales bis zum Siloa-Teich innerhalb der Stadtmauern Jerusalems bauen. Vgl. 2.Kön 20,20; 2. Chron 32,30.

Hauptstädte werden in diesem Jesajawort genannt. Doch wer sind sie gegenüber dem in Jerusalem regierenden Davidssohn? „Rauchende Brandscheitstummeln“, nennt sie der Prophet, mit deren rauchender Feuersglut es bald vorbei sein wird. Rezin ist der König der Aramäer und regiert in Damaskus. Ein unbekannter Sohn eines unbekannten Remalja ist König im Nordreich und regiert in Samaria. In Jerusalem aber herrscht der, den JHWH selbst auf seinem heiligen Berg eingesetzt hat (Ps 2,6), ein Sohn aus dem Geschlecht Davids. Seinem Ahnherrn David hat Gott einst die Verheißung gegeben, daß sein Haus und sein Königtum immerdar vor ihm Bestand haben sollen (2. Sam 7,16). Wie kann Ahas da verzagen? Wie kann er in panische Furcht geraten und Fremde für Jerusalem und Juda zu Hilfe rufen? Jesaja hat in seinem Wort den Vergleich nicht zu Ende geführt. Er erwähnt die große Nathanverheißung nicht direkt. Aber er setzt stillschweigend voraus, daß die Zuhörer seine Worte verstehen und den Vergleich zu Ende denken können. Daher fügt er am Schluß nur noch den kurzen Satz hinzu, der eine Erinnerung an Gottes Verheißung, zugleich aber auch eine deutliche Warnung enthält: „*Glaubt* ihr nicht, so *bleibt* ihr nicht.“

Hans Wildberger hat darauf hingewiesen, daß Jesaja in diesem Wort das Bleiben und Bestehen unter das Vorzeichen des *Glaubens* stellt[48]. Der, dem JHWH die Zusage gemacht hat, sich für immer an sein Königtum zu binden, ist nun auch an diese Zusage gebunden. Schlägt er sie in den Wind und versucht, anderswo Halt und Sicherheit zu finden, wird er gerade nicht bestehen bleiben. Das Geschick Judas, das Stehen oder Fallen Jerusalems und seines Königshauses hängen also nach Jesajas Sicht letztlich nicht von den politischen Konstellationen und militärischen Machtverhältnissen ab, – sie folgen aus der Bindung an JHWH, bzw. der Festigkeit des Gebundenseins an ihn. Nur von JHWH her kann wirklich Unheil über sein Volk kommen; nur von ihm kann die einzige drohende Gefahr für Juda und Jerusalem ausgehen. Und sie kommt unweigerlich, wenn Volk und König nicht mehr vertrauend an JHWH gebunden sind, sondern Leben und Sicherheit anderswo suchen.

48 H. Wildberger, aaO, S. 284.

Nach 7,10ff. ist die Unterredung zwischen Jesaja und Ahas noch weitergegangen. Jesaja bot dem unentschlossenen König ein Zeichen an, an dem er die Gültigkeit des prophetischen Wortes erkennen sollte. Doch Ahas wollte dieses Zeichen nicht fordern aus Angst, nach Eintreffen des Geforderten an das prophetische Wort gebunden zu sein. Er wollte frei bleiben. Sein Entschluß, die Assyrer um Hilfe zu rufen, war offenbar bereits gefaßt. Aber da kündigt der Prophet dem König nun seinerseits ein Zeichen an, das zum einen seine Botschaft, Jerusalem brauche vor den beiden nahenden „Brandscheitstummeln" keine Angst zu haben, bestätigt, und das zum anderen doch dem zweifelnden, das Prophetenwort ausschlagenden König Gottes Gericht ansagt. Eine junge Frau wird schwanger werden und einen Sohn gebären, dem sie den Namen „Immanuel", „Gott mit uns", gibt. Bevor dieser Knabe versteht, Böses und Gutes zu unterscheiden, werden die beiden Reiche verödet sein, vor deren Macht sich Ahas so fürchtet. Aber auch über ihn und über das Volk Juda werden Tage kommen, wie es sie nicht mehr gegeben hat seit der Zeit, da sich das Nordreich vom Südreich trennte. Damals (bei der Reichsteilung 926) blieben dem König von Jerusalem der Stamm Juda und der Stamm Benjamin erhalten. Was wird ihm jetzt bleiben[49]?

Was Jesaja in seiner Warnung Ahas gegenüber meinte, hat er in einem anderen Wort aus der gleichen Zeit (8,11–19) deutlicher ausgesprochen. Er beschreibt hier die bestürzende Erkenntnis, die ihm aufging, als „die Hand JHWHs" ihn faßte. In unerhörten Bildern, die ähnlich schockieren wie die Bilder Hoseas, schildert der Prophet das Gerichtshandeln Gottes. Nicht die Parteigänger des Tabiliten in Jerusalem können eine Verschwörung gegen das Haus Davids anzetteln, JHWH selbst ist und wirkt Verschwörung gegen sein Volk. Er wird zum Stolperstein, zum Wurfholz (Bumerang) und zum Klappnetz, der diejenigen, die an ihm vorbei ihren Plänen nacheilen, noch im Fluge trifft, der sie einfängt, ins Stolpern bringt und stürzen läßt. So sind die eigentlichen Gefahren, vor denen sich die Jerusalemer fürchten müssen, also nicht die Bedrohungen, die von Rezin und dem Remaljasohn und anderen „Zwergen mit begrenzter Voll-

[49] H. Wildberger stellt aaO, S. 268ff., überzeugend dar, daß der ganze Abschnitt 7,1–17 zusammengehört und also auch Vers 17 noch einschließt. Das Ahas gegebene Zeichen hat einen doppelten Sinn. Trotz der Heilszusage in 7,14 gilt dem König Gottes Gericht. Zur viel diskutierten Frage, wer mit der „jungen Frau" und dem Immanuelsohn gemeint sein könne, vgl. Wildberger, aaO, S. 289–292.

macht“ (Gustav Heinemann) ausgehen, die wirkliche und tödliche Gefahr kommt von JHWH, der allein Heil aber auch Unheil bewirkt. Dieser Gefahr hat sich König Ahas ausgesetzt, als er an JHWH vorbei die Assyrer zu Hilfe rief. Daher wird nun der Ort der vermeintlichen Hilfe zum Ausgangspunkt tödlicher Bedrohung. Die vermeintliche Zufluchtsstätte in der Not wird zur Quelle des Verderbens.

Davon handelt auch der Spruch 8,5–8, in dem Jesaja die „leise einhergleitenden Wasser des Siloah“ den über all seine Ufer tretenden „starken Wassern des Euphratstromes“ gegenüberhält. Die Wasser des Siloah sind die Wasser, die in der Gihonquelle entspringen und schon in der alten Jebusiterstadt die Wasserversorgung auch in Zeiten der Belagerung sicherstellten. Sie sind hier das Bild für die stete und segnende Macht JHWHs, der sich in seiner Stadt als Zuflucht und Hilfe kundgetan hat (vgl. die Zionslieder, Ps 46,5 ff.; 48,4). Die starken und vielen Wasser des Euphratstromes sind dagegen die Vernichtung und Zerstörung mit sich führenden Heeresmassen Assyriens, die im Begriff stehen, alle Länder zu überfluten. Da das Volk von Jerusalem bei dieser Macht, und nicht bei seinem Gott Zuflucht gesucht hat, wird es auch selbst in den Strudel des Verderbens mit hineingerissen.

Jesaja hat sich in einem geschichtlich entscheidenden Augenblick seines Volkes zu Wort gemeldet und „Glauben“, das Sich-Festmachen in JHWH und seinem verheißenden Wort, verlangt. Doch er ist nicht gehört worden. Seine Warnungen, sein Ruf zur Umkehr, seine Erinnerung an JHWHs Macht und Hilfe verklangen ungehört. So zog er sich zurück, versiegelte seine Botschaft in seinen Schülern[50] und beschloß, auf JHWH zu warten, der sein Angesicht vor Israel verbarg (vgl. 8,16–18). JHWH hatte ihn gebraucht als einen Boten, der die Ohren taub, die Augen blind und die Herzen fett gemacht, der gerade nicht Glauben und Vertrauen, sondern Ungehorsam bewirkt hatte. Daher konnte jetzt nur noch das Unheil seinen Lauf nehmen. Gottes Gericht mußte sich nun über Israel und Juda vollziehen. Doch wie lange? Würde JHWH, der jetzt sein Angesicht vor seinem Volk verbarg, noch einmal die Möglichkeit zum Gehorsam ge-

[50] Aus dem Satz geht nicht eindeutig hervor, daß Jesaja seine Botschaft niedergeschrieben oder diktiert habe, wohl aber, daß er einen Kreis von Schülern hatte, die seine Worte bewahrten. H. Wildberger, Jesaja 1–12, S. 344–347.

ben? Würde ein Rest Israels, wenn auch geschlagen und gebeutelt, am Ende doch noch aufmerken und zur Umkehr bereit sein[51]?

Jesaja hat diese Fragen in seiner Berufungsgeschichte (Jes 6,1–11) reflektiert. Diese Geschichte, die der Prophet vermutlich erst nach den Erfahrungen seiner Wirksamkeit im syrisch-ephraimitischen Krieg formulierte und die deshalb nicht am Anfang des Jesajabuches, sondern in der Denkschrift steht, enthält den „prophetischen Legitimationsausweis" für das jesajanische Wirken[52]. Warum konnte Jesaja sein Volk nicht aufrütteln und zur Umkehr bewegen? Warum vollzog sich durch seine Botschaft hindurch nur eine um so tiefere Verhärtung? Jesaja antwortet, daß es JHWH offenbar von Anfang an so beschlossen hatte. Es war Gottes Plan, daß seiner Verkündigung nicht Umkehr und Gehorsam, sondern nur um so tiefere Verstockung folgten. JHWH hatte Jesaja den Auftrag gegeben, in dieser paradoxen Form sein Bote zu sein. Doch wie lange? Die Rückfrage des Propheten in Jes 6,11 zeigt, daß er den Verstockungsauftrag nicht als das letzte Wort JHWHs annehmen kann, und daß Gericht und Verheerung auch nicht Gottes letzter Wille über Israel sein können. Wie lange also würde JHWH sein Angesicht vor seinem Volk verbergen? Wie lange muß Jesaja auf ihn warten?

Jesaja hat in der Folgezeit lange geschwiegen. Worte, die sich an Juda und Jerusalem richten, sind erst wieder nach Jahrzehnten zu hören. In der Zeit des Aufstandsversuches der Philisterstadt Asdod 713–711, als auch Juda zur Teilnahme überredet werden sollte, meldete er sich erneut zu Wort, um vor dem

---

51 Als Jesaja König Ahas an der Walkerfeldstraße in den Weg trat, hatte er seinen Sohn „Rest kehrt um" zur Seite (7,3). Schon diese Namengebung beweist neben anderen Textstellen (vgl. Jes 1,26; 30,15 ff.), daß Jesaja auf einen umkehrenden Rest gehofft hat.

52 H. Wildberger, aaO, S. 238. Man könnte fragen, ob nicht alle prophetischen Berufungsgeschichten etwas von einem solchen „Legitimationsausweis" an sich haben. Amos 7,14 f. zeigt, wie ein Prophet in dem Augenblick von seiner Berufung redet, da sein prophetisches Auftreten infragegestellt wird. Der Bericht von der Berufung aber soll darlegen, daß der Prophet nicht aus eigenem Entschluß hervorgetreten ist und daß er auch nicht sein eigenes Wort redet. JHWH hat ihm den Auftrag gegeben und seine Worte in den Mund gelegt (vgl. auch Jer 1,4–10). Im Berufungsbericht Jesajas (Jes 6) geht es um den Aufweis, daß auch die Erfolglosigkeit des prophetischen Wirkens von Anfang an in den Sendungsauftrag mit hineingelegt war.

falschen Bündnis zu warnen. Doch vor allem in der letzten Epoche (705–701), als sich Hiskia, auf ägyptische Hilfe hoffend, von Assyrien lossagte und damit den Untergang auch Jerusalems heraufbeschwor, ist der Prophet Jesaja noch einmal auf dem Plan.

„Wer glaubt, der flieht nicht" (Jes 28,16). Jesajas Botschaft in den Jahren 705–701

König Hiskia hatte im Jahr 705 die Tributzahlungen an Assur eingestellt und mit den Philisterstädten Askalon und Ekron ein antiassyrisches Bündnis gebildet. Man hoffte auf die Unterstützung Ägyptens und schickte eine Gesandtschaft dorthin, die ein Militärbündnis abschließen sollte. Doch die Reaktion Assyriens ließ nicht lange auf sich warten. Nachdem Sanherib die Aufstandsversuche in seinem eigenen Reich und in Babylon niedergeschlagen hatte, begann er im Jahr 701 einen Feldzug nach Syrien-Palästina[53]. Er ließ seine Truppen zunächst gegen Askalon und Ekron vorgehen und kämpfte dann gegen eine Streitwagenabteilung der Ägypter, die er bei Eltheke westlich von Jerusalem schlug. Die Ägypter zogen sich daraufhin aus dem Konflikt zurück. Nun erst wandte sich Sanherib gegen Juda. Nachdem er das judäische Gebiet von Jerusalem abgetrennt, erobert und unter ihm treu gebliebene Philisterfürsten verteilt hatte, zingelte er Hiskia in Jerusalem „wie einen Käfigvogel ein". So jedenfalls beschreibt es Sanherib selbst in einem assyrischen Kriegsbericht, der auf einem sechsseitigen Tonprisma aufgezeichnet ist[54]. Das Ende Jerusalems und damit auch das Ende des letzten Restes des Volkes Israel schien gekommen.

Jesaja hat auch in diesen Jahren wie schon im syrisch-ephraimitischen Krieg leidenschaftlich gegen die falsche Bündnispolitik protestiert und das Unheil, das kommen mußte, vorausgesagt (vgl. z.B. Jes 29,15f; 30,15–17; 31,3). Er hat wie einst König Ahas nun auch König Hiskia und seine führenden Beamten zum Stillhalten und Vertrauen aufgerufen (vgl. 30,15f.). Wer „glaubt", wer sich an JHWH hält und in ihm festmacht, der „flieht nicht". Davon handelt das Jesajawort 28,14–18.

Der Prophet beschreibt in diesem Wort die Selbstsicherheit der Jerusalemer, indem er ihnen die entlarvenden Worte in den Mund legt: „Wir haben einen Bund mit dem Tod geschlossen und mit der Unterwelt einen Pakt gemacht..." Es ist überlegt

53 S. Herrmann, Geschichte Israels, S. 317–320.

54 H. Greßmann (Hg.), Altorientalische Texte zum AT, S. 353f.

worden, ob Jesaja mit diesen Worten auf den Totenkult der Ägypter anspielt oder Beschwörungsriten vor Augen hat, mit denen man sich gegen die Mächte des Unheils absichern wollte. Doch näher liegt die Annahme, daß der Prophet durch die Wahl der Bilder auf die tödlichen Konsequenzen hinweist, die durch die politischen Entscheidungen heraufbeschworen wurden. Die Jerusalemer haben sich mit dem verbunden, was nur Tod und Vernichtung bringen kann. Sie haben sich mit der Instanz verbündet, die nur ins Totenreich hinabführt. Freilich: In Jerusalem sieht man das anders! Hier glaubt man sich durch den Bund mit dem Tod vor dem Tod sicher und durch den Pakt mit dem Totenreich vor dem Totenreich gefeit, so wie es die auf Tod und Vernichtung setzenden Sicherheitsexperten aller Zeiten tun. Aber der Prophet entlarvt diese trügerische Sicherheit. Er demaskiert diesen Bundesschluß als ein Zuflucht-Suchen in der Lüge und Sich-Verstecken im Trug. Der Herr, JHWH, wird das Recht zur Meßschnur und die Gerechtigkeit zum Senkblei machen. Er wird die Lügenzuflucht und das Trugversteck *messen* nach dem Maß der „Gemeinschaftstreue“[55]. Und dann werden Hagel und Wasserfluten die schief und krumm gebaute Lügenschutzhütte wegfegen und das brüchige Trugversteck wegschwemmen. Die wogende Flut der Heerscharen Assyriens wird Jerusalem niederwalzen und sein trügerisches Bündnis zerschlagen. Denn das Volk von Jerusalem ist an dem auf dem Zion grundgelegten Fundamenteckstein vorbeigegangen; es hat angesichts der einzig sicheren Zufluchtsstätte, die ihm von JHWH gegeben ist, nicht *geglaubt*.

Jes 28,16 ist die zweite Textstelle im Jesajabuch, in der der Prophet das Verb h'mn gebraucht. Allerdings gehen die Übersetzungen und Deutungen weit auseinander. Die Lutherbibel liest: „Siehe, ich lege in Zion einen Grundstein, einen bewährten Stein, einen kostbaren Eckstein, der fest gegründet ist. Wer glaubt, der flieht nicht.“ Die Zürcher Bibel überträgt: „Siehe, ich lege in Zion einen Stein, einen bewährten Stein... Wer glaubt, wird nicht zuschanden.“ Georg Fohrer bietet in seinem Jesajakommentar den Text: „Siehe, ich hatte in Zion einen Grundstein gelegt, einen festen Stein – als Ecke, wo die Grundmauern

[55] S.o. Kp. III.1, Anm. 15. „Richtschnur“ und „Senklot“ sind Instrumente, mit denen gemessen werden soll. Es geht also in Vers 17 um eine Drohung und nicht um die Verheißung eines Neubaues. G. Fohrer, Jesaja II, S. 59f. H. Wildberger, aaO, S. 1076f.

sich treffen: ‚Wer glaubt, zeigt sich nicht aufgeregt!'" Die Übersetzung Wildbergers lautet: „Siehe, ich lege auf dem Zion einen Stein, einen Stein der Prüfung... Wer glaubt, weicht nicht."

Schon die unterschiedlichen Übersetzungen zeigen, daß die Textstelle Jes 28,16 vieldeutig und auch in ihrer textlichen Überlieferung nicht klar ist[56]. Was für ein Stein ist gemeint? Ist er schon vorhanden oder wird er erst jetzt oder in der Zukunft gelegt? Handelt es sich um einen bewährten Eckstein oder um einen Stein der Prüfung? Wird, wer glaubt, „nicht zuschanden", wie es in der Septuaginta heißt und wie wir es auch in Zitaten im Neuen Testament finden (vgl. 1. Petr 2,6; Röm 9,33; 10,11), oder gilt, daß, wer glaubt, sich „nicht aufgeregt" zeigt (Fohrer) bzw. nicht „flieht" (Luther)? Es gibt viele Fragen, die sich, wie der Blick in die Kommentare lehrt, gar nicht eindeutig entscheiden lassen. Jede Übersetzung muß mit textlichen Konjekturen arbeiten, die vom subjektiven Urteil des Auslegers mitbestimmt werden. Es hängt am Ende vom Verständnis des ganzen Zusammenhangs ab, wie Vers 16 übersetzt und gedeutet wird.

Jesaja stellt in Vers 16 der trügerischen Schutzburg, die sich die Jerusalemer geschaffen haben, einen anderen Zufluchtsort gegenüber, dessen Fundamenteckstein auf dem Zion grundgelegt ist (oder wird). So wie er in 14,32 und 28,12 vom Zion als dem Ort spricht, wo die Müden und Elenden Ruhe und Erquickung finden, wie er in den großen Verheißungen 2,2–4 und 11,1–9 die Bedeutung des Berges des HERRN für das Haus Jakobs und alle Völker herausstellt, so erinnert er auch in 28,16 an die Zusage JHWHs, daß er seinem Volk eine Zuflucht ist und sein wird an dem Ort, an dem er Wohnung nahm (vgl. Ps 132,13 f.). Aber diese Zusage gilt nur für den, der *glaubt*! Wer „weicht", wer also in panikartiger Furcht wegeilt, um durch ein Bündnis mit einer ausländischen Militärmacht sein Überleben und seine Zukunft zu sichern, der wird in den Fluten des Verderbens untergehen. Er wird „zuschanden werden", wie es in den griechischen Übersetzungen (in der Septuaginta und im Neuen Testament) sachlich richtig heißt. „Wer glaubt, der flieht nicht", und wird daher auch „nicht zuschanden".

[56] Die Verbform – im hebräischen Text ein Perfekt in der 3. Person Singular – wird von den meisten Auslegern zu einem Partizip umpunktiert. Das Wort „bhn" wird von den einen von einem hebräischen Verb abgeleitet: „prüfen", „auswählen", die anderen sehen in ihm den Namen für eine besonders harte Gesteinsart (Schiefergneiss). Für das Verb „weicht nicht" finden sich in den alten Übersetzungen andere Lesarten, wie z. B. in der Septuaginta: „wird nicht beschämt".

Jesaja verlangte von Israel in den aufregenden Geschehnissen seiner Zeit nichts anderes als Umkehr, Stillhalten und Vertrauen (Jes 30,15–17). War er also ein unpolitischer Schwärmer? Konnte er die harten Notwendigkeiten politischen Handelns nicht richtig einschätzen? Schon Jesajas Zeitgenossen scheinen diesen Vorwurf erhoben zu haben (vgl. 5,18f.; 28,9.14; 30,9–11). Doch so naheliegend der Einwand auch sein mag und so sehr er auch heute auf der Zunge liegt: Es bleibt zunächst festzuhalten, daß der Prophet auch politisch Recht behielt! Seine Warnungen, sich auf Ägypten zu verlassen, das am Ende immer diejenigen, die auf seine Hilfe setzten, enttäuschte, waren nur zu berechtigt. Ägypten zog sich nach dem Gefecht bei Eltheke sehr schnell aus der kritischen Situation wieder zurück und überließ Juda, Askalon und Ekron ihrem Schicksal. Aber auch die Voraussicht, daß der Aufstandsversuch und die Bündnisverhandlungen die Militärmaschinerie Assyriens erst eigentlich auf den Plan rufen würden, hat sich nur zu genau erfüllt. Jesaja schätzte die Übermacht der Assyrer auch über die Ägypter und ihre Verbündeten nüchterner ein als die Politiker seiner Tage. Doch es waren nicht nur die größere Weitsicht und das besonnenere Urteil, die Jesaja die politische Situation seiner Zeit anders beurteilen ließen. Es war vor allem der andere Maßstab, der ihn zum Aussprechen seiner Warnungen und Unheilsworte führte. Jesaja sah das Unheil sich vorbereiten in dem *falschen Vertrauen* auf die eigenen Planungen und in der *illusionären Hoffnung* auf menschliche, nämlich militärische Macht und Stärke. In maßloser Selbstüberschätzung glaubte das Israel seiner Tage, seine Existenz durch eigene Klugheit sichern zu können, und wurde so blind für *JHWHs* geschichtsmächtiges Wirken, blind aber auch für die eigenen, nur begrenzten Möglichkeiten. Ein Hinstürzen und Fallen und Zugrundegehen mußte die Folge sein (Jes 31,1–3).

Aber Jerusalem ist im Jahr 701 nicht zugrundegegangen. Die Bevölkerung dieser Stadt kam noch einmal mit dem Schrecken davon. Der Rabsake (Obermundschenk) des Königs von Assyrien habe, so erzählt es die spätere erbauliche Überlieferung (Jes 36,1–37,8.37f./2. Kön 18,17–19,8)[57], in Verhandlungen mit

[57] Ein Kranz von Hiskia-Jesaja-Erzählungen ist in den Kapiteln Jes 36–39 und, fast wortgleich, in 2. Kön 18,13–20,19 überliefert. Es handelt sich um mehrere voneinander unabhängige Erzählungen, die von der Errettung der

den Abgesandten Hiskias lästerliche Worte gegenüber JHWH ausgesprochen und ihn den Göttern der übrigen von Assyrien besiegten Völker gleichgestellt. Hiskia aber habe sich hilfesuchend an den Propheten Jesaja gewandt, der den baldigen Abzug der assyrischen Truppen verhieß. In einer noch späteren Tradition (Jes 37,9b–36/2. Kön 19,9–37) wird dann sogar erzählt, daß JHWH die assyrischen Truppen vor Jerusalem mit einer tödlichen Seuche schlug, so daß sie die Belagerung abbrachen und auf schnellstem Weg in ihr Land zurückkehrten. Doch so problemlos dürfte sich der Abzug der Assyrer nicht vollzogen haben. Die geschichtliche Wirklichkeit war anders. Dies beweisen die assyrischen Quellen, und dies zeigen auch die Sprüche Jesajas. Wohl ziehen die Assyrer aus noch immer nicht ganz geklärten Gründen plötzlich von Jerusalem wieder ab, doch Hiskia hat dafür auch einen hohen Preis gezahlt. Er unterwarf sich aufs Neue und schickte dem assyrischen Großkönig ein „Huldigungsgeschenk" in Gestalt von 30 Talenten Gold, 800 Talenten Silber, Edelsteinen, Elfenbeinmöbel und seine Töchter, Palastdamen, Sängerinnen und Sänger nach Lachis ins assyrische Hauptquartier entgegen[58]. Aber auch das, was sich in Jerusalem nach dem unverhofften Weggang der Assyrer abspielte, läßt nicht an Reue und Umkehr, nicht an den heiligen Rest denken, mit dem JHWH noch einmal einen neuen Anfang machen könnte. Eins der letzten Worte Jesajas (22,1–14) gibt davon ein erschütterndes Zeugnis. Es läßt uns – bei diesem Propheten ganz ungewohnt – etwas von der persönlichen Enttäuschung und Verzweiflung spüren, die ihn am Ende zum Weinen bringt.

Jerusalem ist bewahrt worden, doch nicht, *weil* es in Reue und Schmerz zu JHWH umgekehrt ist, sondern, *obwohl* es weiter im Abfall beharrt. Es wurde verschont, *obwohl* es nicht auf den blickte, der dies alles gewirkt und von fern her gebildet hat. Worauf also will das sündige Volk denn noch geschlagen werden? Was soll ihm noch widerfahren? Jesaja kann in dem letzten von ihm überlieferten Wort (1,4–9) nur noch die Klage anstimmen über das „schuldbeladene Geschlecht", das noch immer im

---

Gottesstadt und Hiskias Krankheit und Genesung berichten. Vgl. H. Wildberger, aaO, S. 1369–1438.

58 Vgl. den Anm. 15 genannten assyrischen Text. Auch in 2. Kön 18,14–16 ist der ungeheure Tribut angedeutet.

Aufruhr verharrt. „Hätte uns nicht Jahwe der Heere an Entronnenen eine kleine Zahl verschont, wie Sodom wär's uns ergangen, Gomorrha wären wir gleich“ (Jes 1,9).

In der Berufungsgeschichte hatte der Prophet auf den Verstokkungsbefehl mit der Frage geantwortet: „Wie lange, o Herr?“ (Jes 6,11). In dieser Frage kam zum Ausdruck, daß Jesaja ein Wirken, dem nur taube Ohren und blinde Augen und ein verfettetes Herz begegnen werden, ja, das dies alles erst hervorrufen wird, nicht als seinen letzten Auftrag ansehen konnte. Sein ganzes Auftreten war von der Hoffnung getragen, daß jedenfalls ein Rest Israels umkehren und zu JHWH zurückfinden werde. Doch die Antwort, die Jesaja bei seiner Berufung erfuhr, lautete anders:

> „Bis daß die Städte wüst liegen,
> ohne Bewohner
> und die Häuser ohne Menschen sind
> und der Acker nur noch als Wüste übrigbleibt.
> (Und Jahwe wird die Menschen wegschaffen,
> und groß wird die Verödung mitten im Lande sein.)
> (Und ist noch ein Zehntel darin,
> fällt es auch noch dem Abweiden anheim
> wie die Eiche und Terebinthe,
> bei denen, wenn man sie fällt, doch noch Triebe sind.)
> (Heiliger Same sind die Triebe daran.)“ (Jes 6,11–13)

Jes 6,11–13 ist ein Text, der schon im Verlauf seiner Überlieferung immer neu zu Fragen Anlaß gab und immer wieder nachinterpretiert wurde[59]. Und das verwundert nicht. Wahrscheinlich umfaßte die Antwort Gottes im ursprünglichen Berufungsgericht nur Vers 11. Die Verse 12 und 13 a.b, in denen von JHWH in der 3. Person gesprochen wird, sind vermutlich ein Nachtrag aus späterer Zeit, vielleicht ein Nachtrag von Jesaja selbst, der nun auch spätere Erfahrungen mit in den Blick

[59] Nach G. Fohrer sind die Verse 12 und 13 a.b das Bruchstück eines Drohwortes Jesajas aus späterer Zeit, das an den ursprünglich in Vers 11 endenden Berufungsbericht angefügt wurde. 6,13 c ist ein Zusatz aus nachexilischer Zeit. (Das Buch Jesaja I, S. 30). Wildberger sieht in 6,12 und 6,13 a.b zwei verschiedene Zusätze, die nicht von Jesaja stammen. Vers 13 c sei wiederum eine bewußte Korrektur von 13 a.b. Ein noch späterer Glossator habe „gegen eine Exegese, die Jesaja zum Künder des absoluten Endes Israels“ machen wollte, ausdrücklich protestiert. (AaO, S. 257 f.).

nimmt. Die Bevölkerung des Nordreichs wurde 722, die Bevölkerung Judas 701 hinweggeführt, und die Verödung war groß inmitten des Landes. Aber dennoch ist der übriggebliebene Rest, das letzte Zehntel[60], nicht zu JHWH umgekehrt. So bleibt auch dieser Rest weiter zum „Abweiden" bestimmt. Wie die Triebe, die bei einem gefällten Baum noch vorhanden sind oder nachwachsen, vom Vieh abgefressen werden, so wird auch über die übriggebliebenen noch das Gericht kommen. „Doch in meinen Ohren hat sich Jahwe der Heere offenbart: ‚Fürwahr diese Schuld kann euch nicht vergeben werden, bis daß ihr sterbt!'" (Jes 22,14)

Ist also die Geschichte JHWHs mit seinem Volk nun zu Ende? Wird es keine Umkehr und keinen Neuanfang mehr geben? Die letzte Nachinterpretation in Jes 6,13 c, eine Glosse aus viel späterer Zeit, will eine kleine Hoffnung wecken. „Ein heiliger Same wird solcher Stumpf sein" (Luther)[61]. In dieser Bemerkung leuchtet ganz am Ende der Berufungsgeschichte die Hoffnung auf, daß aus dem Wurzelgeflecht des Baumes, der abgehauen wurde und dessen letzte Triebe nun die Tiere abfressen, doch noch einmal ein neuer Sproß wachsen wird. Ein heiliger Same wird dieser aus dem Stumpf sprießende Trieb sein.

Auch wenn Jes 6,13 c als Glosse eines späteren Redaktors anzusprechen ist, so bleibt dennoch zu fragen, ob nicht das, was sie aussagen will, der Botschaft Jesajas letztlich entspricht. Jesaja hoffte auf einen neuen Sproß aus dem Stumpf Isais (11,1 ff.), er blickte nach dem Friedenskönig aus, der auf dem Thron Davids sitzen und seine Herrschaft mit Recht und Gerechtigkeit stützen werde (9,5 f.). Er verhieß die Geburt eines Sohnes, der den Namen „Immanuel" tragen sollte (7,14). Diese Hoffnungen haben sich allerdings zu Jesajas Lebenszeit immer wieder zerschlagen. Wenn der Prophet wirklich, wie häufig vermutet, beim Aussprechen seiner Worte zunächst an den Sohn des Ahas, an Hiskia, gedacht hat, so mußte er doch sehr bald feststellen, daß sich das Gesagte auch in diesem König nicht erfüllte. Dennoch hat Jesaja die Verheißungen nicht zurückgenommen. Sie blieben unerfüllt, aber doch prophetisch ausgesprochen. So wiesen sie in eine Zukunft, die jenseits der Lebenszeit Jesajas lag, und hielten

60 Die Wendung „ein Zehntel" muß nicht numerisch verstanden werden. Sie kann auch Ausdruck für einen kleinen Rest sein, vgl. Amos 5,3; 6,9.

61 Jes 6,13 c lautet wörtlich übersetzt: „Heiliger Same – sein Stumpf".

die Hoffnung auf einen zukünftigen König offen, in dem sich das Verheißene erfüllen würde.

„Ein heiliger Same wird solcher Stumpf sein." Auch für den Propheten Jesaja ist Gottes Geschichte mit Israel noch nicht zu Ende. JHWH kann sich auch aus einem abgehauenen Stamm noch einmal einen neuen Sproß erwecken und Umkehr und Heil schaffen. Doch dies lag für den Ersten Jesaja jenseits seiner Lebenszeit. Es galt nicht dem Geschlecht, zu dem er gesandt war. Dieses verschloß sich vielmehr in einer unbegreiflichen Verstokkung gegen das prophetische Wort, gegen JHWHs Gerichtsschläge. So konnte er dem „schuldbeladenen Geschlecht" und dem „Samen von Übeltätern" (1,4) nur den Tod ansagen.

Zur Weiterarbeit

Georg Fohrer, Die Propheten des 8. Jahrhunderts (Die Propheten des Alten Testaments 1), Gütersloh 1974.

Josef Scharbert, Die Propheten Israels bis 700 v. Chr., Köln 1965.

Hans Wildberger, Königsherrschaft Gottes. Jesaja 1–39 I/II (Kleine Biblische Bibliothek), Neukirchen-Vluyn 1984.

3. „... die auf JHWH harren, empfangen neue Kraft" Die Stimme des Zweiten Jesaja

Das Gericht Gottes, das die vorexilischen Propheten angekündigt hatten, hat sich zu Beginn des 6. Jahrhunderts unter der Vorherrschaft Babylons an Juda und Jerusalem erfüllt. Nun blieb keine „Hütte im Weinberg" (Jes 1,8) mehr übrig, keine im letzten Augenblick verschonte Stadt, kein kleiner Rest. Jerusalem wurde von den babylonischen Truppen im Jahr 586 v. Chr. erobert. Die Stadt wurde niedergebrannt, die Stadtmauer eingerissen, der Tempel ging in Flammen auf. Die Stadtbevölkerung und ein großer Teil der judäischen Landbevölkerung wanderten in die Verbannung nach Babylon. Es gab keinen König mehr, keinen Tempel, keine heilige Stadt. Israel verlor – für Jahrhunderte – seine Eigenstaatlichkeit und politische Selbständigkeit.

Die in unseren Bibeln als Anhang zum Jeremiabuch überlieferten Klagelieder schildern die schrecklichen Szenen, die sich während der Belagerung und der Eroberung Jerusalems abgespielt haben. Sie spiegeln außerdem die trostlose Stimmung, die die Überlebenden nach all den furchtbaren Ereignissen erfaßt hat und die sie am Ende auch an der Treue und dem Erbarmen JHWHs verzweifeln ließ. Die Götter Babylons hatten ihre Geschichtsmacht über alle anderen Völker und deren Götter bewiesen. JHWH schien sein Volk verstoßen zu haben. Er kümmerte sich nicht mehr um das Geschick Israels.

In dieser dunkelsten Epoche des alttestamentlichen Israel trat unter den Verbannten in Babylon noch einmal ein Mann auf, der einen prophetischen Auftrag hatte. Man nennt ihn den Zweiten Jesaja (Deuterojesaja), weil seine Worte zusammen mit den Aussprüchen des älteren Propheten in *einer* Schriftrolle (in Jes 40–55) überliefert sind. Wie der Erste Jesaja verkündet auch dieser Prophet, daß es für Israel keinen anderen Gott und Helfer gibt als JHWH allein. Wie jener forderte auch er Israel in der Stunde der Not auf zu *glauben*. Doch wie anders ist in einer völlig gewandelten Situation seine Botschaft! Das Wort, das der Zweite Jesaja zu überbringen hat und dem Israel glauben soll, lautet: JHWH hat vergeben! Er wendet sich seinem Volk, das das Zorngericht hinter sich hat, in Liebe und Erbarmen wieder zu. JHWH läßt seine Gnade und Treue nicht von Israel weichen.

Am Anfang des prophetischen Buches (in Jes 40,1–11) steht die Berufungsgeschichte des Zweiten Jesaja. Ähnlich wie es der Erste Jesaja bei seiner Berufung erlebte, ähnlich wie es nach 1.Kön 22,19ff. schon Micha Ben Jimla erfuhr, darf der Prophet etwas vernehmen, was sich in JHWHs himmlischer Ratsversammlung ereignet. Ein Befehl wird im Himmel gegeben: „Tröstet, Tröstet mein Volk!... Sprecht zum Herzen Jerusalems und ruft ihr zu, daß vollendet ihr Frondienst, daß abgezahlt ihre Schuld...[62]“ Ist es die Stimme Gottes, die hier redet, oder die Stimme eines himmlischen Sprechers[63]? In jedem Fall wird der Befehl in der Höhe aufgenommen und von anderen Stimmen weitergegeben: „Eine Stimme ruft: In der Wüste bereitet den Weg für Jahwe! Richtet in der Öde eine Straße unserem Gott!“ Der Befehl, Jerusalem zu trösten, wird jetzt in die Anweisung übersetzt, auf Erden eine Straße zu bauen, auf der sich die Herrlichkeit des Herrn offenbaren wird. Ähnlich den Prozes-

---

62 Hier und an den folgenden Textstellen wird die Übersetzung von C. Westermann wiedergegeben: Das Buch Jesaja. Kap. 40–66 (ATD 19), ^{2}1970.

63 Nach C. Westermann, aaO, S. 31ff., ist es die Stimme Gottes. Karl Elliger, Deuterojesaja. Jes 40,1–45,7 (BK AT XI/1), 1970, S. 6, denkt an den „beamteten Sprecher Jahwes in der himmlischen Versammlung“.

sionsstraßen im alten Babylon, auf denen die babylonischen Götterfiguren in feierlicher Prozession einhergetragen wurden[64], soll auch für JHWH eine Prachtstraße angelegt werden. Doch diese Straße wird durch die Wüste führen, über Berge und Täler, durch Steppen und ödes Land. Denn es ist eine Straße, die von Babylon nach Jerusalem reicht, auf der JHWH sein Volk zurück in die Heimat bringt.

Was bisher nur im Himmel zu hören war, wird ab Vers 6 auf die Erde weitergegeben. Ein Himmlischer wendet sich an einen irdischen Menschen und gibt ihm den Befehl: „Rufe!" Doch der Prophet, der hier angeredet wird, weiß nicht, was er rufen soll. Er, der als Gefangener unter den Deportierten in Babylon lebt, kann die Botschaft, die er vernimmt, selber noch nicht fassen. Seine Stimme hören wir aus Müdigkeit und Trostlosigkeit zurückfragen: „Was soll ich rufen? Alles Fleisch ist Gras und all seine Anmut wie die Blume des Feldes. Das Gras verdorrt, die Blume verwelkt, wenn Jahwes Hauch darüber weht." Es sind, wie Claus Westermann gezeigt hat, Worte der Vergänglichkeitsklage, aus den Psalmen und dem Hiobbuch bekannt[65], die der Prophet hier aufnimmt. Wie der Glutwind der arabischen Wüste alles, was wächst und blüht, im Nu zum Verdorren bringt, so ist es auch mit dem Gluthauch des HERRN. Kann es nach Gottes Gerichtshandeln noch einmal ein neues Wachsen und Blühen geben? – Interpretiert man den Berufungsdialog Jes 40,6–8 in diesem Sinn[66], so wird deutlich, daß Deuterojesaja von der gleichen Müdigkeit und Resignation erfüllt ist wie seine Volksgenossen. Es geht ihm im Grunde nicht anders als jenen, denen er die Hoffnungsbotschaft verkündigen soll. Auch er kann, was er im Himmel vernommen hat, zunächst gar nicht fassen. Aber die himmlische Stimme läßt ihn nicht los. Sie läßt seine Klage nicht gelten. Wohl gibt sie ihm recht, was die Ohnmacht und Vergänglichkeit aller Menschen und Völker betrifft. „Ja, Gras ist das

---

[64] C. Westermann, aaO, S. 34f. Vgl. auch Horst Dietrich Preuß, Deuterojesaja. Eine Einführung in seine Botschaft, 1976, Exkurs 7: Die mesopotamische Umwelt in der Verkündigung Deuterojesajas, S. 87–91.

[65] Vgl. Ps 39; 49; 90; 103,14ff.

[66] Dies ist die Auslegung Westermanns, aaO, S. 37. Nach der üblichen Deutung ist die Stimme des Propheten nur in der Rückfrage: „Was soll ich rufen?" zu hören.

Volk[67]! Das Gras verdorrt, die Blume verwelkt. Doch das Wort unseres Gottes besteht für immer." In dieser Antwort wird das verheißende und zusagende Wort JHWHs der Klage des Propheten gegenübergehalten. Dieses Wort ist nicht vergänglich! Es kann auch in der Situation des Sterbens und Vergehens zu neuem Leben erwecken. Es „kommt zustand für die Dauer"[68].

In den Versen 40,9–11 ist Deuterojesaja bereits zum Verkünder der Freudenbotschaft geworden. Die Botschaft, die er im Himmel gehört hat, die ihm von einem der himmlischen Wesen zugerufen wurde und die er weitergeben soll, ruft er nun über das zerstörte Jerusalem und die verwüsteten Städte Judas aus. Jerusalem soll zur Freudenbotin werden und es allen Städten in Juda verkünden, daß JHWH heimkehrt. Er kommt zum Zion zurück und bringt sein Volk, das er freigekauft hat, selber mit. Wie ein Hirte seine Herde hütet, wie er sich um die kleinen Lämmer und die trächtigen Mutterschafe besonders kümmert, so will sich auch JHWH seines Volkes wieder annehmen und die Befreiten nach Hause führen.

Marc Chagall hat in einer seiner Radierungen den Propheten Jesaja beim Empfang göttlicher Eingebung dargestellt[69]. Gebeugt sitzt er da, in sein Gewand gehüllt, das Gesicht hinter dem vorgehaltenen Arm halb verbergend. Nur die Augen blicken entsetzt über dem Arm hervor und starren auf das, was sich – außerhalb des Bildes – dem Blick des Propheten darbietet. Das Buch, das ihm sonst Weisung und Trost gab, liegt zugeschlagen an der Seite. Es kann nicht mehr Rat und Hilfe schenken. (Oder will Jesaja nicht mehr weiter schreiben?) Doch hinter und über dem Propheten ist die Gestalt eines himmlischen Boten zu sehen. Er kommt aus der Höhe. Sein Gesicht ist fröhlich. Dieser Bote ruft den Propheten an und versucht mit einer energischen Handbewegung, dessen Blick in eine andere Richtung zu lenken. Jesajas Augen sollen nicht länger auf den Untergang seines Vol-

---

67 Dieses Sätzchen ist nach einhelliger Auffassung der Ausleger die Glosse eines Redaktors, der die Klage über das Verdorren und Verwelken speziell auf Israel bezieht.

68 Übersetzung von K. Elliger. Diese Wendung besagt, „daß ‚das Wort unseres Gottes' nicht nur nach und nach in einem geschichtlichen Prozeß zustandekommt, sondern dann auch steht und nicht wieder umfällt, es erfüllt sich mit sicherer Stetigkeit und endgültig". (K. Elliger, a.a.O., S. 26).

69 Bible 99/WVZ Nizza 355. Radierung zu Jes 64,6–11.

kes starren. Über ihm und über dem zerstörten Jerusalem ist ein neuer Lichtglanz aufgegangen. In diesem Lichtglanz kann man geheimnisvolle Buchstaben lesen. Es sind die hebräischen Zeichen für den Gottesnamen: JHWH, „Ich werde dasein, als der Ich dasein werde". Doch diese Buchstaben stehen in der Lichtquelle in umgekehrter Reihenfolge; der Name Gottes ist in Spiegelschrift geschrieben. Man kann ihn nicht sogleich entziffern. Und doch ist Er es, der Gott Israels, der auch in dieser dunkelsten Stunde bei seinem Volk da ist und über seiner Geschichte wacht. Seine Verheißung soll der Prophet aufs Neue vernehmen und dem Volk Israel verkündigen.

Die in Jes 40 bis 55 überlieferten Worte lassen erkennen, wie der Zweite Jesaja versucht hat, die empfangene Botschaft weiterzugeben und wie er sich bemühte, seine Zuhörer mit seiner Freude anzustecken. Doch vor ihm stand ein müdes und verzagtes Volk. Ihm entgegen schlug eine tiefe Hoffnungslosigkeit. Nicht Selbstsicherheit und Überschätzung der eigenen Möglichkeiten waren die Versuchungen, die das Israel seiner Tage kennzeichneten, jetzt ließen eine lähmende Mutlosigkeit und Verzweiflung das Vertrauen zu JHWH nicht mehr aufkommen. „Verlassen hat mich JHWH, der Herr hat mich vergessen!" (Jes 49,14), lautete die Klage der Verbannten. „Mein Geschick ist JHWH verborgen, und mein Recht entgeht meinem Gott" (Jes 40,27), hieß es unter den Überlebenden. Angesichts dieser Verzweiflung im Volk mußte der Zweite Jesaja in ganz anderer und neuer Weise reden. Nicht mehr Scheltrede und Drohwort, die vorherrschenden Redeformen der vorexilischen Propheten, trifft man bei Deuterojesaja an. In seiner Verkündigung finden sich ganz neue Sprachgattungen: Der bedingungslose Heilszuspruch und die Heilsankündigung stehen im Vordergrund; das Disputationswort, in dem der Prophet auf die Zweifel und Klagen seiner Zuhörer eingeht; schließlich die Gerichtsrede, in der JHWH einen angenommenen Rechtsstreit mit den Göttern der Völker führt. Aber auch das eschatologische Jubellied, in dem schon jetzt die Freude laut wird über die vollbrachte Erlösung, durchzieht Deuterojesajas Botschaft[70]. In all diesen Redeweisen

[70] Zu den Redeformen Deuterojesajas vgl. C. Westermann, Sprache und Struktur der Prophetie Deuterojesajas, in: Forschung am Alten Testament. Gesammelte Studien (ThB 24), 1964, S. 92–170, S. 117–163. Ders., Das Buch Jesaja, S. 12–21.

Marc Chagall:
Der Prophet Jesaja beim Empfang göttlicher Eingebung

ringt der Prophet um das Aufmerken seiner Zuhörer. Er ringt um ihren Glauben. Denn er weiß, daß er inmitten von Resignation und Verzweiflung Zuversicht und Vertrauen nicht einklagen und fordern kann. Die neuen Redeformen zielen darauf ab, Glaube und Hoffnung allererst zu wecken.

„Fürchte dich nicht, denn ich bin mit dir." Die Heilszusage (Jes 41,8–13)

Auffallend ist die weit ausholende Anrede, bemerkenswert der innige und persönliche Klang der Worte. „Du aber, Israel, mein Knecht, du, Jakob, den ich erwählt habe, Same Abrahams, den ich liebte..." Es sind die alten Würdenamen Israels, die Namen der Erzväter, die hier fallen. Mit ihnen rückt das frühere Erwählungshandeln Gottes in den Blick. „... den ich erwählt habe... den ich liebte... den ich ergriff... den ich rief... zu dir sprach..." So ist dies alles also nicht ferne Vergangenheit, Gottes Tun an den Vätern nicht abgetan und vorbei? Nein! Indem JHWH Israel mit seinen früheren Würdenamen anredet und sein früheres Handeln nennt, erneuert er seine Gemeinschaft mit diesem Volk und nimmt es als seinen auserwählten „Knecht"[71] wieder an. Was JHWH einst an den Vätern getan hat, daß er sie erwählte und ergriff von den Enden der Erde, daß er sie rief und zu seinem Eigentum erklärte, ist nicht aufgehoben, sondern bleibt gültig auch für den versprengten kümmerlichen Rest. Daher folgt nun der Zuspruch, der in einer Reihe von Heilsworten des Zweiten Jesaja steht und der Botschaft dieses Propheten ihren einmaligen Klang gibt: „Fürchte dich nicht, denn ich bin mit dir! Erschrick nicht, denn ich bin dein Gott!" (41,10; vgl. auch 41,13.14; 43,1.5; 44.2; 54.4). Möglicherweise liegt in dieser Wendung eine Nachbildung des „priesterlichen Heilsorakels" vor, mit dem der Priester dem einzelnen Beter, der mit seiner Klage in den Tempel kam, Gottes Erhörung und Zuwendung zusagte[72]. Doch im Zusammenhang der Botschaft Deuterojesajas ist es ganz Israel, das der Prophet mit seiner Klage und Not vor Gott stehen sieht und dem er nun mit priesterlich-

[71] Zu diesem Begriff s. u. Kp. IV.2 Anm. 28.

[72] Das priesterliche Heilsorakel schimmert in manchen Psalmen durch, z. B. Ps 6,9; 22,22; 35,3; 28,6; 56,11. Es wird ausdrücklich zitiert in der Volksklage Ps 60,8–10 und dem Klagelied Klgl 3,57.

prophetischer Vollmacht die Erhörung zuspricht[73]. Die Begründung dieses: „Fürchte dich nicht!", aber lautet ganz lapidar: „... denn ich bin mit dir" (41,10; 43,2.5); „... denn ich bin dein Gott" (41,10.13; 43,3); „dein Erlöser" (41,14b; 54,5), „dein Hochzeiter" (54,5). Sie erinnert an die im Namen Gottes verborgene Verheißung, die JHWH nun, da er sich wieder seinem Volk zuwendet, aufs Neue über Israel aufleuchten läßt. Deshalb kann es in der Fortsetzung heißen: „Ich habe dich stark gemacht, ja, ich habe dir geholfen" (41,10); „ich habe dich erlöst" (43,1); „ich habe dich bei deinem Namen gerufen" (43,1; 54,6). In diesen Zusagen steht im Hebräischen die Zeitform des Perfekts. Damit kommt zum Ausdruck, daß die Hilfe und Erlösung bei JHWH unwiderruflich beschlossen ist. Ja, sie hat im Akt der Kundgabe schon angefangen zu geschehen. Wie sich das Helfen und Stärken und Erlösen dann im Einzelnen vollziehen soll, beschreiben die folgenden Heilsankündigungen, die in der Zeitform des Futurs das Ende der Bedrohungen (41,11f.15f.), den neuen Auszug (41,17–19; 43,2), die Sammlung des Volkes (43,5–7) und sein neues Wachsen (44,3–5) ansagen.

Immer wieder hat Deuterojesaja diese Redeform der bedingungslosen Heilszusage gebraucht und es den Verbannten in Babylon zugesprochen, daß JHWH ihr Erlöser und Erretter ist, dem sie als sein erwähltes Volk gehören. Doch kann sich das geschlagene Volk wirklich darauf verlassen, daß JHWH mit ihm ist? Hat er noch die Macht, seine Zusagen wahr werden zu lassen? Gegenüber Babylon und seinen Göttern, gegenüber seiner Größe und seinem Glanz, scheinen alle Glaubensüberlieferungen Israels zu verblassen. Vermag JHWH seinem Volk auch jetzt noch beizustehen? Der Zweite Jesaja stellt sich diesen Fragen. Er nimmt die Zweifel seiner Volksgenossen auf und antwortet auf sie in seinen großen Disputationsreden (vgl. 40,12–31; 49,14–26).

---

[73] Zur Gattung der Heilszusage bei Deuterojesaja vgl. C. Westermann, Sprache und Struktur, S. 117–120; Das Buch Jesaja, S. 57–62.

„Ewiger Gott ist JHWH, Schöpfer der Enden der Erde." Ein Disputationswort (Jes 40,12–31)

Claus Westermann lehrt in seinem Kommentar, den Abschnitt Jes 40,12–31 als eine zusammenhängende Redekomposition zu begreifen, die ihr heimliches Ziel in der Antwort auf die Klage Israels in 40,27–30 hat[74]. Alles, was in den Versen 12 bis 26 gesagt wird, geht als vorlaufende Begründung dieser Antwort voraus.

In einer Reihe rhetorischer Fragen verweist der Prophet in 40,12ff. auf die unermeßliche Größe und Unvergleichlichkeit JHWHs. Alle Völker sind wie nichts vor ihm (40,12–17). Aber auch die „Richter der Erde", die Großkönige und Feldherrn, können gegenüber dem, der über dem Kreis der Erde thront, nicht bestehen. Sie gleichen dem Gras und der Blume, die kaum gesät, kaum eingewurzelt, dahinwelken vor dem Atem Gottes (40,18–24; vgl. 40,6f.!). Selbst die Gestirne, zu denen die Völker ihre Augen erheben und in denen sie die obersten, alles beherrschenden Gottheiten sehen, sind unter JHWHs Macht, Gottes Geschöpfe, die er in ihre Bahnen weist und mit ihren Namen kennt (40,25f.). Wie kann da Jakob noch klagen, daß JHWH ihn vergessen habe? Wie kann Israel noch meinen, daß er sich um sein Geschick nicht mehr kümmere?

Der Zweite Jesaja hat wie keiner der Propheten vor ihm das Schöpferlob der Psalmen aufgenommen und in seine Botschaft eingefügt. Und doch dient die Verherrlichung des Schöpfers, der zugleich der Herr der Geschichte ist, nur der *einen* Aussage, daß dieser Gott, der Himmel und Erde erschaffen hat, *JHWH* ist, *Israels Gott*, der sich jetzt seines Volkes wieder annimmt. Daher lautet die Antwort auf die in Vers 27 zitierte Klage: „Hast du nicht gemerkt? Hast du nicht gehört? Ewiger Gott ist Jahwe, Schöpfer der Enden der Erde" (40,28; vgl. 40,21). Er aber, der in seiner unermeßlichen Macht über allem steht, hört nicht auf, in der Geschichte zu wirken. Seine Einsicht ist tiefer als die Einsicht der Menschen, und seine Wege gehen weiter als es Menschen voraussehen (vgl. 55,8f.). Darum empfangen diejenigen, die auf JHWH harren, eine neue Kraft, so daß sie nicht ermüden.

Deuterojesaja gebraucht hier nicht das Verb, das in Jes 7,9 und 28,16 vorkam, sondern einen anderen Ausdruck, der im

[74] C. Westermann, Das Buch Jesaja, S. 41–53.

Umfeld des Wortes „glauben“ liegt, aber doch eine andere Bedeutungsnuance hat[75]. Auf JHWH hoffen, besagt: für ihn geöffnet sein, nach ihm ausschauen, sich seiner Zukunft entgegenstrecken. Wer dies tut, wird nicht müde und matt werden. Denn die so nach JHWH ausschauen und sich ausstrecken,, „erneuern“ bzw. „wechseln“[76] die Kraft. An die Stelle ihrer eigenen Stärke, die, mag sie auch die Stärke von Jünglingen und jungen Kriegern sein, in der Hoffnungslosigkeit erliegt, tritt eine andere Kraft, die ihre Stärke von dem nimmt, der nicht müde und matt wird. Diese Kraft läßt Flügel wachsen. In ihr können sich Menschen in den Himmel schwingen wie Adler. Sie können laufen – nach Hause laufen – und werden dabei nicht ermüden; sie können gehen – JHWH hinterherziehen – und werden dabei nicht ermatten.

Doch der Zweite Jesaja disputiert nicht nur mit seinen Volksgenossen, er antwortete nicht nur auf ihre Zweifel und Fragen, sondern er sucht auch die Auseinandersetzung mit denjenigen, deren scheinbare Überlegenheit und Macht die Verbannten so fasziniert, mit den Göttern Babylons. Dies geschieht in den Gerichtsreden, in denen der Prophet vor dem Forum der Völker, in Wirklichkeit aber vor den Ohren Israels, den anderen Göttern ihre Geschichtsmacht bestreitet und die Einzigkeit und Göttlichkeit JHWHs herausstellt[77].

„Vor mir ward kein Gott gebildet.“ Die Gerichtsrede (Jes 43,8–13)

Obwohl es selber blind und taub ist, wird Israel doch als Zeuge Gottes vor das Forum der Völker gestellt. Es kann bezeugen, daß JHWHs Worte durch Propheten ergangen sind und daß diese Worte an ihm erfüllt wurden. JHWH hat sich an Israel als

[75] Nach A. Weiser, THWNT VI, S. 194, meint das Verb qwh in seiner Grundbedeutung „die konkrete Zuständlichkeit der gespannten Haltung“. Es bedeutet ein gespanntes Aussein auf etwas und wird vor allem in den Psalmen im „Bekenntnis der Zuversicht“ gebraucht. Vgl. C. Westermann, Art.: qwh hoffen, in: THAT II, Sp. 619–629, Sp. 624–626.

[76] Das hier gebrauchte hebräische Verb hlf hi heißt wörtlich „wechseln“, „an jemandes Stelle treten lassen“, „ändern“.

[77] Zu den Gerichtsreden gegen die Völker und ihre Götter zählt Westermann: 41,1–5. 21–29; 43,8–15; 44,6–8; 45,20–25. Sprache und Struktur, aaO, S. 134–141; Das Buch Jesaja, S. 16f.

der erwiesen, der die Geschichte nach seinem Wort heraufführt. Können auch die anderen Völker für ihre Götter ihre Zeugen stellen? „Ihr seid meine Zeugen, spricht JHWH, und mein Knecht, den ich erwählte; daß ihr erkennt und mir glaubt und einseht, daß ich es bin." Man würde als Fortsetzung in Vers 10b eher erwarten: „... daß *sie* erkennen und mir glauben..." Doch Deuterojesaja führt die Auseinandersetzung mit den Völkern und ihren Göttern um Israels willen. Das blinde und taube Volk soll als Erstes erkennen und JHWH glauben und zur Einsicht kommen.

In der Textstelle Jes 43,10 gebraucht auch der Zweite Jesaja das Verb h'mn, das in Jes 7,9 und 28,16 begegnete. Doch er gebraucht es nicht objektlos wie der Erste Jesaja, sondern in einer Dativverbindung. Israel soll erkennen und *„mir"* glauben, „daß ich es bin". Erinnert man sich, daß „Erkennen" im Hebräischen nicht nur einen theoretischen Akt bezeichnet, sondern ein Anerkennen und Erwählen meint, welches die Beziehung zum Erkannten mit einschließt, so wird deutlich, daß beide Verben: „erkennen" und „glauben", denselben Vorgang beschreiben. Israel, an dem sich vor allen Völkern Gottes Geschichtsmacht offenbarte, soll endlich auch selbst zur Einsicht kommen. Es soll JHWH glauben und anerkennen, „daß ICH es bin". Wir stoßen hier im Alten Testament auf die geheimnisvolle Offenbarungsformel, die auch im Johannesevangelium im Munde Jesu vielfach begegnet. Sie weist auf den Namen Gottes zurück, in dem Gott sein „Ich werde sein, der Ich sein werde" am Anfang der Geschichte Israels vor Mose aussprach. Die Unvergleichlichkeit Gottes gegenüber allen geschöpflichen Wesen kommt in diesem Namen zum Ausdruck, wie auch seine besondere Nähe, in der er, JHWH, ganz für sein Volk Israel dasein will. Beide Betonungen werden auch von Deuterojesaja unterstrichen. „Vor mir ward kein Gott gebildet, und nach mir wird keiner sein", heißt es gegenüber allen anderen Göttern. „Ich, ich, JHWH, und außer mir ist kein Helfer", lautet die Zusage gegenüber Israel. Zum ersten Mal wird hier im Alten Testament bestritten, daß es andere Götter vor oder neben JHWH geben kann, und daß es sie jemals gegeben hat. JHWH allein ist Gott, und er ist der einzige Helfer für sein Volk. Israel soll also staunend inne werden, daß es in der hinter ihm liegenden nationalen Katastrophe wie in der sich abzeichnenden geschichtlichen Wende mit keinem anderen zu tun hat als JHWH allein, und daß JHWHs Gedanken höher sind als menschliche Gedanken. „Kein Fremder war unter euch", und „auch heute bin ich derselbe".

Israel soll JHWH als den einzigen Gott und Helfer erkennen und zum Glauben kommen. Doch auch die Konjektur zu Vers 10, die das Verb „erkennen" in die 3. Person Plural setzt und auf die Völker bezieht, hat ihr sachliches Recht. „Ihr seid meine Zeugen, spricht der Herr..., damit *sie* zur Einsicht kommen und an mich glauben..." (Übersetzung der Zürcher Bibel). Für den Zweiten Jesaja ist es nicht nur Israel, dem am Ende die Augen und Ohren aufgehen, zuletzt werden es alle Enden der Erde sein, die sich zu JHWH bekehren und von ihm retten lassen. Denn so hat er es bei sich selbst geschworen, ein Wort, das nicht rückgängig wird: „Mir wird sich beugen jedes Knie, mir Treue schwören jede Zunge und sprechen: ‚Nur in JHWH ist Heil und Stärke'." (Jes 45,23 f. Z).

„Jauchzet ihr Himmel." *Die echatologischen Jubellieder*

Noch eine Redeform gilt es zu bedenken, die der Botschaft Deuterojesajas ihr besonderes Gepräge gibt. Es sind die Loblieder oder Jubelrufe, die seine Verkündigung durchziehen[78]. Immer wieder werden die Redekompositionen im Buch des Zweiten Jesaja unterbrochen von Liedern strahlender Freude, in denen Israel und alle Bewohner der Erde, ja, in denen Himmel und Erde aufgefordert werden, in Jubel auszubrechen und JHWH ein neues Lied zu singen. Der Grund dieser jubelnden Freude aber ist das Geschehen, das in der himmlischen Welt vor JHWH schon im Anbruch ist.

> Jauchzet, ihr Himmel, juble, o Erde!
> Ihr Berge, brecht aus in Frohlocken!
> Denn getröstet hat Jahwe sein Volk,
> Er erbarmt sich seiner Elenden." (Jes 49,13)

[78] Westermann nennt: Jes 42,10–13; 44,23; 45,8; 48,20 f.; 49,13; 51,3 (Fragment); 52,9 f.; 54,1 f. Sprache und Struktur, S. 157–163; Das Buch Jesaja, S. 19 f.

Brecht aus, frohlockt vereint,
ihr Trümmer Jerusalems,
denn erbarmt hat sich Jahwe seines Volkes,
erlöst Jerusalem... (Jes 52,7+8)

In diesen Lobliedern zeigt sich, daß die Botschaft Deuterojesajas in einem Ereignis gründet, das bei Gott schon geschehen ist. JHWH hat seinen Zorn gewendet. Er hat sich Israels erbarmt und sein Volk getröstet. Darum stimmt der Prophet jetzt schon das eschatologische Freudenlied an und fordert seine Zuhörer auf, in dieses Lied mit einzufallen. Das geschlagene Volk soll und darf sich jetzt schon in die Stunde der Rettung hineinstellen und dem, der Israel losgekauft hat, mit Freude und Lob antworten. Es soll sich an JHWH und seinem Kommen festmachen und nicht mehr das, was ihm noch so furchterregend und übermächtig vor Augen steht, als die letzte Wirklichkeit ansehen. In den eschatologischen Lobliedern wird die Nähe, aber auch der Unterschied zur Botschaft des Ersten Jesaja besonders deutlich. Entschied sich beim Ersten Jesaja der Glaube Israels daran, wo es sich in den politischen Konflikten, in denen seine Existenz auf dem Spiel stand, letztlich festmachte, und war hier die Absage an die falschen Götter verlangt, so geht es beim Zweiten Jesaja um das Gewinnen neuer Hoffnung. Bei ihm kommt der Glaube darin zum Ausdruck, „daß der Jubel über die vollbrachte Rettungstat Gottes da angehoben wird, wo von dieser Rettung noch nichts zu sehen ist“[79]. Claus Westermann deutet vorsichtig an: „In den Lobliedern Deuterojesajas wird deutlich, daß im Alten Testament das Gotteslob an der Stelle stehen kann, die im Neuen Testament der Glaubensbegriff einnimmt.“[80]

Zur Weiterarbeit

Georg Fohrer, Die Propheten um die Mitte des 6. Jahrhunderts (Die Propheten des Alten Testaments 4), Gütersloh 1975.

Horst Dietrich Preuß, Deuterojesaja. Eine Einführung in seine Botschaft, Neukirchen-Vluyn 1976.

Claus Westermann, Das Buch Jesaja. Kap. 40–66 (ATD 19), Göttingen 1970.

[79] C. Westermann, Das Buch Jesaja, S. 20.

[80] AaO, S. 19.

IV. Israel und die Völker

„An uns ist es, zu preisen den Herrn des Alls,
Huldigung darzubringen dem Schöpfer des Anbeginns, daß er
uns nicht erschaffen gleich den Völkern der Länder
und uns nicht gleichgemacht den Familien der Erde,
daß er unseren Anteil nicht gleichgemacht hat dem ihren
und unser Los gleich dem all ihrer Menge,
(sie beten ja an das Nichtige und Eitle,
sie flehen zu dem, der nicht hilft!)
(Doch) wir knien nieder, bücken uns
und danken dem König aller Könige,
dem Heiligen, gelobt sei er,
er wölbte den Himmel und gründete die Erde,
der Sitz seiner Ehre ist im Himmel oben
und die Stätte seiner Macht in den höchsten Höhen.
Er ist unser Gott, keiner sonst,
in Wahrheit unser König, keiner außer ihm...
Darum hoffen wir auf dich, Ewiger, unser Gott,
bald die Herrlichkeit deiner Macht zu schauen,
daß die Greuel von der Erde schwinden
und die Götzen vertilgt werden,
die Welt gegründet wird auf das Reich des Allmächtigen
und alle Menschenkinder deinen Namen anrufen,
daß sich dir zuwenden alle Frevler der Erde,
erkennen und einsehen alle Bewohner der Welt,
daß sich vor dir jedes Knie beugen,
jede Zunge schwören soll.
Vor dir, Ewiger, unser Gott, werden sie knien
und sich niederwerfen
und der Majestät deines Namens Ehre darbringen,
alle nehmen sie die Anerkennung deines Reiches auf sich,
und du regierst bald über sie immer und ewig,
denn das Reich ist dein,
und in allen Ewigkeiten regierst du in Ehre.
Wie... geschrieben: Der Ewige regiert immer und ewig!“[1]

---

[1] Mußafgebet für das Neujahrsfest, in: Sidur sefat emet. Mit deutscher Über

Dieses jüdische Neujahrsgebet, das um 300 n. Chr. verfaßt wurde und noch heute am Ende jedes jüdischen Gottesdienstes gebetet wird, spricht das Selbstbewußtsein eines Volkes aus, das sich von Gott aus allen Völkern herausgerufen weiß. Es zeigt aber auch, wie Israels Erwählung letztlich allen Völkern dienen und ihnen zum Segen werden soll. Sie beten das Nichtige und Eitle an, sie flehen zu dem, der nicht hilft[2]. Doch einmal werden alle Menschen den Namen dessen anrufen, den Gottes auserwähltes Volk jetzt schon kennt und preist. Am Ende werden sich alle niederwerfen vor dem Ewigen, Israels Gott, und seine Herrschaft anerkennen. Denn Er hat den Himmel gewölbt und die Erde gegründet. Die ganze Schöpfung ist sein Eigentum. Über ihr wird sich die „Herrlichkeit seiner Macht" offenbaren, wenn die Götzen vertilgt werden und sich auch die „Frevler der Erde" dem allein wahren Gott zuwenden. Zu diesem verborgenen Ziel ist Israels Gott mit allen Völkern unterwegs. Darauf, „daß die Welt gegründet wird auf das Reich des Allmächtigen", ist sein Wille gerichtet.

Schöpfung und Erlösung, Urzeit und Endzeit, gehören also, wie dieses jüdische Gebet zeigt, zusammen. Weil Gott der König aller Könige und Herr aller Völker ist, werden auch am Ende *alle* Menschenkinder seinen Namen anrufen und vor ihm ihre Knie beugen. Weil er am Anfang Himmel und Erde erschuf, wird auch am Ende die *ganze* Welt die „Herrlichkeit seiner Macht" schauen. Diese Hoffnung kommt in den großen Lobpsalmen Israels immer wieder neu zur Sprache. Von dieser Hoffnung zeugen die endzeitlichen Erwartungen der Propheten.

---

setzung von S. Bamberger, Basel 1972, S. 241 f. mit Genehmigung des Victor Goldschmidt Verlages Basel.

[2] Dieser Satz, der oben in Klammern gesetzt und in dem unter Anm. 1 genannten jüdischen Gebetbuch weggelassen ist, hat seit dem 15. Jahrhundert immer wieder zu Judenverfolgungen im christlichen Abendland geführt. Man behauptete, er richte sich gegen die Christen und gegen den Gott der Christen. So gab er willkommenen Anlaß, um gegen Juden vorzugehen. In den jüdischen Gebetbüchern fehlt er schon seit langer Zeit. Vgl. Leo Hirsch, Jüdische Glaubenswelt, 1966, S. 32.

1. Die Frage nach dem Anfang. Die Urgeschichte

Das Alte Testament erzählt, wie sich JHWH in wunderbaren Heilstaten, aber auch in unerbittlichen Gerichten als *Israels* Gott offenbart hat. JHWH hat einst Abraham aus allen Völkern herausgerufen und ihm und seinen Nachkommen Segen verheißen. Er hat die Väter aus Ägypten geführt und mit ihnen am Sinai einen Bund geschlossen. Israel ist Gottes Eigentumsvolk, das er sich vor allen Völkern erwählte. Und dennoch beginnt die Bibel nicht mit dieser Erwählungsgeschichte. An ihrem Anfang lesen wir eine „Urgeschichte", die von dem Geschick aller Völker, von ihren Wegen und Irrwegen, ja, von der Erschaffung der ganzen Welt, erzählt. In dieser Völkerfamilie hat auch Israel seinen Ursprung. Aus den Sippen der Völker sind einst die Väter Israels hervorgegangen und zum Segen der Völker soll am Ende Abrahams Weg und der seiner Nachkommen werden (vgl. 1.Mose 12,3). So ist Israel nicht nur um seiner selbst willen erwählt worden. Es bleibt auch in seiner besonderen Geschichte auf das Geschick der Völkerwelt bezogen.

Der Erzähler, der als Erster das Verhältnis Israels zu den Völkern und die Frage nach dem Schicksal der ganzen Menschheit reflektierte, war der Jahwist bzw. die Erzählergruppe, die das jahwistische Geschichtswerk schuf. Gerhard von Rad hat immer wieder betont, welch ein revolutionärer Schritt es gewesen sei, daß der Jahwist seine Darstellung der Geschichte Israels nicht mit der Erwählung der Väter, sondern mit einer Urgeschichte begann[3]. Während die Bekenntnisse Israels in 5. Mose 6,20–24; 26,5–9; Jos 24,2f. auf den Auszug aus Ägypten und das, was JHWH an den Vätern getan hat, zurückblicken und bezeugen, wie sich JHWH in der Geschichte der Väter als der rettende und bewahrende Gott offenbarte, sieht der Jahwist auch noch über diese Anfänge hinaus. Er erkennt in JHWH den Gott aller Völker und fragt, wie sich sein Handeln an Abraham und seinen Nachkommen zu der Geschichte der ganzen Menschheit verhalte. Warum rief Gott Abraham aus der Völkerwelt heraus? Welchen Sinn hat die mit ihm und seinen Nachkommen begonnene Geschichte? Eine Antwort darauf gibt die jahwistische

[3] G. v. Rad, Das formgeschichtliche Problem des Hexateuch (1938), in: Gesammelte Studien zum Alten Testament (TB 8), 1965, S. 9–86, hier S. 71–75. Ders., Theologie des AT I, S. 152f. 174–178. Ders., Das erste Buch Mose, S. 15f.

Urgeschichte, die der Jahwist der Erwählungsgeschichte Israels ganz bewußt voranstellt. Sie erzählt von der Erschaffung des ersten Menschenpaares, ihrem Ungehorsam gegen Gottes Gebot und den Lebensminderungen, die infolge dieser Schuld in die Welt kamen. Mit Adam und Eva, mit Kain und Abel begann eine Geschichte, in der sich die Menschheit immer mehr von Gott entfernte, und in der auch die Entfremdung unter den Menschen immer tiefer wurde.

Auch die Priesterschrift, das große Erzählwerk aus der Exilszeit, beginnt seine Darstellung mit einer Vorgeschichte. 1.Mose 1,1–2,4a berichtet, wie Gott am Anfang das Chaos bändigte, wie er Himmel und Erde schuf und allem Geschaffenen seine Ordnung gab. Aber die Erde füllte sich mit Frevel, „alles Fleisch hatte seinen Weg verderbt" (1.Mose 6,9–12). So ließ Gott die große Flut kommen und vernichtete alles, was er erschaffen hatte. Nur Noah und seine Söhne samt allem, was mit ihm in der Arche war, wurden gerettet. Mit ihnen und allen überlebenden Wesen schloß Gott noch einmal einen Bund und setzte als Zeichen, daß er nicht noch einmal die Erde verderben wolle, den Regenbogen in die Wolken.

Spätere Redaktoren haben beide Erzählwerke ineinander gefügt und so eine zusammenhängende Geschichte geschaffen, deren theologische Akzente grundlegend geworden sind. Diese Geschichte erzählt von der ursprünglichen Schönheit und Güte der Schöpfung, die Gott durch sein Wort ins Sein rief. Aber auch von dem Sündenfall ist die Rede und von den großen Störungen, die durch den Ungehorsam der ersten Menschen in die Welt kamen. Doch obwohl das Dichten und Trachten der Menschen nur böse ist und sich die Erde mit Frevel füllt, bleibt Gott dennoch seiner Schöpfung treu. Er hält sie über dem Abgrund und läßt die Chaosfluten nicht noch einmal über ihr zusammenschlagen.

Der Aufriß der Urgeschichte:

Die Erschaffung von Himmel und Erde
  1. Mose 1,1–2,4a Priesterschrift (P)
Die Erschaffung des Menschen
  1. Mose 2,4b–25 Jahwistisches Erzählwerk (J)
Die große Störung: der Sündenfall
  1. Mose 3,1–24 J
Die große Störung: der Brudermord
  1. Mose 4,1–16 J
Die Nachkommen Kains; das Anwachsen der Sünde
  1. Mose 4,17–26 J

Stammbaum von Adam bis Noah
1. Mose 5,1–32 J und P
Die große Flut. Gericht und Bewahrung
1. Mose 6,1–9,17 J und P
Noahs Söhne und die von ihnen abstammenden Völker
1. Mose 9,18–10,32 J und P
Sprachenverwirrung und Zerstreuung
1. Mose 11,1–9 J
Stammbaum von Sem bis Abraham
1. Mose 11,10–32 J und P
Der Auszug Abrahams
1. Mose 12,1–4a J

„... und siehe, es war sehr gut."
(1.Mose 1,1-2,4a)

Diese Geschichte am Anfang der Bibel klingt wie ein gewaltiger Hymnus. In kurzen, sich aneinander reihenden monumentalen Sätzen wird hier das Lob Gottes, des Schöpfers, gesungen. „Am Anfang schuf Gott Himmel und Erde... Und Gott sprach: Es werde... und es ward... Und Gott sah, daß es gut war..." Vor allen Auslegungsproblemen, die dieser Text aufgeben mag, ist zunächst zu hören, wie hier der priesterliche Zeuge voll Staunen die ganze Schöpfung als Gottes Werk beschreibt. Von der „Feste des Himmels" bis zu allem „Gras und Kraut, das Samen bringt, ein jedes nach seiner Art", von den „großen Lichtern" bis zu allem „Getier", das im Wasser und auf der Erde lebt, ist die ganze Welt in ihrer Größe und Artenvielfalt in seinem Blick. Und immer wieder lautet das Urteil über alle einzelnen Schöpfungswerke: „Und Gott sah, daß es gut war." Am Ende steht im Rückblick auf Gottes gesamtes Schaffen sogar der Satz, der die ganze Schöpfung für „sehr gut" erklärt: „Und Gott sah an alles, was er gemacht hatte, und siehe, es war sehr gut." (1. Mose 1,31)

Fragt man, woher der strenge und erhabene Klang der ersten biblischen Schöpfungserzählung kommt, so fallen die Sätze auf, die sich in immer gleicher Folge durch den ganzen Bericht ziehen und jedes einzelne Schöpfungswerk rahmen:

Und Gott sprach:
Es werde...

Und es geschah so.
Und Gott sah, daß es gut war.
Da ward aus Abend und Morgen der... Tag.

Nach Claus Westermann handelt es sich bei diesen Sätzen um Bestandteile eines einzigen Vorganges. Es sind die Elemente eines Befehls, der durch das „Gott sprach" eingeleitet wird und in dem „es werde" gipfelt; dessen Ausführung mit den Worten „und es geschah so" festgestellt und der am Ende als gut beurteilt und in eine Zeitfolge eingeordnet wird[4]. Alles, was der Betrachter in der Welt vor Augen hat, ist durch Gottes ausdrücklichen Befehl geworden. Hinter allem, was erschaffen ist oder sich emporentwickelte (vgl. 1,12 und 1,24), steht Gottes bestimmender Wille, sein schöpferisches Wort.

Doch offenbar war der vorliegende Bericht nicht von Anfang an auf dieses Formschema hin angelegt. Von 8 Schöpfungswerken wird in 1.Mose 1 erzählt, obwohl vor dem siebenten, dem Ruhetag, nur sechs Tage liegen. So mußte an bestimmten Tagen von jeweils zwei Schöpfungswerken erzählt werden: Am 1. Tag schuf Gott das Licht, am 2. Tag die Feste zwischen den Wassern. Am 3. Tag entstanden die Erde und das Meer, es gingen in einem weiteren Schöpfungswerk aber auch die Pflanzen, Gras und Kraut und alle Frucht tragenden Bäume aus der Erde hervor. Am 4. Tag wurden die Lichter des Himmels, am 5. Tag die Wassertiere und die Vögel erschaffen. Am 6. Tag machte Gott die Tiere des Feldes, und an diesem Tag erschuf er auch als letztes seiner Werke den Menschen.

Aber auch die Verben, mit denen Gottes Schöpferhandeln beschrieben wird, zeigen, daß die priesterschriftliche Erzählung am Ende doch nicht so eindeutig und geschlossen ist, wie sie auf den ersten Blick erscheint. In der Überschrift des ganzen Berichtes, in 1.Mose 1,1, und in der Unterschrift, 1. Mose 2,4, findet sich das Verb, das eine einzigartige theologische Qualität hat. „Am Anfang *schuf* Gott Himmel und Erde"; „So sind Himmel und Erde geworden, als sie *geschaffen* wurden". Das an diesen Stellen zugrundeliegende hebräische Wort „br'" wird, wo es vorkommt, immer nur für das Tun Gottes verwendet. Und es steht nie in Verbindung mit der Angabe eines Stoffes, aus dem Gott irgendetwas macht[5]. Sein freies und unvergleichliches schöpferisches Wirken wird mit diesem Verb betont. Gott hat die Welt nicht wie ein Handwerker aus vorgegebenem Stoff gestaltet, er rief Himmel und Erde ins Sein

[4] C. Westermann, Schöpfung (ThTh 12), 1971, S. 60f. Ders., Genesis I, S. 117f.

[5] Vgl. W. H. Schmidt, Art.br' schaffen, in: THAT I, Sp. 336–339.

durch sein schöpferisches Wort[6]. Doch finden sich neben diesem theologisch qualifizierten Verb auch noch andere Tätigkeitswörter, in denen Gottes Tun viel menschlicher, dem menschlichen Tun vergleichbarer, beschrieben wird. Gott *machte* die Feste und *schied* das Wasser unter der Feste von dem Wasser über ihr. Er gab der Erde den Befehl, daß sie aus sich heraus die Pflanzen *aufgehen lassen* sollte, sogar auch die Landtiere sind nach der Vorstellung der Erzählung von der Erde hervorgebracht. Gott *machte* auch die Gestirne und hängte sie wie Lampen an die Feste des Himmels. Nur bei der Erschaffung der Seeungeheuer in der Tiefe (1,21) und bei der Erschaffung des Menschen (1,26 f.) wird noch einmal der gefüllte Ausdruck „br'" verwandt. Daher gehen viele Exegeten von der Hypothese aus, daß dem Verfasser von 1. Mose 1 eine ältere Schöpfungsdarstellung vorgelegen hat, die er in bewußter Absicht überformte[7]. Danach hätte der priesterschriftliche Erzähler eine Tradition gekannt, in der von 8 Schöpfungswerken die Rede war, die er aber nun seinem besonderen Aussagewillen, der Erzählung von den sieben Tagen, bewußt unterordnete. Vom priesterschriftlichen Erzähler stammen die Überschrift 1. Mose 1,1 (und die Unterschrift 1. Mose 2,4 a), sowie die Rahmensätze, die nun dem ganzen Bericht den gravitätischen und monotonen Klang geben.

„Am Anfang schuf Gott Himmel und Erde."

Dies ist die Überschrift für den ganzen Schöpfungsbericht. Ein Anfang wird gesetzt, der Anfang, da Gott Himmel und Erde schuf. „Wer je schon in die Weltentstehungsgeschichten anderer Völker hineingehorcht hat, seien es die Weltentstehungsgeschichten der alten Ägypter und Babylonier, oder der Inder und Japaner, der wird schon bei diesen ersten Worten der biblischen Geschichte empfinden, daß er sich in einer anderen Luft befindet. Auch in jenen anderen Ländern erzählt man sich vom Werden der Welt. Aber meistens steht dann hier am Anfang ein dunkles, unbestimmtes chaotisches Etwas. Ein Es, aus dem sich wie aus einem dumpfen, unbewußten Muttergrunde heraus allmählich eines ums andere hervorringt, und aus dem Ungestalte-

6 Auch wenn der Gedanke der „creatio ex nihilo" für den Erzähler noch nicht denkbar war – er tritt zum erstenmal in 2. Makk 7,28 auf –, so ist doch mit br' entsprechendes ausgedrückt: „..., daß Gottes Wirken etwas Neues, das (so) zuvor nicht da war, entstehen läßt." W. H. Schmidt, aaO, Sp. 338.

7 Vgl. G. v. Rad, Das erste Buch Mose, S. 41. 50 f.; Werner H. Schmidt, Die Schöpfungsgeschichte der Priesterschrift. Zur Überlieferungsgeschichte von Genesis 1,1–2,4 a und 2,4 b–3,24 (WMANT 17), ^{2}1967; C. Westermann, Genesis I, S. 113–126. Kritisch gegen diese Hypothese wendet sich Odil Hannes Steck, Der Schöpfungsbericht der Priesterschrift (FRLANT 115), 1975.

ten das Gestaltete herauswächst."[8] Im denkbar schärfsten Gegensatz hierzu steht der biblische Schöpfungsbericht. „Hier steht nicht das dumpfe, unpersönliche Es einer allgebärenden Urmutter am Anfang, hier ist über all dieses Reden hin der Königsanspruch des persönlichen Herrn ausgerufen."[9] Zwar gebraucht die Priesterschrift hier wie in der ganzen Ur- und Vatergeschichte noch die allgemeine Gottesbezeichnung „Elohim". Doch ist jedem Leser deutlich, daß sich in diesem Gott derjenige verbirgt, der sich einmal mit seinem Namen JHWH „Ich bin da für euch" Israel offenbaren wird (vgl. 2. Mose 6,2 f.). Dieser schuf (br') Himmel und Erde, Länder und Meere, Pflanzen und Tiere und alle Menschen. Er ist der Herr seiner ganzen Schöpfung. Wie vielfältig im folgenden Bericht auch Gottes Tun beschrieben werden mag, deutlich wird bereits in dieser Überschrift gesagt, daß alle Schöpfungswerke durch Gottes unvergleichliches, freies und souveränes Erschaffen geworden sind.

„Und Gott sprach: ..."

Mit diesem Satz wird in 1.Mose 1 jedes der acht Schöpfungswerke eingeleitet, mit ihm beginnt in Vers 3 die eigentliche Schöpfungsgeschichte. Doch zunächst blickt der Erzähler in Vers 2 noch einmal zurück. Er möchte die abgründige Tiefe beschreiben, in die Gottes schöpferisches Wort erging. Aber er kann das Nichts noch nicht abstrakt denken. Er stellt es sich als ein „Tohuwabohu", als eine finstere Urflut vor, die durch einen „Gottessturm" aufgewühlt und in unruhiger Bewegung gehalten wurde. In dieses finsteres Chaos hinein sprach Gott sein befehlendes Wort: „Es werde Licht!" Und es wurde Licht. „Es werde eine Feste zwischen den Wassern, die da scheide zwischen den Wassern ..." Und es geschah so.

In diesen Sätzen begegnen uralte mythische Anschauungsformen, die in den Schöpfungserzählungen in Israels Umwelt Bedeutung haben[10]. Im babylonischen Weltschöpfungslied „Als droben" (Enuma elisch)[11] spielt die Chaosmacht „Tiamat" eine besondere Rolle. Sie ist die Ur-

---

[8] W. Zimmerli, Die Urgeschichte. 1. Mose 1–11 (ZBK AT) ^{3}1967, S. 35 f.

[9] W. Zimmerli, aaO, S. 36.

[10] Altorientalische Parallelen zu den biblischen Schöpfungserzählungen sind zusammengestellt in: Othmar Keel/Max Küchler, Synoptische Texte aus der Genesis I/II. Die Texte/Der Kommentar (BiBe 8,1/8,2), 1971.

[11] Vgl. H. Greßmann, Altorientalische Texte zum AT, S. 108–129.

mutter der Götter und zugleich die Urflut, die alle ihre Nachkommen wieder zu verschlingen droht. Nur Marduk, der oberste Gott des babylonischen Pantheons, vermag sie zu bezwingen. Er kämpft sie und ihre Brut – Riesenschlangen, die sie geboren hat – nieder, indem er die vier Winde und den Sturm in ihren Leib eindringen läßt und sie mit seinem Pfeil tötet. Dann hälftet er ihren Leib und baut aus den Teilen ihres Körpers den Himmel und die Erde. Anklänge an diese mythischen Vorstellungen sind in 1. Mose 1 zu erkennen. Die Rede von der Urflut, der „tehom", mag auch sprachlich an „tiamat", das Chaosungeheuer, erinnern[12]. Die Finsternis und der „Gottessturm" beschreiben auch in anderen Schöpfungsberichten das anfängliche Chaos[13]. Die „Feste des Himmels", die Gott in die Wasser hineinsetzt, um sie voneinander zu scheiden, ähnelt dem gehälfteten Leib Tiamats, den Marduk mit einer Haut überzieht, damit die Wasser nicht herausströmen usw.[14]. Vorstellungen altorientalischer Schöpfungsmythen werden also im priesterschriftlichen Bericht vorausgesetzt. Doch wie anders geht der biblische Erzähler mit ihnen um!

In der priesterschriftlichen Schöpfungsgeschichte ist nichts mehr davon zu spüren, daß die Urflut die feindliche Chaosmacht ist, die Gott in einem Kampf niederringen mußte[15]. Sie ist auch nicht der Urstoff, aus dem er wie ein Baumeister Himmel und Erde konstruierte. Aus ihr sind nicht durch Göttergeburten die Grundstrukturen der Welt, der Himmel und die Erde, hervorgegangen[16]. Am Anfang schuf Gott Himmel und Erde". Und er schuf sie durch sein geschichtsmächtiges Wort. Wie es Israel in seiner späteren Geschichte immer wieder erfuhr, daß JHWHs Wort, durch Mose und die Propheten gesprochen, nicht leer zu

[12] G. v. Rad, aaO, S. 38.

[13] Zur Auslegung von 1. Mose 1,2c vgl. C. Westermann, Genesis I. S. 147–150. W. Zimmerli verweist aaO, S. 43, auf einen phönizischen Bericht, der erzählt, „daß im Urzustand der Welt finstere, hauchartige Luft über einer schlammigen, finsteren Urmasse gelegen habe".

[14] Hinter diesem Motiv wie auch hinter den Aussagen von 1. Mose 1,6–10 steht letztlich das babylonische Weltbild, demzufolge die Erde als eine Scheibe, schwimmend auf dem Urozean, vorgestellt wird, die von den Wasserfluten des Chaosmeeres umgeben ist. Nur die „Feste des Himmels" schützt die Erde davor, daß die Wassermassen nicht wieder über ihr und allen Lebewesen zusammenschlagen.

[15] Dies klingt in den Schöpfungspsalmen noch sehr deutlich an. Vgl. Ps 74,13–15; Ps 89,9–12; Ps 104,5–9; auch Hiob 38,4–11.

[16] Mit einer Folge von Göttergeburten, die auf die Entstehung der Grundprinzipien der Welt hinweisen, beginnt der babylonische Schöpfungsmythos „Als droben" (s.o. Anm. 9).

ihm zurückkehrt, sondern wirkt, wozu er es gesandt hat (vgl. Jes 55,10f.), so ist es nach dem Zeugnis des Priesters auch am Anfang bei der Schöpfung geschehen. Gottes Wort hat gewirkt, was er beschlossen, und hat ausgerichtet, wozu er es gesendet hat.

„Und es geschah so."

Mit diesem sich ebenfalls wiederholenden Satz wird alles Seiende zu Gottes Schöpfung, seinem Werk, erklärt, das nur durch ihn Bestand und Wesen hat. Die Welt ist nicht aus einem göttlichen Urgrund hervorgewachsen. Nichts in der Welt kann daher göttliche Art beanspruchen. Weder der Sonne noch dem Mond noch den Sternen, die in Babylon und anderswo als Erscheinungsformen der Götter galten, kann göttliche Verehrung zukommen. Sie sind Lampen, von Gott an die Feste des Himmels gesetzt, damit sie auf die Erde scheinen und zur Bestimmung des Kalenders dienen (1. Mose 1,14–19)[17]. Aber auch die großen Seeungeheuer in der Tiefe, die Drachen und Meeresschlangen, sind nicht Ausgeburten des Abgrunds, Abkömmlinge einer ursprünglichen chaotischen Macht. Gott „schuf" sie wie alle anderen Lebewesen (1,21)[18]. Daher ist es Israel verwehrt, irgend etwas Geschöpfliches „oben im Himmel" oder „unten auf Erden" oder „im Wasser unter der Erde" als Gleichnis hinzustellen (vgl. 2. Mose 20,4), um in diesen Bildern göttliche Urkräfte sehen und verehren zu können. Gott, der durch sein schöpferisches Wort alles ins Sein gerufen hat, kann nicht mit seinen Geschöpfen verwechselt werden.

„Und Gott sah, daß es gut war."

In diesem regelmäßig wiederkehrenden Satz ist der Nachhall jener begeisterten Freude zu hören, die das Erzählen von den Schöpfungswerken Gottes in den Psalmen (vgl. Ps 104), aber auch in den Gottesreden des Buches Hiob (vgl. Hiob 38) kennzeichnet. Hier wird das Wunder der Gründung der Erde beschrieben, wie die Choasmacht zurückgedrängt, das Meer gebändigt und die Erde auf Pfeilern festgemacht wurde. Dieses

---

[17] Es fällt auf, daß der Erzähler nicht einmal die Namen von Sonne und Mond in den Mund nimmt, da sie die Namen von Gestirnsgottheiten waren.

[18] Das hebräische Wort, das in 1. Mose 1,21 gebraucht wird, begegnet auch in Ps 74,13; Jes 51,9; Hiob 7,12 und bezeichnet an diesen Stellen den bzw. die Drachen der Urflut.

Wunder hat schon im Augenblick des Schöpfungsaktes bei den Gottessöhnen in den Himmeln jubelnde Freude ausgelöst (vgl. Hiob 38,7), und es fordert noch jetzt alle, die es staunend betrachten, zu Lobpreisungen heraus. Mag auch das Gesicht der Erde durch die Sünde der Menschen verdorben und entstellt worden sein, mögen die Gottlosen in der Welt triumphieren (das Problem Hiobs!), Gott hat am Anfang die geordnete Welt dem finsteren Chaos abgezwungen und alles, was er gemacht hat, „gut" erschaffen. Sein Tun bleibt daher auch auf das Gut-Sein bzw. Gut-Werden der Schöpfung gerichtet. Er wird sie nicht wieder den chaotischen Mächten überlassen[19].

„Da ward aus Abend und Morgen der... Tag."

Die Priesterschrift hat die Schöpfungswerke Gottes in ein Zeitschema eingeordnet und damit zum Ausdruck gebracht, daß Gott nicht nur alle Dinge erschaffen hat, sondern daß er auch eine Bestimmung, ein Ziel, in seine Schöpfung gab. Wie die jüdische Woche auf den siebenten Tag hin ausgerichtet ist, an dem Menschen und Tiere vor Gott zur Ruhe kommen und das geschenkte Leben feiern sollen (vgl. 2. Mose 20,8–11/5. Mose 5,12–15), so hat Gott auch bei seiner Schöpfung alle seine Werke auf diesen siebenten Tag hin gemacht. Nicht die Werke stehen im Mittelpunkt der Schöpfung Gottes. Zentrum und Ziel alles Geschaffenen ist Gott selbst, der sich aller seiner Werke freut[20].

Und doch gibt es ein Geschöpf, dem in der Priesterschrift eine besondere Rolle und Bedeutung zugemessen wird: der Mensch, zu dessen Erschaffung sich Gott in einer besonderen Überlegung entschließt[21]: „Und Gott sprach: Lasset uns Menschen machen, ein Bild, das uns gleich sei, die da herrschen über die Fische im Meer und über die Vögel unter dem Himmel und über das Vieh

---

[19] Diesen Sinn haben auch die Gottesreden im Buch Hiob! Hiobs Fragen werden nicht von einem übermächtigen Naturdämon niedergeschlagen, wie es von Ernst Bloch behauptet worden ist und seitdem viele Male nachgesprochen wurde. Hiob wird vielmehr *das Wunder der dem Chaos abgerungenen Schöpfung* gezeigt und damit Gottes Macht, die wie einst so auch weiterhin siegreich *gegen* die Finsternis und das Böse ankämpft! Vgl. Othmar Keel, Jahwes Entgegnung an Ijob (FRLANT 121), 1978.

[20] W. Zimmerli, aaO, S. 92 f.

[21] Der eigenartige Plural: „Lasset uns...", wird von C. Westermann, Genesis, S. 200 f., als „Stilform der Selbstberatung" erklärt.

und über alle Tiere des Feldes und über alles Gewürm, das auf Erden kriecht." (1. Mose 1,26).

Dieser Satz über den Herrschaftsauftrag des Menschen, der uns heute problematisch geworden ist, weil wir seine Wirkungsgeschichte vor Augen haben, muß auf dem Hintergrund der Aussagen bedacht werden, die in den altorientalischen Schöpfungsmythen über den Menschen gemacht werden. Auch Marduk begibt sich nach der Erschaffung von Himmel und Erde daran, den Menschen zu bilden. Er mischt ihn aus dem Blut Kingus, eines bestraften Gottes und legt ihm die „Dienste der Götter" auf[22]. In einem anderen babylonischen Mythos wird erzählt, wie die niederen Götter gegen die höheren revoltieren und von der Herrin der Götter verlangen, sie solle den Menschen erschaffen, „damit er das Joch trage", sie aber frei seien. „Die Menschen sollen die schwere Arbeit der Götter verrichten."[23]

Der Mensch ist in der biblischen Schöpfungsgeschichte nicht der Sklave der Götter. Er wird nicht erschaffen, um den Göttern die schwere Arbeit abzunehmen und sie zu bedienen. Er ist Gottes Ebenbild, von Gott zu seinem Gegenüber, seinem Partner, erwählt[24]. Und so, als Gottes Gesprächspartner, der ihm antwortet und sich vor ihm verantwortet, wird der Mensch nun eingesetzt, daß er sich die Erde untertan mache. „So, wie auch irdische Großkönige in Provinzen ihres Reiches, in denen sie nicht persönlich aus- und eingehen, ein Bildnis ihrer selbst als Wahrzeichen ihres Herrschaftsanspruches aufstellen, – so ist der Mensch in seiner Gottesbildlichkeit auf die Erde gestellt, als das Hoheitszeichen Gottes. Er ist recht eigentlich der Mandatar Gottes, dazu aufgerufen, Gottes Herrschaftsanspruch auf Erden zu wahren und durchzusetzen."[25] Das Recht, über die Erde nach eigenem Willen zu verfügen, sie auszubeuten und andere Lebe-

---

22 H. Greßmann, aaO, S. 121 f.

23 Aus dem Atrachasis I, zit. nach O. Keel/M. Küchler, Synoptische Texte I, S. 18.

24 Vgl. C. Westermann, Schöpfung, S. 80–88. Ders., Genesis I, S. 203–222, hier S. 217 f.

25 G. v. Rad, Das erste Buch Mose, S. 46. Dieser Auslegungsansatz ist von W.H. Schmidt fortgeführt worden. Er hat in seiner Untersuchung zur Schöpfungsgeschichte der Priesterschrift, aaO, S. 135 – 149, ägyptische Quellen herangezogen und gezeigt, daß die Aussagen über die Ebenbildlichkeit des Menschen und den Herrschaftsauftrag über die Tiere im ägyptischen Hofstil ihre Parallelen haben. „Was sonst nur dem König zugesprochen wird, ist hier auf alle Menschen übertragen." (S. 139).

wesen auszurotten, ist den Menschen also gerade nicht gegeben! Das zeigt auch der Hinweis in Vers 29, daß ihnen zur Nahrung „alle Pflanzen... auf der ganzen Erde und alle Bäume mit Früchten" dienen sollen, nicht das Fleisch der Tiere[26]! Die Menschen sind in das königliche Amt berufen, für das Wohlergehen aller Geschöpfe zu sorgen und unter ihnen Gottes Schalom, Heil und Frieden, herzustellen[27].

„Und Gott sah an alles, was er gemacht hatte, und siehe, es war sehr gut."

Mit diesem Urteil, das alle zuvor gesagten Sätze über die Güte der einzelnen Schöpfungswerke noch einmal zusammenfaßt, schließt der Bericht über Gottes Schöpferhandeln ab. Allen historischen Erfahrungen zum Trotz, die das Volk Israel und vor allem die Exilsgeneration hat machen müssen, preist der biblische Erzähler mit diesem Urteil die Güte, Zweckmäßigkeit und Schönheit der Schöpfung Gottes. Sie ist aus seinen Händen „sehr gut" hervorgegangen und trägt daher auch die Bestimmung in sich, vor Gottes Angesicht sehr gut zu sein.

Aber warum ist die Welt nicht mehr gut? Warum entstellen Verderbnis und Frevel das Angesicht der Erde (1.Mose 6,11)? Die Redaktoren, die die Priesterschrift mit den älteren Quellenschriften zusammenfügten, hatten offensichtlich diese Frage im Blick. Sie ließen deshalb auf die priesterschriftliche Schöpfungsgeschichte eine andere Erzählung folgen, die noch einmal von der Erschaffung des Menschen und der Tiere berichtet, die aber einen ganz anderen Schwerpunkt setzt. Es handelt sich um die jahwistische Geschichte, die von der Erschaffung der ersten beiden Menschen, ihrem Ungehorsam und den Folgen berichtet, die durch die Sünde Adams und Evas in die Welt kamen.

---

[26] Erst nach der Sintflut wird den Menschen „alles, was sich regt und lebt", als Speise freigegeben. Nur Menschenblut darf nicht vergossen werden. 1. Mose 9,1–6.

[27] Vgl. C. Westermann, Genesis I, S. 218–220. Zur Diskussion von 1. Mose 1,28 vgl. auch Klaus Koch, Gestaltet die Erde, doch heget das Leben!, in: H.-G. Geyer u.a. (Hg.), Wenn nicht jetzt, wann dann? FS f. Hans-Joachim Kraus, 1983, S. 23–36.

Die große Störung (1. Mose 2,4b–3,24)

Diese Erzählung ist lebendiger und bunter als der Bericht der Priesterschrift, scheinbar aber auch viel naiver. Der Erzähler stellt sich offenbar alles viel kindlicher vor. Dennoch verbirgt sich hinter seiner kindlichen Darstellungsweise ein tiefgründiges Nachdenken, das den Rätseln des Menschseins und des irdischen Lebens gilt.

Will man diese Erzählung verstehen, muß man allerdings ihre besondere Form beachten. Denn sie ist in eine Sprachform gekleidet, die vom Leser eine besondere Fragehaltung verlangt, die Sprachform der „Ätiologie" bzw. der „Warum-Geschichte"[28]. Warum ist etwas so, wie es ist? Welches ist der Grund, die „Aitia", dieses oder jenes Zustandes, den wir in der gegenwärtigen Welt beobachten? Das sind die Fragen, die in einer Ätiologie gestellt und dann auch beantwortet werden. Dabei geht es nicht einfach um geschichtliche Kausalität. Die Ätiologie geht den Dingen auf den Grund und fragt nach ihrem verborgenen Sinn. Warum verläßt der Mann Vater und Mutter und hängt seinem Weibe an? Warum muß die Frau unter Schmerzen Kinder gebären und der Mann im Schweiß seines Angesichts den Acker bestellen? Warum kehrt der Mensch am Ende seines Lebens wieder zum Staub zurück, so daß nichts als eine Hand voll Erde von ihm bleibt? Die Antwort auf diese und andere Fragen wird in der Ätiologie nicht in einem Lehrsatz oder einer theoretischen Erörterung gegeben, sie wird in der Form einer Geschichte erzählt. Eine solche Geschichte beginnt gewöhnlich bei dem Zustand, der herrschte, bevor alles so wurde, wie es heute ist. Sie erzählt dann weiter, was geschah, so daß sich dieser Zustand veränderte. Sie berichtet am Ende, wie alles so geworden ist, wie es der Erzähler und seine Zuhörer vor Augen haben. Die Ätiologie will also die Welt, wie sie *gegenwärtig* ist, verstehen. Sie findet sich nicht ab mit den gegebenen Lebensumständen, sondern sie fragt und begründet, warum alles so ist, wie es ist.

Auch die jahwistische Schöpfungs- und Sündenfallgeschichte will solche Begründungen nennen. In ihr werden Sinnantworten gegeben auf Fragen, die den Hörer und Leser beunruhigen: Was ist der Mensch und was ist sein Leben? Warum muß der Mensch sterben? Und warum gibt es ihn als Mann und Frau? Wie unter-

---

28 Vgl. H. Gunkel, Die Sagen der Genesis, in: Genesis (HK I/1) ³1910, S. VII–C, bes. S. XV–XXV. XLIXf. Die erzählerische Absicht der Ätiologie hat I. Baldermann in seinem Kapitel: „Begründungsgeschichten (Ätiologien)", in: Einführung in die Bibel, S. 154–161, herausgestellt.

scheidet sich der Mensch von den Tieren? Und dann die Frage aller Fragen, die für jeden Leser am Schluß der priesterschriftlichen Schöpfungsgeschichte aufbricht: Warum ist die Welt nicht mehr gut, wo sie doch aus Gottes Händen sehr gut hervorging?

In 1. Mose 2 und 3 liegen zwei ätiologische Geschichten vor, die kunstvoll miteinander verzahnt sind, die hier aber der besseren Übersicht wegen wieder auseinandergenommen und je für sich betrachtet werden sollen[29].

In 2,4b–8 (–15)[30] und 18–24 geht es um die Erschaffung des Menschen und die Beziehungen, in die er von Anfang an hineingestellt wurde. Ähnlich wie andere Schöpfungserzählungen beginnt diese Geschichte mit einer negativen Aufzählung dessen, was es alles noch nicht gab, bevor Gott die Erde bewohnbar machte[31]: Kein Gesträuch war da, kein Kraut, kein Regen, kein Mensch, der den Ackerboden bearbeitete. Wüste war die Erde, so wüst, wie es der Nomade auf seinen Wanderungen durch die Steppen und Wüstenzonen erlebt. Während die Priesterschrift den Urzustand der Welt als ein finsteres Wasserchaos vorstellt, in dem Gott Lebensraum schafft durch das Zurückdrängen der Urflut, beschreibt der jahwistische Erzähler diesen Urzustand als Wüste. Gottes Schöpfung beginnt erst da, wo JHWH regnen läßt, wo ein Wasserquell das Land bewässert und die Wüste grünt. Doch bevor dies geschieht, bevor ein fruchtbarer Garten entsteht, wird in der jahwistischen Erzählung als erstes der Mensch erschaffen. Die lange Satzperiode, die in Vers 5 beginnt, führt auf diese erste Aussage in Vers 7 zu: „..., da bildete Gott der Herr den Menschen aus Erde vom Ackerboden und hauchte ihm Lebensodem in die Nase; so ward der Mensch ein lebendes Wesen." Dieser Satz enthält nach Gerhard von Rad den „locus

---

[29] Vgl. W.H. Schmidt, Die Schöpfungsgeschichte der Priesterschrift, S. 194–229. Auch Westermann unterscheidet beide Erzählungen. C. Westermann, Schöpfung, S. 102–107. Ders., Genesis, S. 259–267.

[30] Der Textabschnitt 1. Mose 2,10–14 ist ein Einschub, der den Garten Eden als Ort charakaterisieren will, aus dessen paradiesischem Strom alles Wasser der Erde herkommt. Euphrat und Trigris werden in Vers 14 genannt. Welche Flüsse dagegen mit Pison und Gihon gemeint sind, bleibt unklar.

[31] Vgl. den Anfang des babylonischen Schöpfungsepos: „Als droben der Himmel (noch) *nicht* genannt war, drunten die Feste einen Namen (noch) *nicht* trug..." Weitere babylonische und ägyptische Parallelen sind aufgeführt bei O. Keel/M. Küchler, Synoptische Texte I, S. 6f.

classicus" alttestamentlicher Anthropologie[32]. In ihm wird das Wesen des Menschen in einer doppelten Aussage beschrieben: 1. Der Mensch ist Staub, als „Adam" von der „Adama", der Ackererde, genommen, und zur Ackererde kehrt er wieder zurück (vgl. V.19). Die Geschöpflichkeit des Menschen, sein ganzes an die Erde gebundenes Wesen ist hier im Blick, seine Vergänglichkeit und Hinfälligkeit. 2. Und doch wird dieser Erdenkloß zu einem lebendigen Menschen! Gott der Herr haucht ihm den Lebensatem in die Nase und macht ihn so zu einem „lebendigen Wesen". Nicht von einer unsterblichen Seele ist an dieser Textstelle die Rede, nicht von einem eingeblasenen göttlichen Funken. Es handelt sich um den Atem, die Lebenskraft, die den Menschen leben und sich bewegen läßt, solange ihm Gott diese Gabe gewährt. Denn sie kommt aus Gott und bleibt auch ganz in Gottes Hand. „... nimmst du ihren Odem (Atem) hin, so verscheiden sie und werden wieder zu Staub. Sendest du deinen Odem (Atem) aus, so werden sie geschaffen, und du erneust das Antlitz der Erde" (Ps 104,29f.; vgl. auch Hiob 34,14f.). Das Leben des Menschen ist *geliehenes* Leben. Gott behält den Lebensatem in seiner Verfügung. So ist also der Mensch zugleich ganz irdisch, von der Erde genommen. Und er ist in seiner Lebendigkeit ganz auf Gott angewiesen, in jedem Augenblick und mit jedem Atemzug von ihm und seiner Gabe abhängig.

Erst nachdem der Mensch gebildet ist, schafft Gott um ihn her den Lebensraum. JHWH pflanzt einen blühenden Garten und setzt den Menschen hinein, daß er ihn bebaue und bewahre. Nicht in ein jenseitiges Paradies, nicht in ein Schlaraffenland wird der Mensch gestellt, er soll seine Arbeit als Landmann und Gärtner tun, aber es wird eine sinnvolle, Frucht bringende Arbeit sein.

„Es ist nicht gut, daß der Mensch allein sei..." Ab 2,18ff. tritt der Mensch in seinen sozialen Beziehungen in den Blick. JHWH will ihm einen Partner schaffen, der zu ihm paßt, mit dem er sich versteht, der ihm eine Hilfe sein kann. Sind es vielleicht die Tiere? Gott beginnt zu experimentieren. Er bildet so, wie er den Menschen gemacht hatte, alle Tiere des Feldes und alle Vögel des Himmels aus der Erde und führt sie dem Menschen zu. Und der Mensch gibt den Tieren Namen, er tut das, was im priester-

---

[32] G. v. Rad, Das erste Buch Mose, S. 61.

schriftlichen Schöpfungsbericht allein Gott gegenüber allen seinen Geschöpfen vorbehalten war, und übt so ein Hoheitsrecht ihnen gegenüber aus[33]. Doch eine Hilfe, die zu ihm paßt, ein ihm entsprechendes Wesen, findet der Mensch in den Tieren nicht. So macht Gott einen zweiten Versuch und bildet aus der Rippe des Mannes eine Frau, die der Mann mit einem Jubelruf begrüßt, weil sie nun endlich Gebein von seinem Gebein und Fleisch von seinem Fleisch ist, weil er in ihr wirklich das ihm entsprechende Wesen erkennt. Dieser Textabschnitt, der so oft als Diskriminierung der Frau verstanden wird, will also das Gegenteil von dem ausdrücken, was wir heute herauslesen. In einem Bild, wie es stärker nicht ersonnen werden kann, wird hier die Gleichartigkeit und einzigartige Gemeinschaft von Mann und Frau ausgesagt. Die Frau wird nicht aus einem fremden Stoff gebildet, sie geht nicht wie die Tiere aus einem wiederholten Formen aus Erde hervor, sondern sie entstammt demselben Wesen wie der Mann und ist vom selben „Fleisch" und „Gebein" wie er. Während der Mann durch einen über ihn fallenden Tiefschlaf ausgeschlossen wird, der Schöpfungsakt also Gottes Geheimnis bleibt, bildet JHWH aus demselben Gebein, aus dem der Mann gemacht ist, auch die Frau, und führt sie dem Mann als seine Partnerin zu. Und nun vollzieht sich ein freudiges Erkennen. In einem rhythmisch geformten Freudenschrei ruft es der Mann jubelnd heraus:

„Diese endlich
Gebein von meinem Gebein
und Fleisch von meinem Fleisch.
Diese – sie soll Männin (ischa) heißen,
denn vom Mann (isch) ist sie genommen!"

Es ist eine heilvolle und geordnete Lebenswelt, in die JHWH das erste Menschenpaar entläßt. Aber nun tritt in diese Welt eine Störung ein, die alle Beziehungen durcheinander bringt. Davon handelt die Geschichte von der Verfehlung des Menschen, die in 1. Mose 3 erzählt wird und bereits in 1. Mose 2,9.16f.25 ihren Anfang hat.

Zwei Bäume wachsen in der Mitte des Gartens, in den der

[33] Vgl. W. Zimmerli, aaO, S. 50: „Namengebung... ist nach biblischem Glauben mehr als das Ankleben einer zufällig beschrifteten Etikette an ein Ding, wie wir es heute vielleicht empfinden möchten. Namengebung ist Herrschaftsakt."

Mensch von Gott hineingesetzt ist: der Baum des Lebens und der Baum der Erkenntnis des Guten und des Bösen. Von allen Bäumen des Gartens darf der Mensch essen. Gott gibt ihm alle Früchte des Gartens frei[34]. Nur die Früchte des Baumes der Erkenntnis des Guten und des Bösen sind dem Menschen versagt, weil sie ihm – so deutet es Vers 17b an – den Tod bringen.

Wir haben Schwierigkeiten, den Sinn von 1. Mose 2,17 zu verstehen, weil für uns die Erkenntnis des Guten und Bösen nicht verwerflich, sondern im Gegenteil höchst nowendig ist. Soll denn der Mensch nicht wissen, was gut und böse ist? Beginnt nicht mit dem Unterscheiden von gut und böse alles sittliche und moralische Verhalten? Doch eben dieses ist an unserer Textstelle nicht gemeint! „Das Gute und das Böse" ist eine formelhafte Wendung für das Umfassende, was dem Menschen nützlich und schädlich, was ihm zuträglich und abträglich ist. Und diese Erkenntnis erschöpft sich nicht in einem theoretischen Wissen. Der hebräische Begriff des Erkennens schließt das Vertrautwerden mit dem Erkannten, den erkennenden Umgang, das Verstehen und Können ein. So zielt also der Wunsch nach der Erkenntnis des Guten und Bösen auf ein Macht-Gewinnen über alle Dinge, auf ein Allmächtig-Werden so wie Gott. Die Schlange lügt demnach nicht, wenn sie in 1. Mose 3,4f. zu der Frau sagt, daß die Menschen nach dem Genuß der Frucht keineswegs sterben, daß ihnen vielmehr die Augen aufgehen und sie wie Gott sein werden. Aber sie hält dem Menschen dieses Vermögen als eine faszinierende, ihm von Gott vorenthaltene Möglichkeit vor Augen. Gott dagegen weiß, daß sich der Mensch in dem Augenblick, in dem er diese Frucht kostet, den Tod holt. Der Mensch wird von der Sucht, immer wissender und mächtiger zu werden, nicht mehr lassen. Er wird sein Dasein über alle geschöpflichen Grenzen hinaus steigern wollen und sich am Ende selbst zerstören. Davor sollte Gottes heilsames Verbot den Menschen schützen.

Aber der Mensch hat von dieser verbotenen Frucht gegessen und so den Weg betreten, vor dem Gott ihn bewahren wollte. Wie das geschah, wird in 3,1ff. in einer Szene beschrieben, die Claus Westermann als „ein Meisterstück alttestamentlicher Er-

[34] Vgl. G. v. Rad, aaO, S. 64: „Gott beginnt mit einer großen Freigabe, die wieder den Reichtum seiner väterlichen Fürsorge erkennen läßt..."

zählkunst" bezeichnet hat[35]. „Aber die Schlange war listiger als alle Tiere des Feldes" (3,1). Durch nichts verursacht, dringt plötzlich von außen eine versucherische Stimme an des Menschen Ohr. Sie kommt von der Schlange, jenem Tier, das in den religiösen Vorstellungen der Völker um Israel her ein Symbol des geheimnisvollen Wissens göttlicher Dinge ist[36]. Doch in dieser biblischen Geschichte ist auch die Schlange Gottes Geschöpf, freilich schlauer als alle anderen Tiere. Und so beginnt sie nun ein raffiniertes Gespräch mit der „Männin". „Gott hat wohl gar gesagt: ‚Ihr dürft von keinem Baum des Gartens essen!'" (3,1 Z). Schon dieser Satz verdreht die Worte Gottes und gibt ihnen einen ganz anderen Akzent. Denn eben dies hatte JHWH nicht gesagt. Seine Worte an Adam begannen mit der „großen Freigabe": „Von allen Bäumen des Gartens darfst du essen. Nur..." Deshalb verbessert die Frau mit Recht: „Wir dürfen essen von den Früchten der Bäume im Garten; nur..." Die Frau korrigiert die Worte der Schlange, und doch ist die Saat schon aufgegangen, die die Schlange gesät hat. Das Mißtrauen, die Frage nach diesem besonderen Baum – von dem die Frau jetzt auch behauptet, daß sie ihn nicht einmal anrühren dürfen – ist in ihrem Herzen geweckt. Ist Gott mißgünstig? Hat er mit seinem Verbot den Menschen etwas vorenthalten? Plötzlich sieht die Frau den verbotenen Baum mit begehrlichen Augen an. In diesem Moment stößt die Schlange zu. Sie verdreht den Sinn des Verbotes, indem sie es als das Gebot eines mißgünstigen, um seine eigene Überlegenheit besorgten Gottes hinstellt. „Ihr werdet keineswegs des Todes sterben, sondern Gott weiß: an dem Tage, da ihr davon esset, werden eure Augen aufgetan, und ihr werdet sein wie Gott und wissen, was gut und böse ist." (1. Mose 3,5) Die Schlange weckt in der Frau mit diesen Worten eine Wunschvorstellung, die den Weg der Menschheit durch die Geschichte hindurch bestimmen wird. Sie verführt sie zu einem Tun, dessen tödliche Konsequenzen uns erst heute bewußt werden. Gerhard von Rad formuliet: „Was die Einflüsterung der Schlange meint, ist die Möglichkeit einer Ausweitung des menschlichen Wesens über die von Gott in seiner Schöpfung gesetzten Grenzen hinaus, einer Lebenssteigerung, nicht nur im Sinne einer rein erkenntnis-

35 C. Westermann, Schöpfung, S. 130.
36 M.L. Henry, Art. Schlange, in: BHH III, Sp. 1699–1701.

mäßigen Bereicherung, sondern auch eines Vertrautwerdens, eines Mächtigwerdens über Geheimnisse, die jenseits des Menschen liegen. Daß die Erzählung den Fall des Menschen, seine eigentliche Trennung von Gott auf diesem Gebiet vollzogen und sich immer wieder vollziehen sieht (und nicht etwa in einem Absturz ins moralisch Böse, ins Untermenschliche!), also in dem, was wir den Titanismus, die Hybris des Menschen nennen, das ist wohl eines ihrer bedeutendsten Zeugnisse."[37] Die Geschichte gibt keine Erklärung für den Ursprung des Bösen. Es ist eine Stimme von außen, die in des Menschen Herz dringt. Diese Stimme weckt im Menschen das Begehren, zu „sein wie Gott", allwissend und allmächtig wie er. Und sie führt doch ins Verderben, in Störungen und Lebensminderungen, die von nun an den Menschen begleiten werden und alles irdische Leben überschatten. Davon handelt die Fortsetzung der Erzählung.

Nachdem die Frau und ihr Mann von der Frucht des verbotenen Baumes gegessen haben, gehen ihnen tatsächlich die Augen auf. Aber die Erkenntnis, die sie überkommt, macht sie nicht groß. Sie schenkt ihnen nicht die begehrte Steigerung aller Lebensmöglichkeiten. Der Mensch und seine Frau erkennen sich in ihrer Nacktheit, und sie fühlen sich beschämt. Die unmittelbare Beziehung zueinander ist gestört. Sie machen sich Röcke aus Feigenblättern, um – voreinander? – ihre Nacktheit zu verbergen. Doch noch einschneidender ist die plötzliche Furcht vor Gott. Adam und seine Frau wagen nicht mehr, Gott in ihrer Blöße vor die Augen zu treten. Doch Gott zieht sie aus ihrem Versteck hervor. Er stellt den Menschen zur Rede: „Wo bist du?", und nimmt den Mann, die Frau und die Schlange in ein Verhör, in dem einer die Schuld auf den anderen abwälzt. Aber jeder wird zur Rechenschaft gezogen. Über alle werden Lebensminderungen verhängt, die von nun an ihr Dasein prägen. Die Schlange soll auf dem Bauch kriechen, Staub fressen und in einer fortwährenden Feindschaft zum Menschen existieren. Die Frau wird – erst jetzt! – als Folge ihrer Verfehlung dem Mann untergeordnet; über sie werden die Beschwerden und Schmerzen verhängt, die sie während ihrer Schwangerschaft und bei der Geburt ihrer Kinder auszuhalten hat. Dem Mann schließlich wird ein von Mühsal, Mangel und Not bestimmtes Leben auferlegt.

[37] G. v. Rad, aaO, S. 72.

Um des Menschen willen wird der Erdboden verflucht! Um seinetwillen wird der ehemals blühende Garten zu einer kargen Steppe, in der nur noch Dornen und Disteln wachsen. Der Mensch muß von nun an im Schweiß seines Angesichts sein Brot essen, bis er wieder zur Erde zurückkehrt, von der er genommen ist. So mühselig und vergeblich soll sein Dasein werden, und es wird vom Tod überschattet sein.

In diesen Strafsprüchen wird die Wirklichkeit des von Gott getrennten Menschen beschrieben. Was die Verse 3,23+24 im Bild beschreiben, ist in den Strafsprüchen der Sache nach vorweggenommen. Gott weist den Menschen aus dem Garten Eden. Zu dem Zustand, in dem der Mensch vor der Gebotsübertretung hatte leben dürfen, scheint es kein Zurück mehr zu geben. Und der Baum des Lebens, von dem am Anfang der Geschichte in 2,9 die Rede war? Der Erzähler deutet es nur an: Im Garten Eden hatte auch der Baum des Lebens gestanden, und seine Früchte waren dem Menschen nicht verboten! Doch nun, da der Mensch die Grenzüberschreitung vollzogen, da er sich der verführerischen Stimme geöffnet hat, wird ihm auch dieser Baum verwehrt. Wie könnte es die Erde ertragen, wenn Adolf Hitler, Josef Stalin, Idi Amin und all die anderen Blutschlächter und Verbrecher auch noch ewig lebten? Dem in die Sünde gefallenen Menschen wird durch die Cheruben, die den Garten Eden bewachen der Weg zum Baum des Lebens versperrt. Dieser Weg kann sich erst wieder öffnen, wenn die Menschheit aus ihrer Sünde erlöst wird (vgl. Off 2,7; 22,2.14).

Die Geschichte von der Verfehlung des Menschen, die in 1. Mose 2,9.15–17 beginnt und in Kp. 3 ihre Fortsetzung findet, erzählt, wie der Mensch Gott ungehorsam wurde und wie daraus die Störung seiner Beziehung zu Gott, zum anderen Menschen und zur Erde, die um seinetwillen einen Fluch trägt (vgl. 3,17), folgte. Diese Geschichte geht nun weiter. Gleich die nächste Erzählung im Zusammenhang der Urgeschichten berichtet vom ersten Brudermord. Kain erschlägt seinen Bruder Abel, weil er von Gott zurückgesetzt wurde. Er sieht sich von Gott nicht gesegnet, nicht anerkannt, und läßt, da er seinen Zorn nicht an Gott auslassen kann, die Rache seinen Bruder Abel treffen. Abel ist der erste Sündenbock der Weltgeschichte! In den Nachkommen Kains findet die blutige Geschichte des Ahnherrn ihre Fortsetzung. Lamech, ein Nachkomme Kains, setzt die Blutrache in

Kraft und schwört seinen Feinden siebenundsiebzigfache Vergeltung (vgl. 1. Mose 4,23 f.). Schließlich fangen die Menschen sogar an, ihre geschöpflichen Anlagen zu überschreiten (1. Mose 6,1–4)[38]. Ist eine Menschheit, die sich so weit von Gott entfernt, für ihn noch erträglich? Oder muß es ihn nicht am Ende reuen, daß er die Welt und die Menschen und alles Leben erschaffen hat? Auf diese Frage antwortet der nächste große Überlieferungskomplex in der Urgeschichte, die Erzählung von der Sintflut.

Über dem Abgrund gehalten (1. Mose 6–9)

Während in 1. Mose 1–3 die Schöpfungsgeschichte der Priesterschrift und die des jahwistischen Erzählwerkes aufeinander folgen, sind in 1. Mose 6–9 beide Erzählversionen so ineinandergefügt, daß nun *eine* Sintflutgeschichte vorliegt. Sieht man jedoch näher hin, so erkennt man auch in 1. Mose 6,5–9,17 verschiedene Überlieferungsschichten, die zu Spannungen und widersprüchlichen Angaben führen. Nach 1. Mose 7,4.12.17 dauerte die Sintflut 40 Tage lang, nach 7,24; 8,3 waren es 150 Tage.Die große Flut wurde nach 7,12; 8,2b durch einen großen Regen ausgelöst; nach 7,11; 8,2a brachen die Brunnen der großen Urflut auf, und die Fenster des Himmels öffneten sich. In 7,2 ff. wird sehr genau angegeben, daß Noah von allen reinen Tieren je sieben Paare mitnehmen soll, von allen unreinen dagegen nur ein Paar. In 6,19 f.; 7,15 f.; 8,19 wird jedoch genauso strikt betont, daß Noah nur *ein* Paar von allem Fleisch mit sich in die Arche führt usw. Die Beobachtung über den Wechsel des Gottesnamens, der von Abschnitt zu Abschnitt, manchmal auch von Vers zu Vers, variiert, ist ein zusätzliches Indiz, daß in diesem Überlieferungskomplex beide Geschichten, die jahwistische und die priesterschriftliche, vorliegen, die jede ihre eigenen Konturen hat.[39]

„Als aber der HERR sah, daß der Menschen Bosheit groß war auf Erden und alles Dichten und Trachten ihres Herzens nur böse war immerdar, da reute es ihn, daß er die Menschen gemacht hatte auf Erden, und es bekümmerte ihn in seinem Herzen…“ In den Versen 1. Mose 6,5-8 ist zum ersten Mal in der Urgeschichte die Stimme des jahwistischen Erzählers selbst zu hören. Erscheint er sonst als Sammler und Redaktor, dessen

[38] G. v. Rad, aaO, S. 93 f.

[39] Vgl. die beiden Erzählversionen in den Kommentaren von G. v. Rad, S. 97/103 f., und W. Zimmerli, S. 275 f./298 ff.

erzählerische Intentionen nur aus der Komposition der Überlieferungsstoffe erschlossen werden können, so spricht er hier mit seinen eigenen Worten aus, worum es in der Geschichte geht. JHWH reut es, daß er die Menschen gemacht hat (6,6), und es bekümmert ihn tief (6,7). Er will sie zusammen mit allen anderen Lebewesen vertilgen. Nur *ein* Mensch findet Gnade in JHWHs Augen, nämlich Noah. Warum ausgerechnet Noah gerettet werden soll, während alle anderen untergehen, und womit er dies verdient habe, wird nicht erzählt. Es ist allein Gottes unbegreiflicher Ratschluß, daß er Noah Gnade finden läßt. Offenbar ist der nun folgende Abschnitt der Geschichte bei der Zusammenfügung der Quellen verlorengegangen. Denn in 7,1 ff. – der jahwistischen Fortsetzung – wird bereits erzählt, wie Gott Noah anweist, in die Arche zu gehen, und erst jetzt seinen Plan, eine Sintflut kommen zu lassen, enthüllt. Vermutlich ist ein Textstück ausgefallen, in dem erzählt wurde, wie Noah den Befehl zum Bau der Arche bekommt und gehorsam ausführt. Aber Noah soll nicht allein gerettet werden. Er soll von allen reinen Tieren sieben Paare und von allen unreinen Tieren je ein Paar mit sich in die Arche nehmen, weil Gott mit Noah in der Arche seine ganze Schöpfung durch das Gericht hindurchretten will. Auch die Tiere sollen sich nach der Flut wieder vermehren. Noah tut alles, was ihm der HERR gesagt hat, und geht mit seinem ganzen Haus in das Schiff. Und der HERR selbst „schloß hinter ihm zu". Dieser Satz, der im jetzigen Text erst in Vers 16 folgt, muß einmal gleich hinter Vers 7 gestanden haben, wohin ihn die meisten Ausleger auch umstellen. Die gleiche Hand, die im nächsten Augenblick das Todesgericht auslösen wird, schließt in Fürsorge für Noah und alle Lebewesen, die bei ihm sind, schützend die Arche hinter ihm zu. Und nun beginnt der große Regen. Offenbar kann sich der Erzähler (bzw. die hinter ihm liegende Tradition) die große Flut nur durch einen langen Regen verursacht vorstellen, und offenbar war ein Regen von 40 Tagen Dauer eine so unbekannte Erscheinung, daß man meinen mochte, durch ihn würde bereits die ganze Erde überschwemmt. „Und die Wasser nahmen überhand und wuchsen sehr auf Erden, und die Arche fuhr auf den Wassern ... Alles, was Odem des Lebens hatte auf dem Trockenen, das starb ... Allein Noah blieb übrig und was mit ihm in der Arche war." (1. Mose 7,18.22.23 c). Doch nach 40 Tagen wurde dem Regen vom Himmel her gewehrt. Die

Wasser begannen, sich zu verlaufen. Da öffnete Noah das Fenster der Arche und ließ eine Taube ausfliegen, um festzustellen, ob sie bereits trockenes Land fände. Aber das erste Mal kam die Taube zurück, weil sie sich auf der Erde noch an keiner Stelle niederlassen konnte. Das zweite Mal brachte sie schon ein frisches Ölblatt in ihrem Schnabel mit, ein Zeichen der Hoffnung und des neu aufkeimenden Lebens. Erst beim dritten Ausfliegen kam die Taube nicht mehr wieder. Da wußte Noah, daß sich die Wasser verlaufen hatten. Er öffnete das Dach der Arche, trat hinaus und brachte dem HERRN ein Brandopfer von allen reinen Tieren und Vögeln dar. Und nun geschah die merkwürdige Umstimmung im Herzen Gottes. Der HERR „roch den lieblichen Duft" des Brandopfers und schwor bei sich selbst: „Ich will hinfort nicht mehr die Erde verfluchen um der Menschen willen; denn das Dichten und Trachten des menschlichen Herzens ist böse von Jugend auf…" Derselbe Sachverhalt, der JHWH veranlaßt hatte, die Sintflut kommen zu lassen (6,5 f.), wird nun zum Grund, nicht mehr die Erde zu verfluchen um der Menschen willen, „… ist doch das Trachten des menschlichen Herzens böse von Jugend auf" (8,21).

Die Version der Priesterschrift ist der des Jahwisten sehr ähnlich. So konnten beide Erzählungen am Ende ineinandergeschoben werden. Auch nach der Darstellung der Priesterschrift hat Gott „das Ende alles Fleisches" beschlossen, weil die Erde verdorben war und voller Gewalttat. Daher sollen die Menschen von der Erde vertilgt werden (6,11–13). Nur mit Noah und seinen Nachkommen will Gott eine Ausnahme machen. Denn „Noah war ein frommer Mann und ohne Tadel zu seinen Zeiten; er wandelte mit Gott" (6,9). Wo es dem Jahwisten auf das grundlose, gnädige Erwählen JHWHs ankommt, steht in der Priesterschrift Noahs Frömmigkeit. Weil Gott Noah für gerecht befunden hat, will er ihn, seine Söhne, seine Frau und seine Schwiegertöchter durch die Flut hindurchretten. Auch von allen Tieren soll Noah je ein Paar mitnehmen, damit sie bei ihm in der Arche am Leben erhalten werden. Noah tut alles so, wie es ihm Gott geboten hat, und dann beginnt die große Flut. „Im sechshundersten Lebensjahre Noahs, am siebzehnten Tage des zweiten Monats, an diesem Tage brachen alle Brunnen der großen Urflut auf, und die Fenster des Himmels öffneten sich" (7,11 Z). Von der „großen Urflut" ist hier die Rede, der „tehom", die schon in der priesterschriftlichen Schöpfungsgeschichte (1. Mose 1,2) das Chaoswasser bezeichnete, dem Gott im Akt der Schöpfung den Lebensraum für seine Geschöpfe abgezwungen hatte, indem er es durch die Feste des Himmels begrenzte. Diese uralte Chaosmacht (Tiamat!) bricht nun durch die Schleusen des Himmels wieder hindurch und steigt zugleich durch die Brunnen aus der Tiefe empor. Das finstere Urmeer schlägt aufs neue über der Schöpfung zusammen. Gott läßt seine Welt ins Chaos zurücksinken. Doch nur für einen Augenblick! Nach 150 Tagen, in denen alles Fleisch, das Odem in sich hatte, zugrundeging, ließ Gott einen Wind über die Erde wehen, so daß die Wasser sanken. Die Brunnen der Urflut und die Fenster des Himmels schlossen sich. Schließlich wurden die Spitzen der Berge sichtbar, und die Arche konnte auf dem Gebirge von Ararat ankern. Da schickte Noah einen Raben aus, der hin- und herflog, bis die Wasser vertrocknet waren. Auf Gottes ausdrücklichen Befehl hin ging Noah in seinem 601. Lebensjahr im 2. Monat aus der Arche heraus, er, seine Frau, seine Söhne, seine Schwiegertöchter und alle Tiere mit ihm. Und nun wiederholt Gott seinen Segen, wie er ihn bei der Schöpfung über den Menschen und alle Tiere ausgesprochen hatte: „Seid fruchtbar und mehret euch und füllet die Erde..." (9,1). Etwas wird allerdings von nun an anders sein. Furcht und Schrecken vor den Menschen wird über alle Tiere kommen, denn sie werden dem Menschen zur Speise gegeben. Auch die Menschen werden sich untereinander töten und Blut vergießen. Doch Gott will das vergossene Blut von einem jeden einfordern, der einen anderen Menschen tötet. „... wer Menschenblut vergießt, dessen Blut soll auch durch Menschen vergossen werden" (9,6).

Auch die Priesterschrift sieht ähnlich wie der Jahwist die Menschheit durch die große Flut nicht gebessert. Die Nachkommenschaft Noahs, die historische Menschheit, die dem Erzähler vor Augen steht, wird wie die Geschlechter vor der Sintflut voller Frevel und Gewalttat sein. Der Schöpfungsfriede, den 1. Mose 1,29–31 beschrieb, und der den Frieden zwischen den Menschen und den Tieren einschloß, kehrt nicht wieder. Und dennoch richtet Gott einen Bund auf mit Noah und seinen Nachkommen und gibt ihnen ein Zeichen dafür, „daß hinfort nicht mehr alles Fleisch verderbt werden soll durch die Wasser der Sintflut" (9,11). Gott stellt seinen Bogen in die Wolken als

Zeichen des Bundes zwischen ihm und der Erde[40]. Wenn die Wetterwolken kommen und der Regenbogen erscheint, „alsdann will ich gedenken an meinen Bund zwischen mir und euch und allem lebendigen Getier unter allem Fleisch, daß hinfort keine Sintflut mehr komme, die alles Fleisch verderbe" (9,15).

Wie die priesterschriftliche Schöpfungsgeschichte im babylonischen Schöpfungsmythos ihre Vorlage hatte, so hat auch die biblische Sintflutgeschichte in einem altorientalischen Flutbericht ihr direkte Parallele. Es handelt sich um eine sumerische Flutsage, die in ihrer babylonischen Rezension im Gilgames-Epos überliefert ist[41]. Zahlreiche Anklänge in der jahwistischen und priesterschriftlichen Version zeigen den großen Einfluß dieser Dichtung auch auf die biblische Flutgeschichte.

Das (neubabylonsche) Gilgames-Epos schildert in einer Dichtung von 12 Tafeln die Geschicke des Gilgames, des Königs von Nippur, einer Stadt am unteren Euphrat. In der 11. Tafel wird beschrieben, wie Gilgames den einstigen Herrscher von Surippak, Utnapischtim, besucht, der jenseits der Ströme lebt, und wie er von ihm erfährt, auf welchem Wege er von den Göttern die Unsterblichkeit erlangt hat. Einst beschlossen die großen Götter, eine Sintflut kommen zu lassen. Der Himmelsgott Anu, der Erdgott Enlil und andere Götter faßten diesen Beschluß. Doch auch Ea, der Herr der Weisheit und Gott des Meeres, hörte davon und teilte seinem Schützling Utnapischtim das drohende Unheil in einem Traum mit. Er gab ihm die Anweisung, ein Schiff zu bauen und sein Leben zu retten. Utnapischtim gehorchte den Worten Eas, baute das Schiff und nahm seine ganze Familie, Vieh und Getier des Feldes, Lebenssamen, aber auch Silber und Gold mit in das Schiff. Die nun einsetzende Sintflut war so schrecklich, daß es auch die Götter mit der Angst bekamen. Sie erkannten erst jetzt, was sie angezettelt hatten, und bereuten ihren Entschluß. „Die Götter fürchteten die Sintflut, sie

[40] Das Wort, das in 1.Mose 9,13 ff. gebraucht wird, bedeutet den Kriegsbogen, mit dem ein Krieger seine Pfeile abschießt, vgl. Hab 3,9–11. Daher ist das Zeichen des Regenbogens von den Auslegern häufig so erklärt worden, als habe Gott seinen Kriegsbogen in die Wolken *weggehängt* und zeige der Welt seinen Gnadenwillen. (Vgl. G. v. Rad, aaO, S. 111; W. Zimmerli, aaO, S. 349 f.). Anders ist dagegen die Auslegung E. Zengers, Gottes Bogen in den Wolken (SBS 112), 1983, S. 124–131. Zenger geht von den vielen altorientalischen Parallen (auch den Bildzeugnissen) aus, in denen der Bogen als Waffe der Schöpfergottheit begegnet, „die damit die chaotische Wassermacht bekämpft oder tötet" (S. 124). Der „Bogen Gottes in den Wolken" sei das Erinnerungszeichen, das den Schöpfergott an seine auf das Leben ausgerichtete Herrschaft erinnert.

[41] H. Greßmann, Altorientalische Texte zum AT, S. 150–186. Der Flutbericht der 11. Tafel ist S. 175–180 abgedruckt.

wichen zurück und stiegen hinauf in den Himmel Anus. Die Götter kauerten sich nieder wie Hunde, hockten nieder an den Außenmauern. Ischtar schreit wie eine Gebärende, es brüllt die Götterherrin wie eine Schönstimmige: ‚... wie konnte ich in der Versammlung der Götter Böses befehlen, Zur Vernichtung meiner Menschen den Kampf befehlen!" Als sich nach sieben Tagen der Südsturm legte und das Meer still geworden war, öffnete Utnapischtim eine Luke und erkannte weinend, wie die ganze Menschheit zu Lehm geworden war. Nach weiteren sieben Tagen, während derer das Schiff am Berg Nisir festsaß, ließ Utnapischtim eine Taube ausfliegen, die aber, da sie keine Ruhestätte auf der Erde fand, zurückkehrte. Dann schickte er eine Schwalbe aus, aber auch sie kam zurück. Erst der Rabe, den er losließ, sah das Versiegen des Wassers, er fand Nahrung und kehrte nicht zurück. Da ließ Utnapischtim alles, was mit ihm im Schiff war, in die vier Himmelsrichtungen davongehen und brachte den Göttern ein Opfer dar. „ich führte ein Räucheropfer aus auf dem Gipfel des Berges... Die Götter rochen den Duft, Die Götter rochen den süßen Duft. Die Götter sammelten sich wie Fliegen über dem Opferer..." Doch nun gab es noch ein Nachspiel. Ischtar, die Muttergöttin, wollte nicht Enlil, den Erdgott, beim Rauchopfer dabeihaben, weil er unüberlegt die Sintflut verursacht hatte und „meine Menschen dem Verderben überantwortete". Enlil dagegen ergrimmte beim Anblick des Schiffes Utnapischtims darüber, daß offenbar doch ein Mensch mit dem Leben davongekommen war. Aber er wurde von den anderen Göttern zur Rede gestellt, so daß er am Ende Utnapischtim und seine Frau unter die Götter führte und ihnen Unsterblichkeit verlieh.

Die Anklänge der biblischen Sintflutgeschichte an den babylonischen Flutbericht sind offensichtlich. Ebenso deutlich sind aber auch die großen Unterschiede. Während das Gilgames-Epos von einem Gegeneinander vieler Götter erzählt, die ihre Taten selbst nicht ganz überblicken, handelt Gott in beiden biblischen Erzählungen in souveräner Freiheit. Er hat die Sintflut kommen lassen, und er hat in seinem Erwählungsratschluß einen Menschen vor dem Untergang bewahrt. Auch ist der Beschluß, die Sintflut heraufzuführen, nicht einer willkürlichen göttlichen Laune entsprungen. Die Bosheit der Menschen bzw. die Verderbnis der Erde haben den Untergang heraufbeschworen. Gott läßt jedoch *eine* Familie und *ein* Paar von allen Geschöpfen übrigbleiben, um mit ihnen noch einmal einen Neuanfang zu machen. Noah überlebt nicht, um den Göttern gleichgestellt und unsterblich zu werden, sondern Gott läßt mit ihm die

Geschichte seiner Menschheit von vorn beginnen. Und obwohl er weiß, daß diese Menschheit nicht besser sein wird als das verderbte und untergegangene Geschlecht vor Noah, will er doch nicht noch einmal die Erde um des Menschen willen verfluchen. JHWH gibt – nach der jahwistischen Erzählung – sein Versprechen, daß, solange die Erde steht, nicht aufhören sollen „Saat und Ernte, Frost und Hitze, Sommer und Winter, Tag und Nacht" (8,22). Gott stellt – nach der priesterschriftlichen Version – seinen Bogen in die Wolken als Bundeszeichen, „daß hinfort keine Sintflut mehr komme, die alles Fleisch verderbe" (9,15). Gerade dieser besondere Schluß zeigt den Skopos der *biblischen* Flutgeschichte.

Die Urgeschichte führte in ihrem bisherigen Verlauf auf die Frage zu, ob Gott diese Welt, die sich immer mehr mit Frevel anfüllt, noch ertragen kann. Muß es ihn nicht gereuen, daß er den Menschen, die Welt, Himmel und Erde und alle Lebewesen erschaffen hat? Eine Antwort gibt die biblische Sintflutgeschichte, die, wie die anderen Erzählungen der Urgeschichte, letztlich einen ätiologischen, begründenden Sinn hat. Sie stellt dar, daß es Gott tatsächlich einmal reute, die Menschen und alle Lebewesen gemacht zu haben. Gott hat wirklich einmal vor dem Beginn der heutigen Menschheitsgeschichte seiner Enttäuschung nachgegeben und alles Leben auf dieser Erde vernichtet. Doch in seiner Gnade hat er zugleich *einen* Menschen mit seiner Familie und *ein* Paar von allen Lebewesen durch die große Vernichtung hindurchgerettet. Und diesen gab er, als sie nach der überstandenen Flut aus der Arche herausgingen, das wunderbare Versprechen, daß er niemals wieder die Erde verfluchen und alles Fleisch verderben wolle um der Menschen willen, „denn das Dichten und Trachten des menschlichen Herzens ist böse von Jugend auf". Gott erhält seine Schöpfung also *trotz* der Bosheit der Menschen! Er läßt sie nicht aus seinen Händen, *obwohl* die Erde so verderbt ist! Die Geschichte berichtet in ihrer biblischen Version, mit Gerhard von Rad zu sprechen, von einem „eschatologischen Weltgericht", aber sie erzählt es „vom Standort der Bewahrung aus"[42]. Eigentlich könnte Gott diese Welt jeden Tag in das Chaos zurückstürzen lassen. Er könnte jeden Augenblick seine bewahrende Hand zurückziehen. Denn das Unrecht und

---

[42] G. v. Rad, aaO, S. 107.

die Bosheit der Menschen schreien zum Himmel. Sie haben nichts anderes als den Untergang verdient. Aber dennoch will Gott dies nicht noch einmal geschehen lassen. Es ist sein unergründlicher Gnadenratschluß, daß er die Menschheit trotz ihrer Verderbnis hält und trägt. In seiner unwandelbare Schöpfertreue ist begründet, daß er die Schöpfung nicht aufs neue im Chaos versinken läßt. Diese Welt ist allein aus Gottes Gnade über dem Abgrund gehalten.

Zur Weiterarbeit

Ingo Baldermann, Einführung in die Bibel (UTB 1468), Göttingen 1988, daraus: Begründungsgeschichten (Ätiologien), S. 154–161; Schöpfung, S. 246–251.

Claus Westermann, Schöpfung (ThTh 12), Stuttgart/Berlin 1971.

Ders., Am Anfang, 1. Mose (Genesis). Teil 1. Die Urgeschichte. Abraham (Kleine Biblische Bibliothek), Neukirchen-Vluyn 1986.

Walther Zimmerli, 1. Mose 1–11. Die Urgeschichte (ZBK), Zürich/Stuttgart [3]1967.

2. Der Zeuge Gottes vor den Völkern. Israels Erwählung

Die Urgeschichte, die beschrieb, wie der Weg der Menschheit in immer größere Gottentfremdung führte und wie Gott mit seinen Strafsetzungen darauf antwortete, endete doch nicht mit dieser düsteren Perspektive. Sie hat – in den Zusammenhang der biblischen Überlieferung gerückt – ein verborgenes Ziel, das allerdings außerhalb der ersten elf Kapitel der Genesis liegt. Dieses Ziel ist die Erwählung Abrahams, des *einen* Menschen, der zum großen Volk und zum Segen für alle Geschlechter der Erde werden soll.

Abraham, nach der priesterschriftlichen Genealogie in 1. Mose 11,10–26 ein Sohn Tharas, Nachkomme Sems, und so selbst ein Glied der noachitischen Menschheit, wird von JHWH aus seiner Heimat, seiner Sippe und seinem Vaterhaus herausgerufen, um in ein Land zu ziehen, das Gott ihn sehen lassen will. Denn mit ihm und seinem Samen will JHWH noch einmal einen Anfang machen. Er gibt Abraham die Verheißung, daß er ihn zu einem großen Volk machen und segnen und seinen Namen berühmt machen werde (1. Mose 12,3).

Nach Gerhard von Rad ist dieser Textabschnitt zugleich der

Abschluß und der eigentliche Schlüssel der Urgeschichte, eine Verklammerung zwischen der Ur- und Heilsgeschichte, in der der Erzähler Rechenschaft abgibt „von dem Sinn und Zweck des Heilsverhältnisses, das Jahwe Israel gewährt hat"[43]. Denn in den Versen 1. Mose 12,1–3, die am Anfang aller geschichtlichen Überlieferungen Israels in der Bibel stehen, leuchtet bereits auf, wozu Gott dieses Volk aus allen Völkern erwählt hat und welches das ferne Ziel der mit ihm begonnen einzigartigen Geschichte ist. „... weder rational begründet noch in Einzelheiten schon faßbar verkündet er (der Jahwist) als das Fernziel der von Gott in Israel gewirkten Heilsgeschichte die Überbrückung der Kluft zwischen Gott und den Menschen insgesamt."[44] „Wer von Israel redet, von dem Sinn seiner Erwählungsgeschichte, der muß schon bei der Weltschöpfung anfangen und es im Universum der Völkerwelt zu verstehen suchen. Einen weniger anspruchsvollen Rahmen gibt es für die Fragen, die mit der Berufung und Erwählung Israels aufgeworfen sind nicht. Das also lehrt Gen. 12,1–3: daß nämlich die Urgeschichte als eines der wesentlichsten Elemente einer theologischen Ätiologie Israels verstanden werden muß."[45]

Es ist heute neu umstritten, ob die Urgeschichte wirklich als „Vorbau" des jahwistischen Erzählwerkes angesehen werden kann oder ob sie nicht ursprünglich eigenständig konzipiert war, ob daher auch der Textabschnitt 1. Mose 12,1–3 aus der Hand des jahwistischen Erzählers stammt oder nicht einer viel späteren Tradition zuzuschreiben ist. Frank Crüsemann hat in seinem Aufsatz über „Die Eigenständigkeit der Urgeschichte" diese Fragen aufgeworfen[46] und schwere Bedenken gegen die herkömmliche Sicht geltend gemacht. Doch bleiben von Rads Aussagen über die theologische Bedeutung von 1. Mose 12,1–3 auch dann gültig, wenn diese Sätze nicht von dem in der alttestamentlichen Wissenschaft als „Jahwisten" bezeichneten frühen Erzähler, sondern von einem Redaktor aus viel späterer Zeit stammen[47]. Im Zusammen-

---

[43] G. v. Rad. Das erste Buch Mose, S. 16. Vgl. auch ders., Das formgeschichtliche Problem des Hexateuch, Ges. Studien, S. 72f.; Theologie des Alten Testaments I, S. 178.

[44] G. v. Rad, Das erste Buch Mose, S. 16.

[45] G. v. Rad, Theologie, S. 178.

[46] Frank Crüsemann, Die Eigenständigkeit der Urgeschichte. Ein Beitrag zur Diskussion um den „Jahwisten", in: Jörg Jeremias/Lothar Perlitt (Hg.), Die Botschaft und die Boten. FS für Hans Walter Wolff, 1981, S. 11–29.

[47] Das wird von Crüsemann, aaO, S. 29, selbst betont.

hang der biblischen Überlieferung, wie sie uns im alttestamentlichen Kanon gegeben ist, kann und soll die Urgeschichte nicht mehr anders als in Verbindung mit der Erwählungsgeschichte Israels gelesen werden. Im jetzigen Zusammenhang ist auch die Segensverheißung an Abraham nicht mehr ohne jene Fluchworte zu hören, die zuvor in der Geschichte der Völkerwelt ergangen sind. Es bleibt die Beobachtung wahr, „daß hier gegenüber der Fluchgeschichte, welche in den Kapiteln der Urgeschichte entfaltet war, die große göttliche Gegenwende geschieht"[48].

Während in der Urgeschichte fünfmal von einem Fluch Gottes die Rede war, der über die Schlange (3,14), den Ackerboden (3,17; 5,29), Kain (4,11) und dann Ham (9,25) ausgesprochen wurde, begegnet in dem Verheißungswort 1. Mose 12,1–3 fünfmal variiert der Begriff des Segens. Abraham wird gesegnet, indem ihm, dem Kinderlosen, Nachkommen, ja, das Wachsen zu einem großen Volk verheißen wird. Gottes Segen erweist sich aber auch darin, daß Abrahams Name groß und vor allen berühmt gemacht werden soll. Was die Turmbauer sich selbst durch ihr eigenes monströses Werk schaffen wollten, Erinnerung, Gedächtnis und die Ehre ihres Namens (vgl. 1. Mose 11,4), das soll Abraham aus Gottes freier Gnade empfangen. Aber noch mehr wird Abraham zugesagt: Er soll nicht nur für sich selbst göttlichen Segen geschenkt bekommen, sondern auch für andere zum Segensmittler werden. An der Stellung zu ihm wird sich auch das Geschick jener entscheiden, die mit Abraham und seinem Samen zu tun bekommen. Während diejenigen, die Abraham segnen, auch selbst gesegnet werden sollen, wird derjenige (Singular!), der ihm flucht, auch von JHWH verflucht werden. Aber diese zweite Aussage, die im Unterschied zu den Parallelstellen 1. Mose 27,29 und 4. Mose 24,9 in der Verfluchung eher die Ausnahme sieht, tritt gegenüber der zuerst gemachten pluralischen zurück. Die eigentliche Spitze hat das Segenswort an Abraham in dem letzten Folgesatz, in dem Abraham verheißen wird, daß in ihm alle Geschlechter der Erde gesegnet werden sollen[49].

Doch ist Israel wirklich zu einem Volk geworden, durch das der Segen Gottes auch über die anderen Völker kommt? Hat es

[48] W. Zimmerli, 1. Mose 12–25. Abraham, S. 20.

[49] H. W. Wolff hat die theologische Intention des jahwistischen Erzählwerkes in einem Aufsatz herausgestellt: Das Kerygma des Jahwisten, in: Ders., Gesammelte Studien zum AT (TB 22), 1964, S. 345–373.

seine Erwählung und Berufung in diesem Sinn verstanden? Hält man an der jahwistischen Verfasserschaft von 1. Mose 12,1–3 fest und sieht man in diesem Erzählwerk mit Hans Walter Wolff eine Geschichtsschreibung aus der davidisch-salomonischen Ära, so ist diese Segensverheißung vornehmlich an jenes Israel gerichtet, das zur Zeit Davids und Salomos seine größte Blütezeit erlebte. David hatte die Übermacht der Philister ein für allemal gebrochen. Er hatte die Nord- und die Südstämme unter seiner Herrschaft vereinigt, Jerusalem zur Königsstadt gemacht und ein Großreich geschaffen, das sich nun auch über die Nachbarvölker erstreckte. Moabiter und Ammoniter, die Syrer im Norden und die Edomiter im Süden und selbst die ehemaligen Bedrücker, die Philister, waren von David unterworfen worden und mußten ihm und dann vor allem Salomo ihren Tribut zahlen[50]. Das ehemals in einzelne Stämme aufgesplitterte und zerstreut lebende Israel war tatsächlich zu einem großen und mächtigen Volk geworden. Es hatte einen großen und ehrenvollen Namen unter den Völkern bekommen. So jedenfalls sieht es der jahwistische Erzähler. Für ihn haben sich die einst Abraham gegebenen Verheißungen in dem Großreich Davids und Salomos erfüllt. Aber er hält dem Israel seiner Tage auch einen Spiegel vor. Er erinnert es daran, daß es seine Macht und Herrlichkeit nur dem Segen JHWHs verdankt, daß Größe und Ehre von JHWH zugesagt war und geschenkt wurde. Die Israel gewährte Vorzugsstellung ist Segenswirkung Gottes, die wiederum auch den unterworfenen Völkern zum Segen werden soll. „...und in dir sollen gesegnet werden alle Geschlechter der Erde". Ist Israel fähig und bereit, seine Erwählung als Gabe der Verheißung und als Auftrag zu verstehen?

Hans Walter Wolff urteilt: „Der Hybris der Großgewordenen in Salomos Tagen muß es ein schneidendes Wort gewesen sein, daß sie erst dann ihre Größe als Segen Jahwes gewinnen, wenn bei ihnen alle Völker Segen als Rettung freien, fruchtbaren Lebens gefunden haben. So führt der Jahwist die Sattgewordenen um des hohen Zieles wegen in den Anfang Jahwes mit Israel zurück, indem er die Traditionen mit unableitbarer Vollmacht für seine Zeit interpretiert."[51]

---

50 Vgl. 2. Sam 5,17–25; 2. Sam 8; 1. Kön 5,1–8 u.ö.

51 H.W. Wolff, aaO, S. 369.

Um Rückführung in den Anfang Jahwes mit Israel, um eine Interpretation alter Traditionen, geht es auch in einem anderen großen Literaturwerk des Pentateuchs, das einige Jahrhunderte jünger als das jahwistische Erzählwerk ist und aus der späten Königszeit stammt. Es handelt sich um das Gesetzbuch, das im 5. Buch Mose überliefert ist und in der alttestamentlichen Wissenschaft den Namen „Deuteronomium“ trägt.

Im 2. Buch der Könige (2. Kön 22+23) wird erzählt, wie zur Zeit Königs Josias bei Reparaturarbeiten im Tempel ein Gesetzbuch gefunden wird, das der Hohepriester durch den Schreiber Saphan sogleich zum König bringen und ihm vorlesen läßt. Dieses Buch hat eine solche Wirkung auf Josia, daß er seine Kleider zerreißt und in große Furcht gerät, „weil unsre Väter nicht auf die Worte dieses Buches gehört haben, daß sie alles getan hätten, was darin geschrieben steht“ (22,13 Z). Dann ruft der König alle Ältesten Judas und Jerusalems zusammen und läßt ihnen im Tempel das Gesetzbuch vorlesen. Nach dieser Verlesung verpflichtet sich der König selbst „vor dem Herrn“, „ihm anzuhangen und seine Gebote, Verordnungen und Satzungen von ganzem Herzen und von ganzer Seele zu halten, um so die Worte,... die in diesem Buch geschrieben standen, in Kraft zu setzen“ (23,3 Z).

Es ist immer wieder vermutet worden, daß es sich bei dem unter Josia aufgefundenen Gesetzbuch um das Deuteronomium handelt, das zwar nicht in der Endgestalt, in der wir es im 5. Buch Mose lesen, wohl aber in einer Grundschicht tatsächlich damals bekannt geworden sein könnte[52]. Denn die Maßnahmen, die König Josia alsbald ergreift, entsprechen sehr wesentlichen Forderungen dieses Gesetzbuches und sind z. T. nur vom Deuteronomium her verständlich[53]. Josia entfernt die Bilder und Kultsymbole des Baal und der Aschera und aller Astralgottheiten aus dem Jerusalemer Tempel. Er entweiht und zerstört die Höhenheiligtümer in Juda und den Städten Samarias, und zwar auch diejenigen, an denen JHWH-Priester amtiert hatten. Er läßt nur noch *ein* zentrales Heiligtum bestehen, den Tempel in Jerusalem, und ruft in ihm das ganze Volk zu einer zentralen Passafeier zusammen. So verwirklicht Josia die Grundforderung des Deuteronomiums, daß JHWH *einer* ist und daher

---

52 Auf die Versuche, die verschiedenen Schichten des Deuteronomiums herauszuarbeiten, ist hier nicht einzugehen. Vgl. hierzu R. Smend, Die Entstehung des AT, S. 69–81, und die dort angegebene Literatur. In jedem Fall gehören die Einleitungs- und Schlußkapitel (Kp. 1–3; 31–34) nicht dem deuteronomischen Gesetzbuch an, das nach G. v. Rad erst mit der Überschrift in 4,44 beginnt und bis 30,20 reicht. G. v. Rad, Das fünfte Buch Mose (ATD 8), 1964, S. 7, 40.

53 Vgl. A. Alt, Die Heimat des Deuteronomiums, in: Ders., Kleine Schriften zur Geschichte des Volkes Israel II, ²1959, S. 250–275, hier S. 252–262.

auch nur an *einer* zentralen Stätte, die er erwählt, verehrt werden will (vgl. 5. Mose 12)[54].

Es ist bis heute nicht genau geklärt, in welchen Entwicklungsstufen das Deuteronomium geworden ist, wie es in den Jerusalemer Tempel gelangte, und welche Kreise hinter diesem Gesetzbuch standen[55]. Deutlich ist nur, daß dieses Buch in einem längeren Wachstumsprozeß entstanden ist und eine verbindliche Zusammenfassung und Aktualisierung der gesamten heilsgeschichtlichen Überlieferung darstellt. Erzväterüberlieferung, Auszugsgeschichte, Landnahme und die Rechtstraditionen Israels werden hier in einem großen theologischen Gesamtentwurf zusammengefügt, der von nun an für alle Späteren normierende Kraft hat. Insofern hat Siegfried Herrmann sicher Recht, wenn er das Deuteronomium ein „Konzentrat alttestamentlichen Denkens" nennt, an dessen Maßstäben sich alttestamentliche Theologie zu orientieren habe[56].

Das Deuteronomium stellt sich selbst in seiner Einleitung (4,44-5,33) als eine Rede des Mose vor, die dieser im Ostjordanland Israel gehalten habe, bevor es in das verheißene Land einzog. Weil das Volk am Sinai, wo ihm Gott die zehn Gebote verkündigt hatte, JHWHs Stimme nicht länger ertragen konnte, war Mose allein auf die Spitze des Berges gestiegen und hatte hier das ganze Gesetz vernommen. Dieses ganze Gesetz mit all seinen Geboten, Satzungen und Rechten soll nun auch das Volk kennenlernen, bevor es in das verheißene Land einzieht. Denn nur dann, wenn Israel nicht von den Geboten abweicht, weder zur Rechten noch zur Linken, wird es am Leben bleiben und lange leben in dem Land, das es nun in Besitz nimmt (5,32 f.).

Israel in der Situation vor der Landnahme wird im deuterono-

---

54 Das Deuteronomium gibt allerdings an keiner Stelle zu erkennen, daß es bei der vom Herrn erwählten Stätte an den Tempel von Jerusalem denkt.

55 G. v. Rad denkt an levitische Kreise in der judäischen Landbevölkerung, „priesterlich bevollmächtigte Männer", die die alten Israeltraditionen neu erweckten und aktualisierten. G. v. Rad, Deuteronomium-Studien, 1947, in: Gesammelte Studien zum AT II (TB 48), 1973, S. 109–153, hier S. 148 f. Alt hat dagegen in seinem unter Anm. 11 angegebenen Aufsatz die Herkunft des Deuteronomiums aus dem Nordreich Israel sehr wahrscheinlich gemacht. Die Nähe zur prophetischen Verkündigung Hoseas, die kritische Einschätzung der Institution des Königtums, die Bedeutung der Auszugs- und Landnahmetraditionen weisen in diese Richtung.

56 S. Herrmann, Die konstruktive Restauration. Das Deuteronomium als Mitte biblischer Theologie, in: Hans Walter Wolff (Hg.), Probleme biblischer Theologie. FS für Gerhard von Rad, 1971, S. 155–170, S. 167.

mischen Gesetzbuch angeredet. Daß aber nicht nur die Auszugsgeneration im Blick steht, sondern auch die Nachkommen und späteren Geschlechter mitgemeint sind, wird an vielen Stellen dieses Buches deutlich: „Höre, Israel, die Satzungen und Rechte, die ich euch heute zu Gehör bringe, lernt sie und achtet darauf, sie zu befolgen! Jahwe, unser Gott, war es, der mit uns am Horeb einen Bund geschlossen hat, nicht mit unsern Vätern hat Jahwe diesen Bund geschlossen, sondern mit uns, die wir heute hier alle am Leben sind."[57] So beginnt Mose nach 5,1 ff. seine Rede an das damalige Israel, und so reden durch seinen Mund die Prediger des Deuternomiums in ihrer Zeit ihre Volksgenossen an. Was Mose „heute" dem Israel des Auszugs mitteilt, das soll ein jeder Israelit seinen Kindern einschärfen (6,7). Und wenn einmal in künftigen Zeiten der Sohn den Vater fragen wird, was denn die Zeugnisse und Satzungen und Rechssätze, die JHWH geboten hat, bedeuten, so soll der Vater, sich und den Sohn in die vergangene Geschichte mit einbeziehend, antworten: „Knechte des Pharao sind wir in Ägypten gewesen... Uns aber führte er von dort heraus, um uns hineinzubringen und uns zu geben das Land, das er unseren Vätern zugeschworen hat..." (6,21 ff.). „Das Dt löscht etwa sieben im Ungehorsam vertane Jahrhunderte aus und stellt Israel noch einmal in die Wüste unter den Mund Moses."[58] Israel wird noch einmal das Heil angeboten, das einst den Vätern zugesprochen war. Es wird aber auch gefragt, ob es der Willensoffenbarung JHWHs entsprechen, ob es seinen Geboten, Satzungen und Rechten gehorsam sein will.

Von hieraus ist der seelsorgerliche, mahnende, ja, geradezu beschwörende Ton des Deuteronomiums zu verstehen. Dieses Buch ist kein „Gesetzbuch", sondern eigentlich eine Predigt[59]. Immer wieder werden die Hörer in direkter Rede persönlich angeredet und beschworen, sich doch an die erfahrenen Heilserweisungen JHWHs zu erinnern (8,2 ff.5.18). Denn das ist die

---

57 Die Übersetzung folgt hier und in den folgenden Textstellen den Übersetzungen Gerhard von Rads, Das fünfte Buch Mose.

58 G. v. Rad, Theologie des AT, S. 244.

59 Das Deuteronomium beginnt in Kp. 5–11 mit einer großen paränetischen Einleitung, auf die erst in Kp. 12–26 das eigentliche Gesetzeskorpus folgt. Aber auch dieses ist so in den Stil ermahnender Rede gekleidet, daß man auch hier eher an eine Mahnrede als eine Gesetzgebung denkt. v. Rad hat in seiner Theologie, S. 85, von „levitisch-deuteronomischen Predigten" gesprochen.

eine große Sorge[60], die das ganze Buch durchzieht, daß Israel seinen Gott vergessen könnte: daß es nicht mehr daran denkt, daß JHWH es aus der Sklaverei in Ägypten herausgeführt hat (6,12) und in der Wüste wunderbar versorgte (8,3f.); daß es nicht mehr weiß, daß ihm das schöne und fruchtbare Land, in welches es nun hineingeht, von JHWH geschenkt wurde (8,7–18; 9,4–6). Denn wenn Israel dies vergißt, wenn es vom Herrn abfällt und anderen Göttern dient, dann wird der Zorn Gottes gegen sein Volk entbrennen (7,4; 11,17). Es wird dann nicht am Leben bleiben, sondern wie die anderen Völker, die Gott vor Israel vertrieben hat, zugrundegehen (8,19f.; 11,17).

Der drohende Untergang, auf den das Israel der späten Königszeit zugeht und der sich dann im 6. Jahrhundert ereignete, steht den Predigern des Deuteronomiums also schon vor Augen. Aber eben darum liegt in ihrer Predigt aller Ton auf dem Angebot des Lebens! Noch einmal, zum letzten Mal, wird Israel das Leben angeboten, Segen und Fluch vorgelegt, so wie beides einst den Vätern jenseits des Jordans vorgelegt wurde (11,26–28; 28,1–46). Wird es den Weg des Lebens wählen?

Was die Prediger des Deuteronomiums in diesem letzten Augenblick vor dem drohenden Untergang einschärfen, was sie vor Augen führen und woran sie erinnern, ist Israels *einzigartige Erwählung*; und es sind die Konsequenzen, die sich aus dieser göttlichen Gnadenwahl für das JHWH gehörende Volk ergeben. „... denn ein für Jahwe, deinen Gott, geheiligtes Volk bist du. Dich hat Jahwe, dein Gott, erwählt, um ihm als Volk des Eigentums anzugehören unter allen Völkern, die auf dem Erdboden wohnen" (7,6).

Nicht weil es größer wäre als andere Völker, nicht weil es diesen irgend etwas voraus hätte, hat JHWH Israel aus allen Völkern herausgenommen und zu seinem Eigentum erklärt. Es geschah aus seiner freien, bedingungslosen Liebe, weil er diesem Volk sein Herz zugewandt hat (7,7+8; 10,15). Aber eben darum kann und soll Israel nun auch gar nichts anderes tun, als ihn wiederzulieben und ihm mit ungeteilten Herzen anzuhängen. Es soll „erkennen", daß JHWH der einzige, der treue Gott ist, und seine Satzungen und Rechte halten.

---

[60] Diese Sorge kommt vor allem in dem immer wiederholten „Hüte dich" zum Ausdruck: 5. Mose 4,9.15.23; 6,12; 8,11; 11,16; 12,13.19.30; 15,9; 23,10.

Wenn auch immer wieder von den Verordnungen, Satzungen und Rechten die Rede ist, die JHWH seinem Volk geboten hat, so geht es doch, blickt man näher hin, im Deuteromium in einer ungeheuren Konzentration letztlich um das erste Gebot, in dem alle Einzelweisungen gründen.

Und nun Israel, was fordert Jahwe, dein Gott, von dir anderes, als daß du Jahwe, deinen Gott, fürchtest, in seinen Wegen wandelst, ihn liebst und Jahwe, deinen Gott, verehrst mit ganzem Herzen und mit ganzer Seele..." (10,12)

„Höre Israel, Jahwe (ist) unser Gott, Jahwe als einer allein! Und du sollst Jahwe, deinen Gott, lieben mit deinem ganzen Herzen und mit deiner ganzen Seele und mit deiner ganzen Kraft." (6,4+5)

JHWH ist *Einer*, der Einzige für Israel, es gibt keinen Gott außer ihm. Aber dieses Gebot wird nun Israel ins Herz geschrieben[61]. In der *Liebe*, in der Israel seinem Gott mit ganzem Herzen, mit ganzer Seele und mit aller Kraft anhängt, erfüllt sich, was dieses Gebot verlangt. „Gewiß, diese Predigten enthalten auch Sacherklärungen und Weisungen für konkrete Verrichtungen, aber vor allem geht es ihnen um die Grundeinstellung des Menschen dem Willen Gottes gegenüber. Es geht ihnen darum, den rechten Geist zu wecken; sie appellieren an die Gesinnung und schieben die Gehorsamsfrage dem Einzelnen ganz persönlich ins Gewissen."[62] Und doch ist der Gehorsam gegenüber JHWH nicht nur eine innerliche Frage. Das *ganze Leben* soll von der Liebe zu JHWH durchdrungen werden. So geht es also in allen Augenblicken, „wenn du in deinem Hause weilst, wenn du unterwegs bist, wenn du dich niederlegst und wenn du aufstehst", auch um ein ganz konkretes Tun. Es geht um „tätige Dankbarkeit"[63], und diese Dankbarkeit erwartet JHWH von dem ihm gehörenden, auserwählten Volk. Nur wenn Israel in Danbarkeit der Liebe JHWHs entspricht, wenn es als das ihm geheiligte Volk (14,2) nach seinem Willen lebt, wird es im Lande bleiben und die „Ruhe" (12,9f.; 25,19) finden, die Gott seinem Volk zugedacht hat.

Doch wenn Israel seiner Erwählung nicht entspricht? Wenn es

---

[61] Vgl. außer 5. Mose 6,6 auch 11,18 und 30,11–14. Die Parallele zu Jer 31,33 ist nicht zu übersehen.

[62] G. v. Rad, Das fünfte Buch Mose, S. 13.

[63] G. v. Rad, Theologie, S. 243.

JHWH nicht liebt und seine Gebote nicht hält, sondern von ihm abfällt (11,16), andere Götter verehrt und ihnen, die Sitten der Völker nachahmend, in greulicher Weise dient (12,30f.)? – Das Deuteronomium kündet einem seiner Erwählung nicht entsprechenden Israel deutlich auch die andere Konsequenz an: „Dann würde Jahwes Zorn über euch entbrennen, und er würde dich eilends vertilgen" (7,4b). „Wie die Völker, die Jahwe vor euch zugrundegehen läßt, so werdet ihr zugrunde gehen, darum daß ihr der Stimme Jahwes, eures Gottes, nicht gehorcht habt" (8,20).

Diese düstere Perspektive, die sich vor allem am Ende des Deuteronomiums – durch exilische Nachträge verstärkt – verdichtet (28,15–46.47–69; 29), hat sich im 6. Jahrhundert erfüllt. Israel hat seine nationale Existenz verloren. Es wurde wieder aus dem Lande gerissen, das ihm JHWH zum Besitz gegeben hatte. Das angedrohte Strafgericht, vor dem die Prediger des deuteronomischen Gesetzes Israel hatten bewahren wollen, brach schonungslos über das ungehorsame Volk herein. So jedenfalls haben es israelitische Geschichtsschreiber, die später die geschichtlichen Überlieferungen Israels in einem großen Geschichtswerk zusammenstellten, gesehen. Sie orientierten sich an der Theologie des Deuteronomiums und schrieben ihre Sicht kommentarartig in die Geschichtsbücher hinein[64]. So lesen wir in den Königsbüchern fast zu jedem König, der im Nordreich Israel oder im Südreich Juda regierte, einen kritischen „deuteronomistischen" Kommentar, in dem festgestellt wird, daß er tat, was dem Herrn mißfiel, und daß er Israel zur Sünde verführte[65]. Es hatte für die deuteronomistischen Geschichtsschreiber tiefe geschichtliche Wurzeln, daß JHWH zunächst das Nordreich untergehen ließ, und daß dasselbe Schicksal am Ende auch das Südreich ereilte (vgl. 2. Kön 17,7–23).

---

[64] Nicht nur in die Geschichtsbücher! Die Handschrift der Deuteronomisten ist auch in den Prophetenbüchern, z.B. im Jeremiabuch, wie auch im Pentateuch an vielen Stellen zu erkennen.

[65] Vgl. die deuteronomistischen Kommentare in: 1. Kön 11,9–13 (über Salomo); 13,33f. (Jerobeam); 14,21–24 (Rehabeam); 16,23–28 (Omri); 16,29–33 (Ahab); 2. Kön 16,1–4 (Ahas); 21,1–9 (Manasse) usw. Nur über David (vgl. 1. Kön 15,4f.), Hiskia (2. Kön 18,1–8) und Josia (2. Kön 22,1f.; 23,25–27) wird in der deuteronomistischen Geschichtsschreibung ein uneingeschränkt positives Urteil gefällt. Der dtr. Kommentar über die gesamte Königsgeschichte findet sich in 2. Kön 17,7–23.

Doch kann JHWH sein Volk, das er sich aus allen Völkern erwählte, wirklich verstoßen? Kann er seine Liebe wieder zurücknehmen, die er grundlos dem „Kleinsten unter den Völkern" geschenkt hat? Der große Trost- und Heilsprophet im babylonischen Exil, der Zweite Jesaja, knüpft an die den Vätern gegebenen Verheißungen noch einmal an und verkündet seinem Volk über den Abgrund der Schuld hinweg Gottes Treue. JHWH nimmt seine Erwählung nicht zurück, sondern hält sein Wort, das er Abraham und Jakob gegeben hat. Israel bleibt sein erwählter „Knecht" gerade auch dort, wo er es sein Gericht hat treffen lassen.

Daß Israel um der Väter willen der von Gott geliebte und erwählte „Sproß" bleibt, kommt vor allem in den großen Heilszusagen zum Ausdruck, die schon einmal betrachtet wurden[66].

> „Du aber, Israel, mein Knecht,
> du, Jakob, den ich erwählt habe,
> Sproß Abrahams, den ich liebte,
> den ich ergriff von den Enden der Erde her,
> du, den ich rief von ihren Winkeln,
> zu dir sprach:
> mein Knecht bist du!
> ich erwählte dich und verachtete dich nicht..."
> (Jes 41,8+9; vgl. auch Jes 43,1; 44,1+2)[67]

Diese Heilsworte beginnen mit einer feierlichen Anrede, in der Gott Israel mit seinen Würdenamen nennt und es als das in den Vätern erwählte Volk anspricht. „Du aber, *Israel*, mein Knecht, du, *Jakob*, den ich erwählt habe, Sproß *Abrahams*, den ich liebte,... ich habe dich erwählt, und nicht verworfen." Immer wieder fällt in diesen Sätzen der Begriff bḥr, mit dem seit dem Deuteronomium Gottes aussonderndes, erwählendes Handeln bezeichnet wird[68]. Doch Deuterojesaja kann dieses Handeln auch noch mit einer Fülle anderer Wendungen beschreiben: JHWH hat Israel erschaffen und von Mutterleib an gebildet; er hat es – in den Vätern – von den Enden der Erde her ergriffen,

---

66 S. o. Kp. III.3.

67 Die Übersetzung folgt in dieser und den folgenden Textstellen den Übersetzungen Claus Westermanns, Das Buch Jesaja. Kap. 40–66 (ATD 19), ^{2}1970.

68 Gottfried Quell, Art.: Die Erwählung im AT, in: ThWNT IV, S. 148–173, bes. S. 167–170; Hans Wildberger, Art.: bḥr erwählen, in: THAT I, Sp. 275–300, bes. Sp. 284–288.

von den Winkeln herbeigeholt; er hat Israel bei seinem Namen gerufen und zu ihm gesprochen: ‚Du bist mein'. Wie könnte Gott dieses, sein eigenes Tun wieder zurücknehmen? Wie könnte er das von ihm erschaffene Volk wieder verstoßen? Er handelt gerade umgekehrt! Weil Israels Existenz von den Vätern her in JHWHs Erwählungshandeln gründet, darum wendet er sich ihm nun über alle Schuld hinweg noch einmal zu. Weil Gott es schon in seinem Ursprung zu seinem Eigentum erklärte, darum zieht er es jetzt aufs neue in seine Gemeinschaft. Daher folgt auf die feierliche Anrede in den genannten Heilszusagen der Zuspruch Gottes: „Fürchte dich nicht"; „Ich bin bei dir"; „Ich bin dein Gott"[69]. Israel bleibt in Gottes Erbarmen und Liebe, auch dort, wo er vorübergehend sein Angesicht verbarg. Es bleibt in dem Bund des Friedens, den JHWH mit den Vätern geschlossen hat, auch da, wo er es für „einen kleinen Augenblickk" verlassen hatte (Jes 54,7–10).

Doch die Sätze von der Erwählung Israels haben bei Deuterojesaja auch noch eine andere Seite. In ihnen geht es nicht nur um Gottes unwandelbare Treue, auch Israels besondere Existenz vor JHWH und vor den Völkern kommt hier zur Sprache. Das wird in dem anderen Begriff deutlich, der im Zusammenhang der Erwählungssaussagen immer wieder fällt: „Aber nun: Höre, Jakob *mein Knecht* und Israel, den ich erwählt... Fürchte dich nicht, *mein Knecht* Jakob..." (44,1f.); „zu dir sprach (ich): *mein Knecht* bist du! ich erwählte dich und verachtete dich nicht" (41,9). Die Bezeichnung „mein Knecht" hat in der Bibel einen hoheitlichen und zugleich besonders innigen Klang[70]. Mit ihr wird die besondere Würde eines Menschen (des Königs)[71] ausgesagt; seine Nähe und Zugehörigkeit zu Gott, aber auch sein Auftrag, für diesen Herrn zu wirken, stehen im Blick. Wen JHWH zu seinem Knecht erklärt, den zieht er in seine Gemein-

---

69 Jes 41, 10b.13; 43,1–3.5; 44,2.

70 W. Zimmerli, Der äbäd jahwe im AT, in: ThWNT V, S. 655–672; C. Westermann, Art.: äbäd Knecht, in: THAT II, Sp. 182–200, Sp. 191–195.

71 Hans Wildberger leitet unter Hinweis auf die Königspsalmen Ps 78,70f.; 89,4.20f. den Titel „Knecht Gottes" aus der Königsterminologie ab. Der davidische König ist als Gottes erwählter Knecht sein Sachwalter nicht nur in seinem Volk, sondern auf Erden überhaupt. H. Wildberger, Die Neuinterpretation des Erwählungsglaubens Israels in der Krise des Exilszeit, in: H.J. Stoebe (Hg.), Wort-Gebot-Glaube. FS für Walter Eichrodt (AThANT 59), 1970, S. 307–324, hier S. 310.319f.

schaft und nimmt ihn zugleich in seinen Dienst. Das gilt auch für Israel, das Deuterojesaja so betont als „Gottes Knecht" anspricht[72]. Diese Anrede zeigt den Verschleppten in Babylon, zu wem sie gehören und auf wen sie sich verlassen können; sie macht ihnen aber auch deutlich, daß JHWH mit dem zerschlagenen und in alle Winde zerstreuten Rest seines Volkes noch einmal etwas vorhat, daß er Israel, seinen Knecht, noch einmal in seinen Dienst nimmt.

Um welchen Dienst es sich handelt, wird besonders in den Gerichtsreden gesagt, in denen Israel als der Zeuge Gottes vor das Forum der Völker gestellt wird. Zwar ist dieser Zeuge selber blind und taub (42,18f.; 43,8). Er hat es selber noch nicht begriffen, was ihm von JHWH her wiederfahren ist. Und doch steht er nun vor der Völkerwelt als der, an dem Gottes Geschichtsmacht offenbar wurde.

> „Ihr seid meine Zeugen, spricht der Herr,
> und mein Knecht, den ich erwählt habe;
> damit sie zur Einsicht kommen und an mich glauben[73]
> und erkennen, daß ich es bin."
> (43,10 Z; vgl. auch 44,6–8)

Die Völker haben gesehen, wie Gott über sein eigenes Volk Gericht hielt. Sie werden aber auch voller Staunen erfahren, wie JHWH seinem gedemütigten Volk wieder aufhilft und es auf wunderbarem Wege heimführt (vgl. 49,7–12). So ist Israel in seiner ganzen Existenz, seiner Größe und seiner Erniedrigung, seinem Leiden und seiner Herrlichkkeit der Zeuge Gottes in der Welt, das Licht der Völker (42,6; 49,9; 51,4) und der Bundesmittler (42,6; 49,8). An ihm werden auch die Heiden erkennen, daß es keinen anderen Gott und Erretter gibt als JHWH allein. Durch sein Geschick werden auch sie sich zum Herrn bekehren. In diesem universalen Horizont sieht der Prophet Deuterojesaja den Zeugendienst des

[72] Während vor Deuterojesaja der Titel „Knecht Gottes" auf einzelne Personen angewandt wurde, wird er bei ihm zum ersten Mal auf das ganze Volk bezogen. G. Quell, aaO, S. 660; C. Westermann, aaO, Sp. 193. Vgl. auch H. Wildberger, aaO, S. 320: „Israel als äbäd jahwe übernimmt die Funktion als Mandatar Gottes in der Welt. Es hat den Anspruch Jahwes, der Gott Himmels und der Erde ist, unter den Völkern geltend zu machen."

[73] Auf die beiden unterschiedlichen Lesarten in Jes 43,10 wurde oben in Kp. III.3 hingewiesen.

„Knechtes" Israel und den tiefsten Sinn und das Ziel seiner Erwählung[74].

> „Ich will mit euch einen bleibenden Bund schließen
> auf die unverbrüchlichen Gnadenzusagen an David.
> Siehe: zum Zeugen für Völker machte ich ihn,
> zum Fürsten und Gebieter von Nationen.
> Siehe: Volk, das dich nicht kennt, zu dir laufen sie
> um Jahwes, deines Gottes willen
> und des Heiligen Israels, denn er verherrlicht dich."
> (Jes 55,3b–5)

Was JHWH David zugesagt hatte[75], soll sich nun am ganzen Volk erfüllen. Zu ihm, das durch JHWH verherrlicht wird, werden die Völker kommen um seines Gottes willen. So bestätigt sich am Ende auch die Segensverheißung, die Gott Abraham gegeben hatte, daß in ihm und seinem Samen alle Geschlechter der Erde gesegnet werden sollen (1. Mose 12,3).

Zur Weiterarbeit

Hans-Jürgen Hermisson, Bund und Erwählung, in: H.J. Boecker u.a., Altes Testament (Neukirchener Arbeitsbücher), Neukirchen-Vluyn 1983, S. 222–243.

Gerhard von Rad, Das fünfte Buch Mose (ATD 8), Göttingen 1964.

Theodor C. Vriezen, Die Erwählung Israels, in: Dietrich Goldschmidt/Hans-Joachim Kraus (Hg.), Der ungekündigte Bund. Neue Begegnungen von Juden und christlicher Gemeinde, Stuttgart 1962, S. 49–57.

---

[74] In dieser Darstellung blieben die „Knecht-Gottes-Lieder" unerwähnt, die der alttestamentlichen Wissenschaft noch immer Fragen aufgeben. Es handelt sich um die Texte Jes 42,1–4; 49,1–6; 50,4–9; 52,13–53,12. Zu den verschiedenen Deutungen vgl. H.D. Preuß, Deuterojesaja, S. 92–96. Auf Jes 52,13–53,12 wird im neutestamentlichen Teil dieser Arbeit noch ausführlich Bezug genommen.

[75] Die David und seinen Nachkommen gegebenen Gnadenzusagen (vgl. 2. Sam 7,8–16; Ps 89,20–38; vgl. auch Ps 18,33–51) werden in diesem Heilswort auf das ganze Israel übertragen. Dabei erhalten sie zugleich eine neue Bedeutung. Nicht mehr Sieg und Herrschaft über die Feinde wird dem erwählten Knecht und Zeugen Gottes verheißen, sondern die Völker werden von selber kommen und zu Israel gehören wollen um seines Gottes willen. „Die Verheißung ist vom politischen Königtum fortgenommen, sie geht auf das Volk über. Sie wird sich darin erweisen, daß Israel auf eine völlig neue Weise über sich hinauswächst und für die anderen Völker zum Zeugen des wunderbaren Wirkens seines Gottes wird." C. Westermann, das Buch Jesaja, S. 229f.

3. „... und sie werden ihre Schwerter zu Pflugscharen schmieden." Prophetische Ausblicke

JHWH, der sich Israel zu seinem Eigentum erwählte, ist von der Schöpfung her zugleich der Gott aller Völker. Er hat Himmel und Erde erschaffen und alles, was sich auf dem Erdboden regt. In seiner Hand sind die Geschicke aller Länder und Nationen. Daher ist Israels Erwählung nicht Selbstzweck. Sie hat ein verborgenes Ziel, das letztlich auf die Völker und ihre Hinwendung zum Gott Israels gerichtet ist. Sollen doch nach 1. Mose 12,3 am Ende alle Geschlechter der Erde in Abraham und seinem Samen Segen empfangen.

Der Erste, der – nach dem Jahwisten – diese umfassende Perspektive aufleuchten ließ, war der Prophet Jesaja, der zur Zeit der assyrischen Bedrohung im 8. Jahrhundert in Jerusalem auftrat. Zwar steht die Hoffnung auf eine Zukunft, in der JHWH Israel und den Völkern Heil schaffen wird, nicht im Zentrum der Verkündigung Jesajas. Sein Auftrag galt einem ungehorsamen Volk, das sich auf seine eigene Macht und Klugheit verließ, dem er deshalb nur Gottes Gericht ansagen konnte. Seine Aussprüche richteten sich gegen Assyrien, das JHWH benutzte als „Rute" seines Zornes und „Stecken" seines Grimms (Jes 10,1), das aber seine militärischen Erfolge der eigenen Stärke und Überlegenheit zuzuschreiben schien (10,7–15) und diesen Hochmut sehr bald würde bezahlen müssen (14,24–27; 29,7f.; 30,27f.). Dennoch gibt es in Jesajas Botschaft Ausblicke, in denen der Prophet über den Horizont des gegenwärtigen Geschehens hinaus in eine andere Zukunft blickt. Einmal wird, so weiß es Jesaja, die Zeit kommen, in der Israel unter einem gerechten, vom Geist JHWHs erfüllten König in Gottesfurcht leben kann. Auch die Völker um Israel her werden dann den Gott, der sein Heil in Jerusalem wirkt, suchen. Nichts Böses wird mehr geschehen auf JHWHs heiligem Berg und der Friede des HERRN auch in die Völkerwelt hinein ausstrahlen.

„Denn uns ist ein Kind geboren“ (Jes 9,1–6)

Diese prophetische Verheißung, die am Ende der Denkschrift über Jesajas Auftreten während des syrisch-ephraimitischen Krieges steht, ist einer der großen Weihnachtstexte, die in der christlichen Kirche immer wieder gelesen und verkündigt werden. Menschen, die durchs Finstere wandern bzw. die schon „im Schattenland siedeln“[76], werden in diesem Wort angesprochen. Damit sind Menschen gemeint, die sich vom Leben abgeschnitten fühlen und schon in den Machtbereich des Todes hineingezogen sind. Denn es ist die Todeswelt, die Scheol, die im Alten Testament als das „Land der Finsternis und des Dunkels“ (vgl. Hiob 10,21 f.) beschrieben wird. Sie liegt nicht nur jenseits des Erdenlebens, sondern reicht mit ihrer unheimlichen Macht tief in das irdische Leben hinein und ergreift es in dem Umfang, in dem Freude, Hoffnung und Licht aus ihm entschwinden[77]. Doch nun soll eben dieses Volk, das schon in die Schattenwelt des Todes hinübergetreten ist, auf eine neue Zukunft hoffen dürfen. Es „sichtet“ großes Licht, ein Licht strahlt über ihm auf. Aber auch von der „großen Freude“ ist die Rede, die der HERR schenken wird (9,2). Wie bei den Erntefesten das Einbringen der Garben gefeiert wird (vgl. Ps 126,6), wie nach gewonnenem Kampf die vom Feind zurückgelassenen Beutestücke jubelnd verteilt werden, so wird die Freude unter den Geretteten aufbrechen. „*Denn* sein lastendes Joch, den Stecken seiner Schulter… zerbrichst du…“ „*Denn* jeder Soldatenstiefel, der mit Getöse einherstampft, … muß ins Feuer hinein…“ „*Denn* ein Kind ist uns geboren…“

Hatte der Prophet in 9,1+2 auf die Wirkungen vorausgeblickt, die das Ereignis, das er anzukündigen vorhat, bringen wird, so blickt er nun ab Vers 3 auf die Ursachen, die dem Volk in der Dunkelheit die neue Hoffnung und die große Freude bringen. Vers 3 spricht von einer plötzlichen Befreiung aus grausamer Unterdrückung. „Lastendes Joch“, „Stock seiner Schulter“, „Knüppel seines Treibers“ sind Symbole, die das Joch einer Fremdherrschaft beschreiben. Wie Zugtiere unter ein Joch ge-

---

[76] Übersetzung hier und in den folgenden Textstellen nach H. W. Wolff, Frieden ohne Ende (BSt 35), 1962, S. 53.

[77] Ps 22,16 f.: 55,5; 88,4–7; 102,12; 109,22 f. Aber auch die Rückblicke in den Dankliedern sind hier zu nennen: Ps 30,4; 116,3.8; Jona 2,6 f.

spannt und von den Knüppeln der Treiber angetrieben werden, so müssen offenbar die Unterworfenen als Kriegsgefangene und Fronarbeiter ihren Herren dienen. Doch dieses Joch soll nun zerbrochen, diese Last abgenommen werden, und zwar plötzlich „wie am Midianstag". Damals hatte JHWH dem weit unterlegenen Volk unter Gideon den Sieg gegeben gegenüber den übermächtigen, räuberischen Midianitern (vgl. Ri 7), und einen solchen Sieg wird er nun noch einmal schenken. Davon handelt Vers 4, der das Ende der Unterdrücker ankündigt. Nur mit zwei Bildern wird die feindliche Militärmacht beschrieben, doch diese Bilder sprechen für sich selbst. Der Soldatenstiefel, „der mit Gedröhn einherstampft"[78], und der Soldatenmantel, „der in Lachen von Blut gewälzt"[79] ist, charakterisieren „das Feindesheer als eine erbarmungslose, entmenschlichte Macht, die keinen Regungen des Mitleids zugänglich ist"[80]. Doch mit dieser gnadenlosen Macht ist es nun vorbei! Was Symbol brutaler Gewalt war, muß ins Feuer und wird ein Fraß der Flamme. Es verfällt dem Bann. Es wird JHWH zugeeignet, der den Sieg gegeben hat, und darf deshalb auch nicht noch einmal – etwa von den zuvor Unterlegenen, die nun zum Gegenanschlag ausholen möchten – benutzt werden[81]. Mit diesen Symbolen von Machtrausch und Blutvergießen ist es ein für allemal vorbei. „Denn ein Kind ist uns geboren, ein Sohn ist uns geschenkt. Auf seine Schulter kommt die Herrschaft..."

Der dritte Begründungssatz in Vers 5 formuliert den letzten und entscheidenden Grund für all die Umwälzungen, die zuvor beschrieben wurden. Während in Vers 4 im hebräischen Text eine Zeitform steht, die ein anhebendes Geschehen meint, gebraucht Jesaja in diesem Satz ein Perfekt, mit dem er in prophetischer Gewißheit das zukünftige Ereignis so beschreibt, als sei es schon in die Realität eingetreten. Ein Kind *ist* geboren, auf dessen Schultern die Herrschaft schon gelegt wurde[82]. Und diese Herrschaft ist ganz anderer Art als die Herrschaft derer, die die Menschen im finsteren Land bisher erfahren haben. Darauf

---

78 Jesaja gebraucht an dieser Stelle ein Lehnwort aus der assyrischen Soldatensprache.

79 Übersetzung von H. Wildberger, Jesaja 1–12, S. 363.

80 AaO, S. 367.

81 Vgl. die Geschichte von Achans Diebstahl (Jos 7).

82 H. Wildberger, aaO, S. 366.377.

deuten die Thronnamen, die über dem jungen König ausgesprochen wurden[83]: „Der-Wunder-plant“ ist ein Herrscher, „der ganz Ungewöhnliches plant und durchsetzt“[84]. „Kraftvoller Gott“ besagt, „daß die Stärke Gottes selbst in diesem König präsent“ ist[85]. „Ewigvater“ bzw. „Vater-der-Zukunft“ charakterisiert den, dessen Fürsorge für die Bewohner seines Reiches nicht erlahmt, mehr noch: der die Zukunft heraufführt[86]. Dies alles sind übermenschliche, geradezu göttliche Namen, die an die Thronnamen der Pharaonen in Ägypten erinnern[87]. Doch so erhaben sie auch klingen mögen, das prophetische Wort zielt auf den letzten als den eigentlichen Herrschernamen hin: „Friedensherrscher“, „Friedensfürst“, wird derjenige genannt, dessen Herrschaft „weit reicht“ und in dessen Reich der Friede „ohne Ende“ sein wird. Denn das neu geborene Kind, das auf Davids Thron steigen wird, wird seine Herrschaft nicht auf stampfende Soldatenstiefel und in Blut gewälzte Soldatenmäntel gründen. Der geschenkte Sohn gründet sein Reich auf „Recht und Gerechtigkeit“, die allen, vor allem den Hilflosen und Armen, zukommen lassen, was sie zum Leben brauchen[88]. Diese Gaben „stützen“ seinen Thron.

„Der Eifer Jahwes der Heere wird solches schaffen“, heißt es am Ende im Rückblick auf das ganze Wort. All das, was der Prophet angekündigt hat, steht also noch aus! Die Befreiung von der Fremdherrschaft, das Ende der grausamen Militärmacht, die Herrschaft des Kindes sind noch nicht Wirklichkeit. Doch der Prophet blickt auf diese Zukunft voraus und spricht von ihr so, als sei sie schon in die Geschichte eingetreten. Der „Eifer des HERRN“, sein leidenschaftlicher Wille, wird diese Zukunft heraufführen.

---

83 Oder – bei seiner späteren Thronbesteigung – noch ausgesprochen werden. Das Verb weist je nach Lesart in die Vergangenheit oder Zukunft. Wildberger, aaO, S. 364 f. 379 f.

84 H. W. Wolff, aaO, S. 71.

85 Ebd.

86 Ebd.

87 Vgl. H. Wildberger, Die Thronnamen des Messias, Jes 9,5 b (ThZ 16), 1960, S. 314–332. In: Jahwe und sein Volk. Ges. Aufsätze z. AT, 1979, S. 56–74.

88 Zur Begriffsverbindung „Recht und Gerechtigkeit“ vgl. H. Wildberger, Jesaja 1–12, S. 59: „... meint jenes die konkrete Ausübung der Rechtspflege, so dieses die grundsätzlich gebotene Haltung zum andern innerhalb einer Gemeinschaftsform“.

Dieses große Heilswort gibt der alttestamentlichen Forschung bis heute seine Probleme auf. Es wird gefragt, wer der Sprecher dieses Wortes ist, wer die Adressaten und von welchem Kind in 9,5 f. die Rede sei. Kann man noch die geschichtliche Situation erkennen, in die dieses Heilswort ursprünglich hineingesprochen wurde? Gegenüber der früher wie heute verbreiteten Auffassung, daß es sich in Jes 9,1–6 um ein spätes, aus nachexilischer Zeit nachgetragenes Heilswort handelt, das der historische Jesaja niemals gesagt haben könne[89], bleibt m. E. gültig, was Albrecht Alt über die Nähe des Wortes zum syrisch-ephraimitischen Krieg dargelegt hat[90]. Nach Alt werden die von den Assyrern im Jahr 732 abgetrennten Gebiete des Nordreichs von Jesaja in 8,23 direkt genannt, und auf sie, bzw. deren Bevölkerungen, beziehe sich nun auch die Heilsbotschaft in 9.1 ff. Ihnen wird durch Königsboten die Kunde gebracht, daß in Jerusalem ein neuer Davidide den Thron bestiegen habe. Dieses Ereignis kann auch die Unterworfenen auf Befreiung hoffen lassen. – Auch Hans Wildberger geht von der von Alt herausgearbeiteten Situation um 732 aus, doch er sieht nicht primär die Bevölkerung des Nordreiches angesprochen. Jesaja wirkte in Jerusalem, und dieser Bewohnerschaft galt sein Wort. Denn auch in Juda und Jerusalem hatte sich Bestürzung ausgebreitet über den Gebietsverlust, der Israel traf. Anlaß des Heilswortes sei die *Geburt*, nicht, wie Alt annahm, die Thronbesteigung eines neuen Davididen in Jerusalem. Schon die Geburt des Thronfolgers sei Zeichen und Angeld (vgl. Jes 7,14), „daß Israel hoffen darf und die Fremdherrschaft nicht als unabänderliches Geschick hinnehmen muß. Ist die Nachfolge gesichert, heißt das, daß das Bündnis zwischen Jahwe und dem Davidshaus noch Bestand hat“[91]. Auch Hans Walter Wolff sieht Jes 9,1–6 in der Situation nach 732 gesprochen, doch möchte er die Zeit nicht auf das Jahr 732 festlegen. Ganz Israel kam nach dem ersten Eingriff Tiglatpilesars immer wieder in große Bedrängnisse, z. B. im Jahr 722, als das Nordreich unterging, und dann vor allem nach 705, als Juda und Jerusalem fast dasselbe Schicksal ereilte. Daher könne man das Kind, von dessen Geburt die Rede ist, auch nicht mit einer bestimmten historischen Königsgestalt identifizieren. Wolff versteht das Perfekt in 9,5 als ein „prophetisches Perfekt“, in dem der Prophet ein Ereignis als schon vollzogen darstellt, das er erst in der Zukunft erschaut. Das Kind, das

---

89 Die Argumente gegen die jesajanische Verfasserschaft führt O. Kaiser in der 5. Auflage seines Jesajakommentars an: Das Buch des Propheten Jesaja. Kapitel 1–12, 1981, S. 207 f. In den vorangegangenen Auflagen hatte er selber das Wort noch für jesajanisch gehalten: Der Prophet Jesaja. Kap. 1–12, 1978, S. 90–95.

90 A. Alt, Jesaja 8,23–9,6. Befreiungsnacht und Krönungstag, in: Kleine Schriften II, S. 206–225.

91 H. Wildberger, aaO, S. 380.

als Herrscher der neuen Zeit Gottes Friedensreich heraufführt, ist „erst als ein verheißenes im prophetischen Wort" präsent[92].

So offen die Frage bleiben mag, wer letztlich im Blick Jesajas stand, als er das große Heilswort formulierte, so sicher ist doch, daß er auch in den Jahren der Enttäuschung und des politischen Niedergangs die Hoffnung auf JHWHs Verheißungen nicht aufgab. Als er sich nach dem syrisch-ephraimitischen Krieg zurückzog, weil sein Wort ungehört verhallt war, als er auf den zu warten beschloß, der im Augenblick sein Angesicht vor Israel verbarg (8,17), blickte er doch in diesem u.U. nur im engsten Jüngerkreis gesagten Wort auf einen neuen von JHWH eingesetzten König aus. In seinem Friedenskreis würde das Volk, das „durchs Finstere wandert", von der Unterdrückung frei werden, Licht sehen und neu aufleben können. Es ist möglich, daß, wie Hans Wildberger vermutet, Jesaja beim ersten Aussprechen dieses Heilswortes die Geburt eines neuen Davididen in Jerusalem, die Geburt Hiskias, vor Augen hatte. Doch wenn dies der Fall war, so mußte der Prophet bald einsehen, daß auch Hiskia nicht dem von ihm verheißenen und erhofften Davidskönig entsprach. Dennoch nahm er seine Heilsankündigung nicht zurück. War es vielleicht ein anderer, in dem JHWH seine Verheißungen erfüllen würde?

Es wird ein Reis hervorgehen aus dem Stumpf Isais (Jes 11,1–9)

In Jes 11,1–9 liegt ein prophetisches Wort vor, das, wenn man es Jesaja zuschreibt, aus einer späteren Zeit seines Wirkens stammen muß. Auch in ihm blickt der Prophet auf einen von JHWH eingesetzten neuen König aus. Doch dieser König wird nun nicht mehr aus der regierenden Davidsfamilie, er wird aus dem Wurzelstock Isais sein. „Ein Reis wird hervorgehen aus Isais Stumpf und ein Schoß aus seinen Wurzeln hervorsprießen"[93] (11,1). Hier wird ein Gottesgericht vorausgesetzt, in dem „die Hochragenden gefällt" und die „Erhabenen niedergeschlagen" wurden (vgl. 10,33) und in dem auch von dem Baum der Davidskönige nur noch ein Stumpf übrigblieb. Aber nun soll aus

92 H.W. Wolff, aaO, S. 69f. 72.

93 Übersetzung hier und im Folgenden nach H. Wildberger, aaO, S. 437.

diesem Stumpf, nämlich dem Geschlecht Isais, ein Reis hervorwachsen; aus dem Wurzelgrund der Davididen soll ein neuer Sproß hervorbrechen. Was Hiob in seiner großen Vergänglichkeitsklage über den umgehauenen Baum sagte (14,7–9), daß er doch wieder treiben könne, eben dies soll am Haus Isais geschehen.

Man hat u.a. aufgrund dieser radikalen Sicht auf das Ende der Davidsdynastie gefragt, ob 11,1 ff. wirklich von Jesaja gesagt sein könne oder nicht vielmehr aus exilischer Zeit stamme, die ja tatsächlich das Ende der Davididen erleben mußte[94]. Doch hatte auch Jesaja oft genug das Ende der Königsfamilie vor Augen. In Jes 7 schlägt Ahas das ihm angebotene Gotteszeichen aus und versteift sich auf den von ihm selbst gewählten Weg, ohne zu glauben. Es könnte sein, daß Jesaja in Beantwortung dieses Ungehorsams von einem anderen erwählten Sproß aus einer anderen Linie gesprochen hat, wie es ja auch die Immanuel-Prophezeiung andeutet. Doch wahrscheinlicher ist, daß Jes 11,1 ff. in eine spätere Zeit gehört, in der die Bedrohung Jerusalems immer greifbarer wurde. Man kann an den Aufstandsversuch der Philisterstadt Asdod denken, in den sich Hiskia anfänglich verwickeln ließ und der eine assyrische Strafexpedition im Jahr 711 nach sich zog. Man kann aber auch den Zug der Assyrer gegen Jerusalem im Jahr 701 vor Augen haben, der Jerusalem und dem Königshaus beinahe den Todesstoß gegeben hätte. In diesen Situationen ist die Verheißung eines ganz neuen Königs aus einem anderen, wenn auch verwandten Geschlecht aus dem Munde Jesajas gut vorzustellen.

„Und auf ihm wird ruhen Jahwes Geist…" (11,2). Aus der Zeit der Richter wird erzählt, wie immer wieder Gottes Geist über einzelne Menschen kam, sie ergriff und ihnen die Fähigkeit gab, den von JHWH gegebenen Auftrag zu erfüllen. So erging es Othniel (Ri 3,10), Gideon (Ri 6,34), Jephtha (Ri 11,29), und so widerfuhr es schließlich auch Saul (1. Sam 10,6; 11,6). Doch während der Geist des Herrn die charismatischen Führer Israels nur vorübergehend ergriff, während er Saul, den JHWH verwarf, wieder verließ (1. Sam 16,14), heißt es von dem angesagten zukünftigen Herrscher, daß der Geist JHWHs auf ihm

94 Die Stimmen, die die Echtheit von Jes 11,1 ff. bestreiten, überwiegen. Doch gilt in dieser Frage, was Wildberger, aaO, S. 442, zu Recht anmerkt: „Wie bei 2,2–4 und 9,1–6 bricht hier ein Dissensus auf, der letztlich in einer verschiedenen Konzeption des Verlaufes der Religionsgeschichte Israels und einem verschiedenen Verständnis des Prophetismus begründet ist."

ruht[95]. Er wird nicht wieder von diesem König weichen, sondern ihn mit all den Fähigkeiten begaben, derer er für sein königliches Amt bedarf. In drei Begriffspaaren wird dies in Vers 2 entfaltet. Der dem zukünftigen Sproß verliehene Geist ist ein „Geist der Weisheit und der Einsicht", der die Dinge durchschauen kann und zu richtigen Entscheidungen führt. Durch solchen Geist „herrschen die Könige und entscheiden die Machthaber gerecht" (Spr 8,15 Z). Er ist weiter ein „Geist des Planens und der Heldenkraft", der die richtigen Pläne faßt und sie auch durchzusetzen vermag. War in der traditionellen Königsideologie mit diesen Begriffen die kriegerische Tüchtigkeit eines Herrschers gemeint, seine Fähigkeit, Kriegspläne zu schmieden und siegreich auszuführen (vgl. 2. Kön 18,20), so denkt Jesaja, der den Friedenskönig beschreibt, an die Aufgabe, das Recht und die Gerechtigkeit durchzusetzen. Doch die Aufzählung führt auf noch ein drittes Begriffspaar zu, in dem das Wichtigste genannt wird: der „Geist der Erkenntnis und der Furcht JHWHs". Der neue Sproß, der aus dem Wurzelstock Isais hervorwächst, wird JHWH erkennen, ihn an-erkennen und damit ernst machen, daß JHWH der einzige Gott und Helfer für Israel ist[96]. Und er wird sich selbst in „Gottesfurcht" unter diesen Herrn beugen! Er wird sich nicht selbstherrlich über seine Brüder erheben, nicht nach Willkür entscheiden, sondern JHWHs Gebote respektieren, die er Israel kundgetan hat. Wenn auch dies so erst später im Königsgesetz des Deuteronomiums formuliert wurde (vgl. 5. Mose 17,19 f.), so zeigt doch der Hinweis auf die Erkenntnis und die JHWH-Furcht am Ende der Aufzählung in Jes 11,2, wie wichtig diese Eigenschaften auch schon für das Königsbild des Ersten Jesaja waren. Mit Nachdruck wiederholt der Prophet darum in einem – m. E. nicht zu streichenden – Satz dieser Aussage noch

95 Eine ähnliche Aussage ist in der Salbungsgeschichte 1. Sam 16,13 auch schon über David gemacht: „Und der Geist des HERRN geriet über David von dem Tag an und weiterhin."

96 „Erkenntnis", die JHWH als den einzigen Retter für Israel anerkennt, ist das zentrale Stichwort in der Verkündigung des Propheten Hosea. Aber auch bei Jesaja lautet die seine Botschaft zusammenfassende Anklage in 1,2 f.: „… aber Israel *erkennt* nicht, mein Volk hat keine Einsicht". Davon, daß seine Volksgenossen nicht erkennen bzw. ohne Erkenntnis sind, spricht Jesaja auch in 6,9 und 5,13.

einmal: „Und er wird sein Wohlgefallen haben an der Furcht JHWHs“ (11,3 a)[97].

Wozu der erwählte Sproß der genannten Geistesgaben bedarf, sagen die Verse 11,3–5. Es geht um den „Dienst an der Gerechtigkeit“[98]. Und es geht um diesen Dienst so, daß die Armen und Hilflosen in ihr Recht gesetzt, die Gewalttäter und Frevler in die Schranken gewiesen werden. „Er wird nicht richten nach dem, was seine Augen sehen.“ Dieser König sieht die Person, den Stand und die Machtposition dessen, der vor ihn tritt, nicht an. Und er richtet auch nicht „nach dem, was seine Ohren hören“. Was man ihm zutragen will, kommt bei ihm nicht an. Sondern „mit Gerechtigkeit hilft er den Geringen zum Recht“, und in „Gradheit“ tritt er ein „für die Armen im Land“. Hier kommt ein Verständnis von „Gerechtigkeit“ zum Tragen, das man auch beim jungen Jesaja beobachten kann und das das israelitische Gottesrecht von seinen Ursprüngen her auszeichnet[99]. Danach entscheidet sich die Frage, ob es in Israel gerecht zugeht, an der schwächsten Stelle. Wie es dem Fremdling, der Waise und der Witwe ergeht, wie der Blinde und Taube behandelt werden, ob die Ärmsten zu ihrem Recht kommen, daran wird erkennbar, ob „sedaka“ und „mispat“, Gerechtigkeit und Recht, das Land regieren. Daher ist es die vornehmliche Aufgabe des gerechten Königs, gerade den Armen und Hilflosen zu ihrem Recht zu verhelfen. Doch werden die Mächtigen und Starken nicht widerstreben? Werden sie die Armen hochkommen lassen? Der Auftrag des messianischen Königs hat auch noch eine andere Seite: „… und er wird mit dem Stabe seines Mundes den Gewalttätigen schlagen und mit dem Odem seiner Lippen den Gottlosen töten.“ „Gewalttäter“ und „Frevler“ sind diejenigen, die ihren Reichtum und ihre Macht hemmungslos mißbrauchen, die nach JHWH und seinem Rechtswillen nicht fragen und daher die Armen und Hilflosen skrupellos zugrunderichten. Über sie wird

[97] In Vers 3 a ist die Textübelieferung unklar. Wildberger möchte den Satz als „Dittographie“ (versehentliche Doppelschreibung) streichen.

[98] H. Wildberger, aaO, S. 460.

[99] Vgl. die apodiktisch formulierten Gebote in 2. Mose 22,21–31; 23,1–9; 3. Mose 19,13–15 und die Fluchtreihe in 5. Mose 27, 15–26. Wie immer man über die Herkunft dieser Gebote denken mag, schon die Propheten des 8. Jahrhunderts setzen sie als Rechtssatzungen JHWHs voraus! An ihnen messen sie ihr Volk. Z.B. Amos: Am 2,6–8; 4,1; 5,10–12; 8,4–6; aber auch Jesaja: Jes 1,17.23; 3,14 f.; 5,7; 5,8.22 f.; 10.1 f.

der Richtspruch des zukünftigen Königs ergehen. Und es wird nicht nur bei seinem Richt*spruch* bleiben! Er, der mit dem „Geist des Planens und der Heldenkraft" ausgestattet ist, wird seine Gerechtigkeit auch durchsetzen. Er wird die Gewalttäter und Frevler mit seinem königlichen Wort schlagen, so daß sie sich nicht wieder über die Hilflosen erheben können. Solche Gerechtigkeit und solche Treue wird den messianischen König auf Dauer schmücken. Sie werden sein Lendenschurz und sein Gürtel sein. Wie damals diese Kleidungsstücke den israelitischen Mann immer bekleideten[100], so werden „Gerechtigkeit" und „Treue" den zukünftigen Herrscher nie verlassen.

„Und die Frucht der Gerechtigkeit wird der Friede sein." (Jes 32,17). Der gleiche Zusammenhang, den dieses späte Prophetenwort formuliert, ist auch in Jesaja 11 zu finden[101]. Auch in den Versen Jes 11,6–9 wird nun geschildert, wie dem Schaffen von Gerechtigkeit und Recht der Friede *folgt*. Doch in welchen Farben und Bildern wird dieser Friede beschrieben! „Da wird der Wolf beim Lamm zu Gaste sein und der Leopard beim Böcklein lagern. Da werden Kalb und Jungleu miteinander fett, und ein kleiner Knabe hütet sie." Dies sind paradiesische Bilder, die den anfänglichen Schöpfungsfrieden zeichnen und die nun – neu aufgenommen – das zukünftige Reich des Friedenskönigs beschreiben. Die stärksten und gefährlichsten Raubtiere werden genannt und – ihnen gegenüber – die hilflosesten und kleinsten. Miteinander werden sie nun weiden, und der Starke wird zu Gast sein bei dem Schwachen! Doch der wichtigste Gesichtspunkt ist ein anderer. Auf ihn hat Jürgen Ebach in einem Vergleich des jesajanischen Heilswortes mit der 4. Ekloge Vergils hingewiesen[102]. Während in anderen Friedenshoffnungen der Friede durch die Ausmerzung der Feinde kommen soll, während ihr Ende gewünscht und angesagt wird[103], wird von Jesaja eine Vision des Friedens formuliert, die in der Überwindung der

---

[100] H. Wildberger, aaO, S. 455.

[101] Auch in Jes 9,5 f. sind es Recht und Gerechtigkeit, die das messianische Friedensreich *begründen* und *stützen*.

[102] Jürgen Ebach, Ende des Feindes oder Ende der Feindschaft? Der Tierfrieden bei Jesaja und Vergil, in: Ders., Ursprung und Ziel. Erinnerte Zukunft und erhoffte Vergangenheit, 1986, S. 75–89.

[103] So auch in vielen Textstellen des Alten Testaments! Ebach verweist als Gegentext zu Jes 11,6–8 auf 3. Mose 26,6 f.

Feindschaft besteht. Das Raubtier und sein Opfer werden miteinander Freunde, der Löwe wird Strohhäcksel fressen wie das Rind, und das kleine Kind kann ohne Gefahr nach der giftigen Schlange, dem (nach biblischer Tradition) gefährlichsten Tier, greifen. Es ist müßig, die Frage zu stellen, ob sich denn Tiere jemals so verändern können, daß sie ihre Raubtierhaftigkeit verlieren, ob es – anatomisch – überhaupt möglich ist, daß der Löwe Gras fressen und verdauen kann wie die Kuh. Der Prophet spricht in Bildern von einer Überwindung des Bösen, die an die Wurzel geht. Es „liegt alles Gewicht auf der Veränderbarkeit noch des Feindlichsten. Nicht die Ausrottung des Löwen, sondern seine Konversion wird erhofft“[104]. Und diese Konversion schließt selbst die Giftschlange ein, über die von Beginn der Schöpfung an der Fluch verhängt war. Feindschaft sollte nach 1. Mose 3,15 sein zwischen der Frau und der Schlange, zwischen ihrer beider Nachkommen. Doch nun spielt der Säugling am Loch der Viper, und nach der jungen Otter streckt das Kleinkind unbeschadet seine Hand aus. „Der Fluchspruch über die Schlange aus Gen 3, der die Erbfeindschaft zwischen Mensch und Schlange als Element aller geschichtlichen Erfahrung konstituiert, ist in Jes 11,8 aufgehoben.“[105] In der Überwindung des Bösen, die im Reich des messianischen Herrscher statthat, leuchtet der ursprüngliche Schöpfungsfriede wieder auf.

So kann der Prophet am Ende in Vers 9, die Bilder in seine eigene Sprache übersetzend, alles Gesagte in den einfachen Satz zusammenfassen: „Nichts Böses und nichts Verderbliches wird man tun auf meinem ganzen heiligen Berg.“ „Es gibt in der Heilszukunft unter den Menschen auf Jahwes heiligem Berg keine Bosheit mehr. Der Schwache braucht den Starken nicht mehr zu fürchten, denn der Starke ist in Schranken gehalten, und der Schwache weiß, wo er Schutz finden kann. Der Harmlose fällt nicht mehr dem Hinterlistigen zum Opfer, denn der Hinterlistige wird keine Möglichkeit haben, mit Kniffen und Ränken sein Ziel zu erreichen, und der Harmlose wird Verteidiger haben, die sich wie ein Wall vor seine Unschuld stellen …“[106] Dies alles aber wird darum so geschehen, weil das ganze Land voll sein wird von der Erkenntnis JHWHs „wie von Wassern, die das

[104] J. Ebach, aaO, S. 80.
[105] Ebd.
[106] H. Wildberger, aaO, S. 458.

Meer bedecken". Was nach Jes 11,2 zunächst nur dem erwählten Sproß gegeben war, wird nun das ganze Volk erfüllen. Sie werden alle JHWH erkennen und daher nichts Böses und Verderbliches mehr tun.

Und die anderen Völker? Dem Heilswort Jes 11,1–9 ist ein Vers angefügt, der vermutlich von der Hand eines Redaktors stammt[107], aber doch in der Linie der Gedanken Jesajas liegt. Es ist der Zion, da JHWHs Herrlichkeit aufscheint. Es ist das Volk von Jerusalem und Juda, über das der zukünftige Friedenskönig herrscht. Aber seine Herrschaft wird ausstrahlen. Sie wird auch in die Israel umgebende Völkerwelt hineinwirken. Und die Völker werden kommen und Rat und Rechtsentscheid suchen bei der „Wurzel Isais", bei dem, der wie ein Feldzeichen vor ihrer aller Augen dasteht.

„Kommt, laßt uns auf den Berg des Herrn gehen" (Jes 2,2–5/Mich 4,1–4)

Wie bei den anderen Heilsworten Jesajas ist auch die Echtheit dieses Wortes sehr umstritten. Besonders die Parallelüberlieferung im Michabuch gibt zu vielen Fragen Anlaß. Stammt das Wort von Jesaja und ist es später auch in die Sammlung der prophetischen Worte Michas eingegangen, oder wurde umgekehrt ein Michawort später Jesaja zugeschrieben? Oder greifen beide auf ein ihnen vorgegegebenes älteres Prophetenwort zurück? Es ist aber auch denkbar – und dieser Annahme neigen sehr viele Ausleger zu[108], daß es sich bei dem besprochenen Heilswort um eine Weissagung aus der Exils- oder Nachexilszeit handelt, die gleichzeitig im Jesaja- und im Michabuch Aufnahme fand. Demgegenüber hat Hans Wildberger in seinem Kommentar dargelegt – und von dieser Auffassung geht die hier gegebene Auslegung aus –, daß keine Gründe namhaft gemacht werden können, „die entscheidend gegen die jesajanische Herkunft sprechen"[109]. In seinen Aussagen und Vorstellungen paßt Jes 2,2–4 sehr wohl in die Verkündigung Jesajas hinein, der den Zion als die Stätte der heilvollen Gegenwart JHWHs wußte (14,32; 18,7; 28,16; 31,9 u.ö.) und die Tradition vom Ansturm der Völker gegen den Zion in vielen Worten voraussetzt (vgl. Jes 8,9f.; 17,12–14; 29,1–8; 30,27–33). Wenn diese Tradition in Jes 2,2–4

[107] Vermutlich ist Vers 10 ein Nachtrag, der die in Jes 2,2–4 ausgesprochene Hoffnung mit Jes 11,1–9 verbindet. Vgl. H. Wildberger, aaO, S. 458 f.

[108] Zur Diskussion dieses Wortes vgl. den Forschungsüberblick bei Kaiser, Das Buch des Propheten Jesaja, 5. Aufl., S. 61–64.

[109] H. Wildberger, aaO, S. 78–80, hier S. 80.

eine so ganz andere Wende bekommt, kann dies eine bewußte Überholung des traditionellen Gerichtsbildes sein[110]. So wie Jesaja trotz seiner Unheilsbotschaft gegen Israel doch auf den Friedenskönig und sein Friedensreich gehofft hat, so hat er auch die Völker in einer letzten Perspektive im Licht des über Israel anbrechenden Heiles gesehen. Zu fragen ist dann nur, zu welchem Zeitpunkt seiner Wirksamkeit Jesaja diese Weissagung gesagt haben kann. Wildberger sieht in ihr „eher die reife Frucht einer langjährigen Wirksamkeit" und denkt an eine Art „Vermächtnis an einen Kreis Vertrauter"[111].

„Es wird geschehen in der Folge der Tage…" Mit dieser Wendung ist noch nicht wie in den späteren apokalyptischen Schriften eine Zeit jenseits der irdischen Geschichte gemeint, sondern die kommende Zeit des Heils, die durch Gottes Eingreifen in dieser Welt heraufgeführt wird. „Da wird fest gegründet sein der Berg des Hauses Jahwes auf dem höchsten Gipfel der Berge und erhaben sein über alle Hügel." Wie Jes 2,2 beschreiben auch die Zionslieder die Stellung des Tempelberges in Jerusalem als fest gegründet und hoch ragend und meinen damit den Rang und die Bedeutung der Gottesstadt (vgl. Ps 48,2f.; 78,68f.)[112]. Als Ort, den JHWH als seine „Ruhestatt" erwählt hat[113], als Stätte, da er seine Herrlichkeit offenbart, liegt der „Berg des Hauses JHWHs" *über* allen anderen Bergen und Höhen und wird in dieser Bedeutung auch einmal für die fernen Völker sichtbar werden.

Sie werden sich zusammentun und zum Zion herbeiströmen, um hier die Macht und Herrschaft des Gottes Israels zu erfahren. Auch davon handeln die Zionslieder, und davon berichtet ebenfalls das Prophetenwort (Jes 2,2+3). Doch wie anders wird in der Sicht des Propheten Jesaja der große Völkeransturm verlaufen!

In den Zionsliedern (Ps 46,5–8; 48,5–7; 76,2–10) wird vom Aufruhr der Völker und ihrem Ansturm gegen Jerusalem erzählt,

110 Vgl. Odil Hannes Steck, Friedensvorstellungen im Alten Jerusalem (ThSt 111), 1972, S. 69–71.

111 H. Wildberger, aaO, S. 80f.

112 Das Motiv von der überragenden Höhe des Tempelberges gehört ebenso zur Zionstradition wie das von seiner Lage hoch im Norden. H. Wildberger, aaO, S. 82: „Das Haus der Gottheit muß so groß bzw. auf einem so hohen Berg gelegen sein, weil es der Ort ist, da die irdische Welt sich mit der himmlischen berührt."

113 Vgl. Ps 132,8.14.

in dem die Gottesstadt vernichtet werden soll. Aber dies gelingt den Völkerscharen nicht. JHWH ist mächtiger! Wie er einst bei der Schöpfung die chaotischen Wasserfluten gebändigt hat, so droht er nun auch den feindlichen Heeren. Er donnert sie an, zerbricht ihre Bogen, Schwerter und Kriegswaffen und macht sie starr vor Entsetzen. So läßt JHWH die Völker die Macht seines Zorns erfahren und offenbart vom Himmel her sein Gericht. – Ganz anders berichtet demgegenüber Jes 2,2–4 (Mich 4,1–4) vom Kommen der Völker. In der Zukunft, die JHWH heraufführt, werden die Völker zum Zion strömen und sprechen: „‚Auf! laßt uns hinaufsteigen zum Jahweberg, zum Haus des Gottes Jakobs! Daß er uns belehre über seine Wege und wir wandeln in seinen Pfaden!' Denn vom Zion geht Weisung aus und das Wort Jahwes von Jerusalem..." Zug um Zug wird in diesem Prophetenwort das Gegenbild zur überlieferten Vorstellung entworfen. Die Völker setzen nicht zum Sturm an gegen die Gottesstadt, sondern kommen wie Wallfahrer, die die Weisung des Gottes Israels suchen und in seinen Wegen wandeln wollen. Und JHWH bedroht sie nicht, er treibt sie nicht mit Schrecken davon, sondern Gott „wird Recht sprechen zwischen den Völkern und Weisung geben vielen Nationen" (Zürcher Übersetzung). Die beiden Verben, die in Jes 11,3+4 das Richteramt des messianischen Königs beschreiben, werden hier für JHWHs Wirken unter den Völkern gebraucht. Gott wird die Konflikte der Völker nach seinen Rechtsentscheidungen regeln, so daß seine Gerechtigkeit nun auch unter ihnen Platz greift. Daher werden am Ende die Völker selber und aus freiem Willen das tun, was in den Zionsliedern JHWH im Zorn und zum Gericht an ihnen vollzieht. Sie werden ihre Schwerter aus der Hand legen. Sie werden sie umschmieden zu Pflugscharen und ihre Spieße zu Winzermessern. Aus Kriegswaffen werden Friedenswerkzeuge hergestellt! „Nie mehr wird Volk gegen Volk das Schwert erheben, noch werden sie ferner das Kriegshandwerk lernen."

Dieser Satz formuliert eine Sehnsucht, die bis heute nichts von ihrer Kraft eingebüßt hat und immer wieder Menschen erfüllt. Doch ebenso nahe liegt auch die skeptische Frage, ob dies nicht (nur) ein schöner Traum sei. Handelt es sich nicht lediglich um eine Wunschvorstellung, mit der sich Menschen aus einer von Trostlosigkeit und Verzweiflung bestimmten Gegenwart hinüberträumen möchten in eine andere Welt? Doch das Heilswort schließt in seiner Fassung im Michabuch mit dem Satz: „Denn der Mund des HERRN Zebaoth hat's geredet" (Mich 4,4). Es ist also *Rede JHWHs*, die hier zu hören ist, *seine* Zukunftsansage, die der Welt, wie sie jetzt ist und nicht zuletzt durch die Feindschaft des Menschen so geworden ist, Recht und letzte Gültigkeit bestreitet. Dieses Heilswort hält die Erinnerung wach, daß JHWH das Leben Israels und das Leben der Völker anders gewollt hat, und es verkündigt daher, die Geschichte Israels und der Völker solle auch einmal anders werden, nicht mehr von der Vorbereitung und dem Lernen des Krieges, sondern von der Gestaltung des Friedens bestimmt. Daß diese Hoffnung nicht eine irreale Wunschvorstellung ist, sondern sich auch schon in die Gegenwart hinein auswirkt, läßt der Schlußvers im Jesajatext (Jes 2,5) erkennen: „Haus Jakobs, auf! laßt uns wandeln in Jahwes Licht!" Wer auch immer diesen Satz hinzugefügt hat, Jesaja selbst oder ein späterer Redaktor[114], er wollte damit zum Ausdruck bringen, daß die verkündigte Hoffnung für *Israel* nicht eine ferne, unwirkliche Zukunft ist. Vielmehr soll und darf die Gemeinde JHWHs, die um seine Zukunft weiß, schon jetzt im Licht des Gottes wandeln, der seine Gerechtigkeit und seinen Frieden einmal für alle Nationen heraufführt.

Jesaja hat kein Zukunftsprogramm entworfen, keine ins Einzelne gehende Beschreibung der neuen Welt vorgelegt. Es sind nur einzelne Bilder, Bilder der Hoffnung und des Friedens, die in seinen Worten prophetisch aufleuchten[115]. Aber diese Bilder haben weitergewirkt, neue Bilder erzeugt, durch die biblische Tradition hindurch bis in unsere Zeit. Besonders in dem Buch, das bei der Sammlung der altestamentlichen Schriften als Ganzes seinen Namen bekommen hat, dem Jesajabuch, finden sich Worte unbekannter Propheten aus den verschiedensten Jahrhunderten, die von ähnlich umfassenden Hoffnungen zeugen.

---

114 Das Letztere nimmt H. Wildberger an, aaO, S. 77.

115 Das unterscheidet nach Jürgen Ebach die biblischen Hoffnungen von den Utopien. „Utopien tendieren dazu, perfekte Ordnungen glücklicher Zukunft zu entwerfen. Alles scheint gelöst – Totalität ist in der Regel die Ebene utopischer Entwürfe. Alttestamentliche Zukunftshoffnungen bleiben dagegen merkwürdig fragmentarisch... Die meisten Texte, die Zukunft thematisieren, tun dies in der Form ganz weniger Bilder, die, in sich ganzheitlich angelegt, nur etwas aufblitzen lassen von dem, was sein wird, sein kann." J. Ebach, Das Erbe der Gewalt (GTB 378), 1980, S. 38.

Der unbekannte Prophet aus dem babylonischen Exil, dessen Worte in Jes 40–55 gesammelt sind, wurde wiederholt vorgestellt. Ihm war es aufgetragen, einem Volk, das durch Gottes Gerichtshandeln hindurchgegangen war, JHWHs Vergebung und sein unmittelbar bevorstehendes erlösendes Handeln zu verkünden. Doch nicht nur Israel sollte dieses Heil widerfahren. Auch die Völker würden – so weiß es der Zweite Jesaja – in dies Geschehen mit hineingenommen. Daher lädt der Prophet in einem seiner größten Worte, in Jes 45,20–25, auch sie zur Umkehr und zum Heil des Gottes Israels ein. Denn dies ist JHWHs Ratschluß, er hat es bei sich selbst geschworen: „Mir wird sich beugen jedes Knie, mir Treue schwören jede Zunge und sprechen: Nur in dem Herrn ist Heil und Stärke“ (Jes 45,23 f. Z). Nicht die Vernichtung derer, die seine Feinde waren und denen gegenüber er sich als der wirkliche Gott erwiesen hat, ist JHWHs Absicht mit der Völkerwelt. „... das freie Bekenntnis, das überzeugte Ja derer, die erkannt haben, daß allein hier wirklich Gott ist, ist das Ziel der Geschichte Gottes mit der Menschheit.“[116]

Im dritten Teil des Jesajabuches (Jes 56–66), einer Sammlung prophetischer Worte aus nachexilischer Zeit, klingen die Hoffnungen Jesajas verschiedentlich an. In Jes 60 wird ähnlich wie in Jes 9,1 ein im Dunkel wohnendes Volk angeredet. Es soll sich aufmachen, hell und froh werden. Denn der Lichtglanz Gottes, sein Heil, wird über ihm aufstrahlen. Und in dieses Licht werden nun auch die Völker und ihre Könige ziehen. In Jes 65,16–25 sind die Bilder noch weiter ausgezogen. In Vers 25 wird das Bild des Friedens unter den Tieren aus Jes 11,6–8 aufgenommen und in einen noch größeren Heilszusammenhang gestellt. „Denn siehe: ich schaffe neu den Himmel und die Erde“ (Jes 65,17)[117]. Mit diesem Bild ist nicht eine kosmische Verwandlung gemeint wie später in der Apokalyptik, sondern die vollständige Erneuerung des Lebens. Jerusalem soll zur Freude umgeschaffen werden. Vergangene Wunden sollen nicht mehr schmerzen. Weinen und Geschrei wird man nicht mehr hören. Jeder kann im Frieden die Frucht seiner Arbeit und Mühe auch genießen. Kein Kind, kein junger Mensch wird vorzeitig aus dem Leben gerissen.

---

116 C. Westermann, Das Buch Jesaja, Kap. 40–66, S. 143.

117 Übersetzung von C. Westermann, aaO, S. 322.

Doch es gibt ein noch größeres und umfassenderes Heilswort im Jesajabuch, das von dem Herrschaftsanstritt JHWHs über alle das Leben bedrohenden Mächte handelt. An diesem Herrschaftsantritt sollen auch alle Völker teilhaben. Sie werden zu einem Freudenmahl eingeladen und sollen es mitfeiern, wie JHWH den Tod für immer vernichtet und die Tränen von jedem Angesicht abwischt.

Das Freudenmahl auf dem Zion (Jes 25,6–8)

„Da rüstet Jahwe der Heere für alle Völker auf diesem Berg ein Mahl mit fetten Speisen, ein Mahl mit alten Weinen, mit markigen, fetten Speisen, mit alten, geläuterten Weinen. Und er vernichtet auf diesem Berg die Hülle, mit der das Angesicht aller Völker umhüllt ist, und die Decke, die gedeckt ist über die Nationen allesamt. Und er vernichtet für immer den Tod. Und abwischen wird der Herr Jahwe die Tränen von jedem Angesicht, und die Schmach seines Volkes nimmt er von der ganzen Erde hinweg.
Wahrlich, Jahwe hat's gesagt."[118]

Dieses Wort findet sich in dem jüngsten Teil des Jesajabuches, der sog. Jesaja-Apokalypse (Jes 24–27)[119]. In ihr wird in Kp. 24, 21–23; 25,6 ff. beschrieben, wie JHWH seine Königsherrschaft über die ganze Erde aufrichtet[120]. Er hält Gericht über das „Heer der Höhe in der Höhe" und die „Könige der Erde auf der Erde"[121]. Sie werden zur Verantwortung gezogen und müssen ihre Macht abtreten, „denn Jahwe der Heerscharen wird König geworden sein auf dem Berg Zion" (24,23). Darum werden nun alle Völker zum Freudenmahl eingeladen. Sie sollen, befreit von

---

118 Übersetzung von H. Wildberger, Jesaja 13–27 (BK X/2), 1978, S. 959. Auch in den folgenden Textstellen wird nach den Übersetzungen Wildbergers zitiert.

119 Jes 24–27 sind in jedem Fall nachexilisch, doch eine genaue Datierung fällt schwer. Wahrscheinlich ist das Buch im Zeitraum zwischen 500 und 300 vor Chr. entstanden. Viele Ausleger gehen von einer Grundschrift aus, die kommentarartig erweitert wurde. Vgl. H. Wildberger, Jesaja 13–27, S. 892–911.

120 Nach Wildberger, aaO, S. 898 ff., gehören 24,21–23; 25,6–8 und 25,9–10 a einer späteren Schicht der Jesaja-Apokalypse an und stehen in einem thematischen Zusammenhang.

121 Möglicherweise ist bei dem „Heer der Höhe" an die Sterne gedacht, die in Israels Umwelt als schicksalsbestimmende Gewalten verehrt wurden. H. Wildberger, aaO, S. 944.

den Mächten des Todes, teilhaben an JHWHs Krönungsmahl[122]. Dieses wird in Jes 25,6–8 beschrieben als ein Mahl mit markigen und fetten Speisen und alten und geläuterten Weinen[123]. Doch es ist auch von der „Hülle“ die Rede, die das Angesicht aller Völker umhüllte und die nun vernichtet werden soll. Vielleicht ist die Blindheit gemeint, die die Völker bisher daran gehindert hat, JHWH als den einzigen und wahren Gott zu erkennen[124]; der Seher könnte aber auch an die Tücher denken, mit denen sich Menschen zum Zeichen der Trauer verhüllen[125]. Dann sind Schmerz und Trauer gemeint, die wie eine Decke über allen Völkern liegen. Doch diese Decke soll nun vernichtet werden, denn JHWH vernichtet den Tod für immer. Auch dieser letzten Feind und Gegenspieler des Lebens muß am Ende seine Macht abtreten. „Wenn Jahwe in der Endzeit auf dem Gottesberg König ist, dann kennt sein Machtbereich keine Einschränkung mehr. Dann hat der Tod als lebenbedrohende und lebeninfragestellende Macht ausgespielt.“[126] Darum werden jetzt die Tränen von jedem Angesicht abgewischt, und die „Schmach“ Israels, sein besonderes Leiden um seines Glaubens willen, wird ein Ende haben. Israel wird in Jubel ausbrechen und JHWH ein Danklied singen, in das nun auch die Völker einstimmen:

> „Siehe, da ist unser Gott,
> auf den wir hoffen und der uns helfen wird.
> Jahwe ist's, auf den wir hoffen,
> wir wollen jauchzen und seiner Hilfe uns freun.“ (Jes 25,9).

Wir stehen hier an der Grenze zwischen den Testamenten. Bilder der Hoffnung leuchteten in der Botschaft der Propheten auf, Bilder, die immer umfassender wurden und am Ende auch diese von Schmerz und Tod gezeichnete Weltwirklichkeit transzendieren. Gibt es eine Einlösung? Wird sich die Königsherrschaft Gottes in dieser Welt wirklich einmal Bahn brechen? Als Jesus bei seinem ersten Auftreten in der Synogoge in Nazareth

---

122 AaO, S. 961.

123 „Zu einem außerordentlichen Fest gehört auch ein exzellenter Wein, in diesem Fall gepflegter, durch spezielles Ausseihen sorgfältig geläuterter Hefewein.“ H. Wildberger, aaO, S. 966.

124 Vgl. den Gebrauch des Motivs bei Paulus, 2. Kor 3,12–16.

125 H. Wildberger verweist aaO, S. 966, auf 2. Sam 15,30; 19,5; Jer 14,3 f.; Est 6,12.

126 AaO, S. 967.

Sätze aus dem Propheten Jesaja (Jes 61,1 f.) vorlas, bestand seine ganze Auslegung in dem einen Satz: „Heute ist dieses Schriftwort erfüllt vor euren Ohren“ (Lk 4,20). Und als Johannes zu ihm schickte und anfragen ließ, ob er der erwartete Kommende wäre, ließ er ihm berichten, was die Boten hörten und sahen (Mt 11,1–5). Jesus erhob den Anspruch, daß in seinem Kommen und Wirken die Königsherrschaft Gottes mitten in dieser Weltzeit schon im Anbruch sei. Aber er fügte seiner Antwort an den Täufer auch noch den Satz hinzu: „... und selig ist, wer nicht Anstoß nimmt an mir“ (Mt 11,6).

Zur Weiterarbeit

Jürgen Ebach, Ursprung und Ziel. Erinnerte Zukunft und erhoffte Vergangenheit, Neukirchen-Vluyn 1986.

Werner H. Schmidt/Jürgen Becker, Zukunft und Hoffnung (Biblische Konfrontationen. Kohlhammer Tb. 1014), Stuttgart/Berlin/Köln/Mainz 1981, S. 37–91.

Claus Westermann, Anfang und Ende in der Bibel (CwH 100), Stuttgart 1969.